Comunicación Mediada por Tecnologías

Comunicación Mediada por Tecnologías
Aprendizaje y Enseñanza de la Lengua Extranjera

Technology-Mediated Communication
Learning and Teaching Foreign Languages

Edited by Marta González-Lloret and Margarita Vinagre

SHEFFIELD UK   BRISTOL CT

Published by Equinox Publishing Ltd.

UK: Office 415, The Workstation, 15 Paternoster Row, Sheffield, South Yorkshire S12BX
USA: ISD, 70 Enterprise Drive, Bristol, CT 06010

www.equinoxpub.com

First published 2018

British Library Cataloguing-in-Publication Data

A catalogue record for this book is available from the British Library.

ISBN-13	978 1 78179 358 9	(hardback)
	978 1 78179 359 6	(paperback)
	978 1 78179 649 8	(eBook)

Library of Congress Cataloging-in-Publication Data

Names: González-Lloret, Marta, editor. | Vinagre Laranjeira, Margarita, editor. | Vinagre Laranjeira, Margarita. La comunicaciâon mediada por computador y su integraciâon en el aprendizaje de segundas lenguas.
Title: Comunicaciâon mediada por tecnologâias: aprendizaje y enseänanza de la lengua extranjera = Technology mediated communication: learning and teaching foreign languages / edited by Marta González-Lloret and Margarita Vinagre.
Other titles: Technology mediated communication
Description: Bristol, CT: Equinox Publishing, 2018. | Includes bibliographical references and index. | Description based on print version record and CIP data provided by publisher; resource not viewed.
Identifiers: LCCN 2017024446 (print) | LCCN 2017028141 (ebook) | ISBN 9781781796498 (ePDF) | ISBN 9781781793589 (hb) | ISBN 9781781793596 (pb)
Subjects: LCSH: Second language acquisition. | Language and languages--Study and teaching. | Language and languages--Computer-assisted instruction.
Classification: LCC P118.2 (ebook) | LCC P118.2 .C646 2018 (print) | DDC 418.0078/5--dc23
LC record available at https://lccn.loc.gov/2017024446

Typeset by Radix Language Services, www.radixlanguageservices.com

Printed and bound by Lightning Source Inc. (La Vergne, TN), Lightning Source UK Ltd. (Milton Keynes), Lightning Source AU Pty. (Scoresby, Victoria).

Capítulos

Lista de Figuras y Tablas

Figuras

Capítulo 1. La comunicación mediada por computador y su integración en el aprendizaje de segundas lenguas*

Margarita Vinagre, Universidad Autónoma de Madrid
margarita.vinagre@uam.es

Marta González-Lloret, University of Hawai'i at Manoa
marta@hawaii.edu

Introducción

El advenimiento de Internet a comienzos de los años 90 y el empleo generalizado de las tecnologías ha propiciado el desarrollo de una nueva forma de comunicación, la Comunicación Mediada por Computador[1] (CMC), cuyo uso de forma globalizada está teniendo un profundo impacto en muchos aspectos de la educación (Pfaffman 2008). Han sido muchas las definiciones que se han ofrecido para este nuevo medio de características únicas. Herring (1996, 1), lo define como "la comunicación que tiene lugar entre seres humanos a través de la instrumentalidad de los computadores" (traducción propia), mientras que para autores como Luppicini

---

* Nuestro más sincero agradecimiento a las autoras de este volumen por su disposición y todo el trabajo puesto en hacerlo realidad. También estamos eternamente agradecidas a nuestros colegas expertos en la materia por la generosidad con su tiempo y sus comentarios y sugerencias en la revisión de los capítulos: Begoña Clavel (Universidad de Valencia), Antonio García (Universidad de Alcalá), Roger Gilabert (Universidad de Barcelona), Reyes Llopis-García (Columbia University), Carmen Maíz (Universidad Complutense de Madrid), Robert O'Dowd (Universidad de León), Cristina Pardo (Iowa State), Isabel Pérez Torres (Ministerio Español de Educación en el Exterior), Julio Rodríguez (University of Hawaii), Fernando Rosell (Open University), Yolanda Ruiz de Zarobe (Universidad del País Vasco).

[1] En la terminología se ha empleado comunicación-mediada por computador por la similitud con el término inglés (CMC) y por la mayor aceptación del término "computador" en Hispanoamérica.

(2007) es la comunicación "mediada por computadores interconectados entre individuos o grupos separados en espacio y/o tiempo" (142, traducción propia). Dada la variedad y cambios constantes que experimentan las herramientas tecnológicas empleadas como instrumentos de mediación en la CMC, estas definiciones no pueden ser fijas, sino que deben estar sometidas a constante evolución. En sus inicios la CMC popularizó herramientas como el correo electrónico, los tablones y foros de discusión (asíncronos) y los chats de texto (síncronos). En la actualidad, con el rápido crecimiento de la Web 2.0, la CMC también incluye instrumentos más interactivos y participativos como los wikis, blogs, videoconferencias (Skype, Hangouts), mundos virtuales (Second Life y Open Simm), entornos de gamificación y un número cada vez mayor de aplicaciones móviles que en su mayoría "tienen poco que ver con lo que convencionalmente se ha denominado computador" (Thorne 2007, 442, traducción propia). Por este motivo, hemos querido empezar y terminar este libro proponiendo una evolución del término Comunicación Mediada por Computador (CMC) a Comunicación Mediada por Tecnologías (CMT) para referirnos al hecho de que la comunicación puede ser mediada por otras tecnologías además de los computadores (ej. tabletas y teléfonos móviles).[2] El resto de los capítulos mantienen el término CMC dada su amplia aceptación en la investigación y aplicaciones didácticas en el campo.

A pesar de la gran variedad de entornos, objetivos y formas de uso, todas las herramientas exploradas en este libro ofrecen la posibilidad de que usuarios en distintas ubicaciones geográficas puedan ponerse en contacto a fin de intercambiar información, compartir conocimiento, y realizar tareas o proyectos de manera conjunta. De hecho, en la clase de segundas lenguas,[3] la CMT se vislumbra como una alternativa óptima a la comunicación cara a cara (especialmente en contextos donde esta es reducida) ya que favorece el uso de la lengua en situaciones comunicativas auténticas tanto con hablantes nativos de la lengua que se está aprendiendo como con hablantes que la emplean como lengua franca.

---

[2] Aunque también se puede argumentar que todo lo que tenga un chip y un procesador es un computador.

[3] En todo el libro se ha empleado el término segunda lengua para referirnos tanto a la segunda lengua como a la lengua extranjera.

Características de la CMT

Como han hecho notar muchos autores, la CMT difiere sustancialmente de la comunicación cara a cara, "en la forma si no en la función" (Walther 2007, 2539) ya que permite aunar, en el mismo medio, aspectos interaccionales y reflexivos de la lengua lo que facilita su manipulación (O'Rourke 2008). Autores como Nguyen (2008) señalan que la CMT se caracteriza fundamentalmente por factores de tres tipos: tecnológicos, socioculturales, y lingüísticos. Desde el punto de vista tecnológico, la CMT permite la comunicación en línea con otros participantes sin importar el tiempo o el lugar ya que, cuando la comunicación es asíncrona, no está sometida a los límites del espacio-tiempo. Además, la CMT no solo permite publicar en una gran variedad de medios y formatos que combinan texto, audio y vídeo (multimedia) sino que también es posible producir y compartir documentos multimedia de creación propia, bien de manera individual o en colaboración. La CMT también permite que la interacción pueda adquirir muchas formas (ej. uno solo, uno con uno, uno con muchos, muchos con muchos) lo que flexibiliza enormemente el entorno de aprendizaje, al tiempo que ofrece maneras más equitativas y menos intimidantes de interactuar que la comunicación cara a cara (Warschauer 1997, 473).

En lo que se refiere a las características socioculturales, muchos autores se han referido a la impersonalidad del medio (Kreijns *et al.* 2004) y, en la mayoría de los casos, a la falta de claves no-verbales que faciliten una correcta interpretación del significado en la interacción. A pesar de estas limitaciones, hay autores que sugieren que la impersonalidad supone una ventaja para el aprendizaje de segundas lenguas, ya que los estudiantes se sienten menos intimidados a la hora de producir y pasan más tiempo comunicándose y negociando para alcanzar el consenso de lo que suelen hacerlo en los entornos presenciales (Wang y Woo 2007). Además, en la CMT asíncrona, la ansiedad que crea la presión de tener que producir de manera inmediata disminuye ya que los estudiantes pueden tomarse el tiempo que necesiten para formular sus ideas y componer sus mensajes, como lo harían si estuvieran escribiendo una redacción (Gonglewsly *et al.* 2001). Otros estudios (Kamhi-Stein 2000) también señalan que disminuye la distancia social entre los estudiantes y el profesor y aumenta el conocimiento social de los participantes.

Por último, entre las características lingüísticas propias del texto en la CMT se puede mencionar que este medio suele combinar los rasgos textuales de la lengua oral y escrita. Por este motivo, algunos autores la definen como un nuevo género textual híbrido entre el lenguaje oral y escrito (Yates 1996) mientras que otros defienden el lenguaje de la CMT cómo un género diferente con su propia ecología (Erickson 2000; Herring *et al.* 2005). Hay autores (Smith, 2004), que señalan que las estructuras conversacionales también son diferentes en la CMT y que ciertas normas como las aperturas, los cierres y los saludos son opcionales en este medio. En estas conversaciones es necesario señalar de forma explícita cuándo se entiende lo que dice el interlocutor y cuándo no, y hay que tener en cuenta que las características propias de la herramienta tecnológica que se emplee también amplificarán o reducirán ciertas características de la comunicación. Por estos motivos, cada vez hay más autores que proponen el uso de la expresión CMT multimodal (Blake, 2005; Kern, 2006; Lamy y Hampel, 2007; Thorne, 2008). En este sentido, el lenguaje de la CMT no sería un género uniforme sino una colección de géneros relacionados en parte con un medio específico y en parte con los contextos socioculturales de un acto de comunicación dado (Kern 2006).

Nos encontramos, por tanto, frente a un modo de comunicación que se ha afianzado en nuestras vidas y que es imprescindible investigar por los beneficios que pueda reportar a la educación en general y al aprendizaje de segundas lenguas en particular. Es necesario considerar el impacto que estos modos de comunicación puedan tener en el proceso de aprendizaje, un proceso que pasaría a estar fundamentado en la interacción social y en el que la construcción compartida de conocimiento se convertiría en el objetivo pedagógico principal del aprendizaje.

La CMT en la clase de segundas lenguas

La integración de la CMT en el aula supone un cambio metodológico que implica abandonar entornos centrados en el profesor y promover nuevos entornos de aprendizaje experiencial centrados en el aprendiz que requieran la participación activa, la negociación, la resolución de problemas, la búsqueda de acuerdo y en los que el profesor es un consejero o guía en el proceso de aprendizaje (Vinagre 2010). En estos entornos, tanto estudiantes como profesores necesitan desarrollar nuevas competencias (*literacies*) para poder desenvolverse eficazmente:

> La importancia creciente de las nuevas tecnologías en los modos en los que trabajamos y aprendemos en las redes

> globales ha supuesto que hoy en día, en vez de usar la tecnologías simplemente para aprender lenguas extranjeras, los aprendices necesiten aprender cómo combinar las competencias en la lengua extranjera con las e-competencias o nuevas competencias para ser capaces de trabajar y colaborar en nuevos contextos en los que las fronteras entre lo visual y lo real y entre lo distante y lo cercano se difuminan cada vez más (Dooly y O'Dowd 2012, 15, traducción propia).

Son numerosos los estudios que analizan los beneficios de incorporar la CMT al aula. Entre ellos podemos mencionar el desarrollo de la autonomía del aprendiz (Fuchs *et al.* 2012), de la competencia lingüística (Elola y Oskoz 2010; Sauro 2009; Vinagre y Muñoz 2011), de la competencia intercultural (Dooly y O'Dowd 2012; Vinagre 2016a), habilidades de pensamiento superior (Von der Emde *et al* 2001), habilidades sociopragmáticas (González-Lloret 2008; Haugh y Chang 2015), la competencia digital (Hauck 2010) y competencias múltiples (Guth y Helm 2011; Vinagre 2016b). Según Nguyen (2008), otros efectos positivos de la CMT incluyen la motivación y el aprendizaje activo, reflexivo y colaborativo.

En cuanto a las actividades que se mencionan en estos estudios, la mayoría tienen lugar en contextos de instrucción formal, a menudo mediante intercambios de colaboración virtual entre estudiantes de distintos países integrados en el aula presencial, tanto a nivel de enseñanza elemental como superior. Las herramientas tecnológicas que ya se han empleado para realizar estas actividades incluyen el correo electrónico (Vinagre y Corral 2017), wikis (Katzlinger y Herzog 2014), blogs (Jimenez-Caicedo *et al.* 2014), tableros o foros de discusión (Oskoz y Elola 2014), chat síncrono (González-Lloret 2008), Skype (Bueno-Alastuey 2013) y mundos virtuales (Jauregui y Canto 2012).

A pesar de los beneficios que estas actividades de CMT pueden reportar a la clase de segundas lenguas, varios estudios también han enfatizado el impacto limitado que tienen para la adquisición[4] de lenguas (Ortega 2009), y las dificultades que

---

[4] A pesar de ser conscientes de que en la literatura de adquisición de segundas lenguas los conceptos de adquisición y aprendizaje no son sinónimos, a lo largo de este volumen se utilizarán de manera indistinta a no ser que se indique explícitamente.

pueden suponer para el profesor que quiera integrarlas en sus clases (Belz y Müller-Hartmann 2003; Guth *et al.* 2012; Vinagre 2015). Estas dificultades se deben a que, para organizar, implementar y participar en actividades de colaboración virtual en CMT son necesarios conocimientos y competencias específicas (las 'e-competencias') que en muchas ocasiones no se poseen. Para desarrollarlas es necesario que el profesor reciba formación práctica en entornos de aprendizaje experiencial que le permitan experimentar la colaboración virtual pasando por el mismo proceso que sus estudiantes. De este modo se hará consciente de los problemas o retos que este proceso conlleva y desarrollará estrategias de comunicación y dinámicas de colaboración que le permitirán crear condiciones adecuadas para acompañar a sus estudiantes en su proceso de aprendizaje de un modo más eficaz.

Tareas y proyectos de CMT: La colaboración virtual o telecolaboración

La colaboración virtual o telecolaboración se refiere a la aplicación de herramientas de comunicación en línea a fin de implicar (en parejas o pequeños grupos) a estudiantes que se encuentran en países diferentes con el objetivo de desarrollar la competencia lingüística y otras competencias genéricas a través de la realización de tareas y proyectos (Vinagre 2016b). Esta actividad se basa en enfoques constructivistas en los que el aprendizaje se entiende como un proceso dialógico en el que los participantes colaboran en la construcción de conocimientos y significados que van más allá de lo que podrían conseguir si trabajaran solos (Palincsar 1998). Estudios recientes también la asocian con los paradigmas pedagógicos del aprendizaje situado y distribuido (Brown *et al.* 1989) así como con la teoría de la actividad (Engeström *et al.* 1999). Según estos enfoques, el aprendizaje se produce como resultado de interacciones situadas socialmente que resultan en la creación de conocimiento y el desarrollo de competencias. En este proceso, el conocimiento y la experiencia previos se comparten entre los miembros del grupo a fin de lograr entre todos un objetivo común. Para ello es necesario que cada uno se involucre de manera activa en su propio proceso de aprendizaje participando en las discusiones, buscando e intercambiando información, y ofreciendo ayuda y retroalimentación al compañero. Según autores como Palloff y Pratt (2005), el proceso de aprendizaje colaborativo ayuda a que los estudiantes generen un conocimiento más rico al compartir objetivos, exploraciones y el proceso de construcción de significado. Esta actividad puede integrarse en clases de asignaturas y contenidos diversos y a distintos niveles educativos: en la enseñanza primaria (Dooly y Sadler 2013), en la secundaria (Jauregui 2015) y en la universidad, tanto en grado como en postgrado (Vinagre 2016a; Vinagre 2017). También es importante mencionar que hay diferencias importantes entre aprendizaje cooperativo y colaborativo. En la cooperación, los estudiantes (o el profesor) dividen la tarea entre los miembros del grupo, de modo que cada uno trabaja de manera independiente y luego se juntan las contribuciones individuales para obtener un producto final. Por el contrario, en el aprendizaje colaborativo los estudiantes trabajan juntos para producir un producto o tarea de manera consensuada. Este proceso requiere discusión y negociación ya que los estudiantes deben editar, modificar y revisar las contribuciones de los compañeros a la tarea, además de tomar decisiones de forma conjunta para decidir sobre todos los aspectos de la tarea a realizar (Hadjerrouit 2013; Vinagre 2010). Varios capítulos en este volumen se centran en este tipo de proyectos de telecolaboración (Capítulos 4, 5, 6, 8, 9 y 10).

Resumen del libro

Este volumen responde al interés de los profesores de segundas lenguas en las tecnologías y su efecto en los procesos de enseñanza-aprendizaje. Intenta cubrir una escasez de estudios escritos en español y reúne trabajos de 15 investigadoras ubicadas en Europa y Estados Unidos, especialistas en el tema pero que generalmente publican en inglés. Los capítulos en este volumen tienen una doble función. Por un lado, algunos de ellos muestran posibles propuestas de implementación de actividades y proyectos mediados por tecnologías basados en evidencia empírica de adquisición de lenguas que incluyen una revisión detallada de las implicaciones y oportunidades pedagógicas que estas iniciativas suponen para la adquisición de segundas lenguas y culturas. Por otro, también se incluyen capítulos que presentan estudios llevados a cabo una vez implementada la CMT en el aula de lengua extranjera. El volumen no pretende ser un estudio exhaustivo de todas las posibilidades que la CMT puede ofrecer para el aprendizaje en el aula de lengua extranjera, sino que ofrece un abanico de posibilidades de implementación a través de las experiencias de profesionales que están incorporando este tipo de aprendizaje a su práctica docente a fin de ampliar el conocimiento que tenemos del campo y facilitar que otros profesionales puedan replicarlas.

Las herramientas tecnológicas tanto síncronas como asíncronas que se han empleado en los estudios son muy diversas. Entre ellas se incluyen varias herramientas de Google, Kahoot!, blogs y wikis, tableros de discusión, la video-conferencia y los mundos virtuales. Los entornos de aprendizaje también varían e incluyen tanto contextos de instrucción formal con un acercamiento híbrido o mixto (*blended learning* o *technology-enhaced learning*) como de aprendizaje a distancia.

Los capítulos de este volumen reflejan también la variedad de objetivos pedagógicos que desean lograrse al integrar la CMT en el aula: desde el desarrollo de la competencia escrita (capítulos 2 y 3), oral (Capítulo 4, 5 y 8) y lingüística (Capítulo 7), hasta la competencia intercultural (Capítulo 6), competencias transversales (Capítulo 5), sociopragmáticas (Capítulo 11) y telecolaborativas (Capítulo 9 y 10).

Los contextos que se incluyen también son variados. Entre ellos, contextos de enseñanza de inglés para fines específicos (Capítulo 4 y 5), inglés como lengua extranjera (Capítulo 8), español como lengua extranjera (Capítulo 2, 6, 7), contenido y lengua extranjera integrados (CLIL y EMI, Capítulo 3) y dos capítulos centrados en la formación de profesorado (Capítulos 9 y 10).

El capítulo 2 examina en detalle las oportunidades que los blogs, wikis y tableros de discusión ofrecen para el aprendizaje de lenguas apoyándose en la investigación existente sobre estas herramientas, incluyendo la propia de las autoras. Oskoz y Elola examinan también los retos que pueden surgir al emplear las tecnologías y ofrecen un modelo detallado de implementación para guiar a aquellos interesados en integrar la escritura colaborativa mediada por tecnologías en la clase de L2.

El capítulo 3 también versa sobre la adquisición de destrezas para la comunicación escrita pero dentro del marco más específico de los modelos de aprendizaje integrado de contenidos y lenguas extranjeras (CLIL, EMI). Pérez Cañado presenta en este capítulo una variedad de opciones tecnológicas y explica su potencial para la adquisición de segundas lenguas basándose en estudios de aprendizaje de lenguas asistido por computador (CALL). El capítulo termina con recomendaciones específicas para la aplicación de estas tecnologías en contextos CLIL y EMI.

En el capítulo 4, Sevilla Pavón y Gimeno Sanz presentan un modelo pedagógico para la implementación de relatos digitales en un entorno de telecolaboración. En el capítulo, las autoras explican los pasos seguidos en el proyecto telecolaborativo, así como las decisiones pedagógicas tomadas (basadas en la investigación de adquisición de segundas lenguas) para la realización de cada una de las tareas del proyecto. Aquellos lectores interesados en desarrollar un proyecto telecolaborativo se beneficiarán de la detallada descripción, así como de la evaluación que del proyecto se hace.

El capítulo 5 presenta también un modelo pedagógico telecolaborativo para la incorporación de las competencias transversales, socioculturales y de contenido propuestas por la ANECA (Agencia Nacional de Evaluación de la Calidad y Acreditación de España) en un contexto universitario de enseñanza de inglés para fines específicos. Jordano de la Torre y Rodríguez Arancón describen con detalle el diseño e implementación de tareas para fomentar la interacción de sus estudiantes con otros estudiantes de campos diferentes y otros países en la lengua meta. Las autoras presentan y evalúan el proyecto a través de datos recogidos de los foros, las video-presentaciones de los estudiantes, un cuestionario a estudiantes egresados y las observaciones de los tutores con un balance positivo del proyecto.

Los capítulos 6 y 7 se centran en los entornos sintéticos o mundos virtuales como herramienta de CMT y los dos emplean una metodología de enseñanza por tareas mediada por tecnología (González-Lloret y Ortega 2014). El capítulo 6 presenta y evalúa dos propuestas didácticas telecolaborativas, mientras que el capítulo 7 se enfoca en el estudio de la complejidad lingüística que se produce cuando los estudiantes (de la misma clase) interactúan entre ellos en un entorno virtual.

En el capítulo 6, Jauregi y Canto proponen un entorno virtual en Second Life motivador y rico en oportunidades para la comunicación y el aprendizaje de la lengua, apoyando su uso con resultados de investigación en este medio. El capítulo describe en detalle dos proyectos, uno entre estudiantes universitarios de español como lengua extranjera en Holanda y otro con estudiantes de enseñanza media en escuelas en Holanda y Finlandia. Los estudios realizados sobre estos dos proyectos demuestran las oportunidades comunicativas que surgen, la motivación que se produce en los estudiantes, así como el desarrollo de la conciencia intercultural.

En el Capítulo 7, Collentine trata el tema de la complejidad lingüística (sintáctica y léxica) que pueden alcanzar aprendices de lengua a través de los resultados de varios estudios realizados en el marco del aprendizaje por tareas empleando mundos virtuales. Estos estudios, los primeros en este campo, nos permiten entender la relación que existe entre el input que se encuentra en un mundo virtual, las acciones de los aprendices y su producción lingüística, una relación más compleja de lo que se puede esperar y que tiene un efecto importante en la adquisición de la lengua.

Continuamos con un capítulo que trata la competencia oral. En el Capítulo 8, Bueno-Alastuey investiga el potencial de la CMT oral y sincrónica para producir interacción y episodios relacionados con la lengua (ERLs) que lleven a los aprendices a dirigir la atención a formas erróneas, facilitar la producción de modificaciones del input y hacer el input comprensible, todo ello esencial para el aprendizaje de una segunda lengua. Los resultados mantienen los posibles beneficios de esta tecnología para la producción de ERLs pero también ponen de manifiesto las variables que son importantes para maximizar no solo la interacción entre los estudiantes sino también la modificación del *output*.

Los capítulos 9 y 10 se caracterizan por enfocarse en una población diferente a las anteriores ya que incluyen a profesores como aprendices. El capítulo 9 se hace eco de los capítulos anteriores que afirman que la implementación de la CMT en el aula de lengua requiere conocimientos específicos y entrenamiento por parte de los profesores en modelos colaborativos experienciales de trabajo a los que no suelen estar acostumbrados. Vinagre examina en este capítulo las dinámicas, estrategias y comportamientos que son necesarios para colaborar virtualmente con éxito a través del estudio de un caso de tres profesoras a las que se formó a distancia para que integraran las tecnologías en el aula de segundas lenguas.

En el capítulo 10, Dooly enfatiza el papel del profesor de segundas lenguas como promotor de competencias esenciales para la vida profesional de sus alumnos, tanto lingüísticas como digitales, interpersonales y de trabajo colaborativo. Para ello propone algunos puntos clave a considerar cuando los profesores se embarcan en un proyecto telecolaborativo basado en los resultados de varias iteraciones de un intercambio colaborativo entre estudiantes de educación en Estados Unidos y España.

Partiendo de la necesidad que los aprendices tienen hoy en día de adquirir competencias para un mundo altamente globalizado señalada por Dooly, el capítulo 11 enfatiza la importancia de la competencia pragmática cuando gran parte de nuestra comunicación está mediada por tecnologías. González-Lloret ofrece una visión panorámica a través de una revisión de la investigación existente que trata de dar respuesta a la pregunta: "¿es posible que el uso de la CMT ayude al desarrollo de la competencia sociopragmática de una L2?".

El capítulo de Lourdes Ortega cierra el volumen con una visión sobre el futuro de la investigación de la comunicación mediada por tecnologías en la adquisición de lenguas. Ortega hace una llamada a investigar la utilidad de la CMT para el desarrollo de las competencias digitales que demuestre que estas importantes destrezas se pueden adquirir en el aula de lengua y transferir a otros contextos, añadiendo valor social al aprendizaje de lenguas. Ortega propone que, además de las áreas más investigadas sobre los usos de la CMT en el aula de segundas lenguas (la adquisición sociocultural, intercultural y lingüística), la investigación debe demostrar las ventajas afectivas (motivación, autenticidad, elección, creatividad y comunidad) que se atribuyen a la CMT. Según Ortega, el estudio de la compleja relación entre motivación, autenticidad y ansiedad sea posiblemente uno de los temas en los que se hace más necesario ahondar en futuras investigaciones. Ortega evidencia además la necesidad de contar con estudios realizados en una variedad de contextos que incluyan las escuelas primarias y secundarias, no solo por su escasez, sino también para entender los beneficios que la CMT puede tener a diferentes edades. Finalmente, el capítulo hace una llamada a la investigación de la CMT enfocada en las necesidades de poblaciones como los inmigrantes, los refugiados, las personas de escasos recursos económicos y las personas con discapacidades físicas o cognitivas que contribuya a mejorar la educación y a dar un acceso justo y equitativo al aprendizaje de lenguas y al desarrollo de destrezas digitales dentro y fuera del aula tradicional.

Este volumen no está carente de limitaciones. Para empezar, la mayoría de las investigaciones y proyectos (a excepción del Capítulo 6) se realizaron en contextos de educación universitaria quizá como un posible reflejo de la investigación llevada a cabo en el campo de adquisición de segundas lenguas y tecnología en general. Es esencial que a estas investigaciones se añadan otras que incorporen aprendices de otras edades y niveles educativos, a fin de generar otras ideas e iniciativas específicas para los profesores de primaria y secundaria.

Tampoco cubre el volumen todos los temas que hubiéramos querido incorporar. En especial nos parece importante mencionar la carencia de un capítulo centrado en la CMT de los juegos en línea de multijugadores, al igual que un capítulo que aborde los desafíos que supone la evaluación de las diferentes competencias en el aprendizaje mediado por tecnologías. En el capítulo 10, Dooly propone varias formas de evaluación en proyectos colaborativos (autoevaluación, heteroevaluación realizada por los compañeros, uso de rubricas, *exit slips*, resúmenes, preguntas en parejas, etc.) todas ellas diseñadas para ayudar al estudiante a ser consciente y responsable de su proceso de aprendizaje. En general, los estudios sobre el seguimiento y evaluación del aprendizaje en entornos mediados por tecnologías, aunque en crecimiento, son posiblemente de los menos explorados quizá debido a que el campo de la CMT en el aula de segundas lenguas todavía es joven y se necesita adquirir mayor experiencia en la evaluación de este tipo de propuestas.

Parte de la dificultad cuando hablamos de la evaluación en la CMT es la complejidad de variables y factores que afectan al proceso de enseñanza y aprendizaje. Es necesario plantearse una serie de preguntas importantes antes de embarcarse en este tipo de evaluación: ¿qué estamos evaluando, el aprendizaje de la lengua, el aprendizaje digital o ambos?, ¿nos interesa evaluar el desarrollo de competencias genéricas como la competencia intercultural, las competencias colaborativas o la autonomía del aprendiz?, ¿cómo se pueden evaluar los resultados finales y además el proceso de aprendizaje?, ¿cuáles son los mejores métodos y herramientas para evaluar el aprendizaje con CMT?, ¿podemos emplear los mismos modelos y herramientas de evaluación que se usan en contextos sin mediación tecnológica?, ¿son estos entornos (y cada uno de ellos) únicos en el tipo de oportunidades y restricciones que suponen para el aprendizaje? Aunque sí existen conceptualizaciones específicas sobre la evaluación de la tecnología para el aprendizaje de lenguas (Chapelle 2001; 2006; Leakey 2011; Levy y Stockwell 2006; Nielson 2014), son necesarias más investigaciones específicas que contesten estas y otras preguntas en los diferentes niveles educativos.

A modo de conclusión, en este volumen se presentan una serie de iniciativas que pretenden integrar la CMT en el aula de segundas lenguas a fin de facilitar tanto el desarrollo lingüístico de los participantes como otros conocimientos y competencias. Sin embargo, dadas las diversas y numerosas modalidades que puede adoptar esta integración, es imposible abarcarlas todas. A pesar de esto, esperamos haber conseguido aportar una visión general de la CMT, así como posibles modelos y pautas que puedan servir de ayuda a profesores y profesionales interesados en implementar este tipo de iniciativas en el aula.

Obras citadas

Belz, Julie y Andreas Müller-Hartmann. 2003. "Teachers as Intercultural Learners: Negotiating German-American Telecollaboration along the Institutional Fault Line". *The Modern Language Journal* 87(1): 71–89.

Brown, John Seely, Collins, Allan y Paul Duguid. 1989. "Situated Cognition and the Culture of Learning". *Educational Researcher* 18(1): 32–42.

Bueno-Alastuey, Camino. 2013. "Interaction Feedback in Synchronous Voice-based Computer Mediated Communication: Effect of Dyad", *System* 41, 543–559.

Blake, Robert. 2005. "Bimodal CMC: The Glue of Language Learning at a Distance". *CALICO Journal* 22(3): 497–511.

Chapelle, Carol. 2001. *Computer Applications in Second Language Acquisition: Foundations for Teaching, Testing, and Research.* Cambridge: Cambridge University Press.

Chapelle, Carol y Dan Douglas. 2006. *Assessing Language through Computer Technology.* The Cambridge Language Assessment Series. Cambridge: Cambridge University Press.

Dooly, Melinda y Randall Sadler. 2013. Filling in the Gaps: Linking Theory and Practice through Telecollaboration in Teacher Education. *ReCALL* 25(1): 4–29.

Dooly, Melinda y Robert O'Dowd (eds.). 2012. *Researching Online Foreign Language Interaction and Exchange: Theories, Methods and Challenges.* Bern, Switzerland: Peter Lang.

Engestrom, Yrjö, Miettinen, Reijo y Raija-Leena Punamaki (eds.) 1999. *Perspectives on Activity Theory.* Cambridge: Cambridge University Press.

Elola, Idoia y Ana Oskoz. 2010. "Collaborative Writing: Fostering Foreign Language and Writing Conventions Development. *Language Learning & Technology* 14(3): 30–49.

Erickson, Thomas. 2000. "Making Sense of Computer-mediated Communication (CMC): Conversations as Genres, CMC Systems as Genre Ecologies". En *33rd Hawaii International Conference on System Sciences*, editado por Ralph Sprague, Jr. Maui: IEEE Computer Society Press.

Fuchs, Carolin, Hauck, Mirjam y Andreas Müller-Hartmann. 2012. "Promoting Learner Autonomy through Multiliteracy Skills Development in Cross-institutional Exchanges". *Language Learning & Technology* 16(3): 82–102.

Gonglewsky, Margaret, Meloni, Christine y Jocelyne Brant. 2001. "Using E-mail in Foreign Language Teaching: Rationale and Suggestions". *The Internet TESL Journal* VII(3), 1–7.

González-Lloret, Marta y Lourdes Ortega. 2014. "Towards Technology-Mediated TBLT: An Introduction." En *Technology-Mediated TBLT: Researching Technology and Tasks*, editado por Marta González-Lloret y Lourdes Ortega, 1–22. Task-Based Language Teaching 6. Amsterdam; Philadelphia: John Benjamins Publishing Company.

González-Lloret, Marta. 2008. "Computer-mediated Learning of L2 Pragmatics. En *Investigating Pragmatics in Foreign Language Learning, Teaching and Testing,* editado por Eva Alcón-Soler y Alicia Martinez-Flor, 114-132. Clevedon, UK Multilingual Matters.

Guth, Sarah y Francesca Helm. 2011. "Developing Multiliteracies in ELT through Telecollaboration". *ELT Journal* 66(1), 42-51.

Guth, Sara, Helm, Francesca y Robert O'Dowd, R. 2012. *University Language Classes Collaborating Online.* A Report on Integration of Telecollaborative Networks in European Universities. Disponible en: http://coil.suny.edu/sites/default/files/intent_report_execsummary_jun e2012.pdf

Hadjerrouit, Said. 2013. "A Framework for Assessing the Pedagogical Effectiveness of Wiki-based Collaborative Writing: Results and Implications". *Journal of E-Learning and Learning Objects* 9: 29-49.

Jauregi, Kristi. 2015. "Task Development for Telecollaboration among Youngsters". En *Task Design and CALL*, editado por Jozef Colpaert, Anne Aerts, Margaret Oberhofer y Mar Gutiérrez-Colón, 312-322. Antwerpen: Universiteit Antwerpen.

Jauregi, Kristi y Silvia Canto. 2012. "Enhancing Meaningful Oral interaction in Second Life". *Procedia, Social and Behavioural Sciences 34*, 11–115.

Hauck, Mirjam. 2010. "Telecollaboration: At the Interface between Multimodal and Intercultural Communicative Competence". En *Telecollaboration 2.0: Language, Literacies and Intercultural Learning in the 21st Century,* editado por Sarah Guth y Francesca Helm, 219–244. Bern: Peter Lang.

Haugh, Michael y Wei-Lin Chang. 2015. "Understanding im/politeness across cultures: an interacional approach to rasing Sociopragmatic Awareness". *International Review of Applied Linguistics* 53(4): 389–414.

Herring, Susan, Schreit, Lois, Sabrina, Bonus y Elijah Wright. 2005. "Weblogs as a Bridging Genre". *Information, Technology & People* 18(2): 142–71.

Herring, Susan (ed.). 1996. *Computer-Mediated Communication: Linguistic, Social and Cross-Cultural Perspectives.* Amsterdam: John Benjamins.

Jimenez-Caicedo, Juan Pablo, Lozano, María Eugenia y Ricardo Gomez, 2014. "Agency and Web 2.0 in Language Learning: A Systematic Analysis of Elementary Spanish Learners' Attitudes, Beliefs, and Motivations about the Use of Blogs for the Development of L2 Literacy and Language Ability". En *Digital Literacies in Foreign and Second Language Education,* editado por Janel Guikema y Laurence Williams, 87-118. San Marcos, TX: Calico.

Kamhi-Stein, Lía. 2000. "Looking to the Future of TESOL Teacher Education: Integrating Web-based Bulletin Board Discussions into the Methods Course". *TESOL Quarterly 34*(3): 423-456.

Katzlinger, Elisabeth y Michael Herzog. 2014. "Wiki Based Collaborative Learning in Interuniversity Scenarios" *The Electronic Journal of e-Learning* 12(2): 149-037.

Kern, Richard. 2006. "Perspectives on Technology in Learning and Teaching Languages". *TESOL Quarterly 40*(1): 183-210.

Kreijns, Karel, Kirschner, Paul, Jochems, Wim y Hans Van Buuren. 2004. "Determining Sociability, Social space, and Social presence in (A)synchronous Collaborative Groups". *CyberPsychology & Behavior* 7(2): 155–172.

Lamy, Marie-Noëlle y Regine Hampel. 2007. *Online Communication in Language Learning and Teaching.* London: Palgrave Macmillan.

Leakey, Jonathan. 2011. *Evaluating Computer-Assisted Language Learning: An Integrated Approach to Effectiveness Research in CALL*. Oxford; New York: Peter Lang.

Levy, Mike y Glenn Stockwell. 2006. *CALL Dimensions: Options and Issues in Computer Assisted Language Learning*. ESL and Applied Linguistics Professional Series. Mahwah, N.J: L. Erbaum Associates.

Luppicini, Rocci. 2007. *Online Learning Communities*. Charlotte, NC: Information Age.

Nguyen, Long. 2008. "Computer Mediated Communication and Foreign Language Education: Pedagogical Features". *International Journal of Instructional Technology and Distance Learning* 5(12): 23–44.

Nielson, Katharine. 2014. "Evaluation of an Online, Task-based Chinese Course." En *Technology-Mediated TBLT: Researching Technology and Tasks*, editado por Marta González-Lloret y Lourdes Ortega, 295–321. Task-Based Language Teaching 6. Amsterdam; Philadelphia: John Benjamins Publishing Company.

O'Rourke, Breffni. 2008. "The Other C in CMC: What Alternative Data Sources Can Tell us about Text-based Synchronous Computer Mediated Communication and Language Learning. *Computer Assisted Language Learning* 21: 227–251.

Ortega, Lourdes. 2009. "Interaction and Attention to Form in L2 Text-Based Computer-Mediated Communication." En *Multiple Perspectives on Interaction in SLA: Research in Honor of Susan M. Gass*, editado por Alison Mackey y Charlene Polio. New York: Erlbaum/Routledge/Taylor & Francis.

Oskoz, Ana e Idoa Elola, I. 2014. "Promoting FL Collaborative Writing through the Use of Web 2.0 Tools". En *Technology and Tasks: Exploring Technology-mediated TBLT*, editado por Marta González- Lloret y Lourdes Ortega, 115-147. Philadelphia, PA: John Benjamins.

Palincsar, Sullivan. 1998. "Social Constructivist Perspectives on Teaching and Learning". *Annual Review of Psychology* 49(1): 345-375.

Palloff, Rena y Keith Pratt. 2005. *Collaborating Online: Learning Together in Community*. San Francisco: Jossey-Bass.

Pfaffman, Jay. 2008. "Transforming High School Classrooms with Free/Open Source Software: It's Time for an Open Source Software Revolution". *High School Journal* 91(3): 25–31.

Sauro, Shannon. 2009. "Computer-mediated Corrective Feedback and the Development of L2 Grammar". *Language Learning & Technology* 13(1):96–120.

Smith, Bryan. 2004. "Computer-mediated Negotiated Interaction and Lexical Acquisition". *Studies in Second Language Acquisition* 26: 365–398.

Thorne, Stephen. 2008. "Computer-mediated Communication". En *Encyclopedia of Language and Education* (2nd ed.), *vol. 4. Second and Foreign Language Education,* 325-336 editado por Nancy Hornberger y Nelleke Van Duesen-Scholl. New York: Springer.

Thorne, Stephen. 2007. "Mediating Technologies and Second Language Learning". En *Handbook of Research on New Literacies,* editado por Julie Coiro, Michelle Knobel, Colin Lankshear y Donald Leu, 417–449. Mahwah: Lawrence Erlbaum.

Vinagre, Margarita. 2010. *Teoría y Práctica del Aprendizaje Colaborativo Asistido por Ordenador.* Madrid: Síntesis.

———. 2015. "Training Teachers for Virtual Collaboration: A Case Study". *British Journal of Educational Technology* 47(4): 787-802.

———. 2016a. "Promoting Intercultural Competence in Culture and Language Studies: Outcomes of an International Collaborative Project". En *Technological Advances in Specialized Linguistic Domains: Practical Applications and Mobility,* editado por Elena Martín-Monje, Izaskun Elorza y Blanca García Riaza, 23–35. London: Routledge.

———. 2016b. "Developing Key Competences for Life-long Learning in Online Collaboration: Teaching ICT in English as a Medium of Instruction". En *Handbook of Research on Foreign Language Education in the Digital Age,* editado por Congcong Wang y Lisa Winstead, 170-187. Hershey: IGI Global.

———. 2017. "Developing Teachers' Telecollaborative Competences in Online Experiential Learning". Special Issue in Innovation in Language Learning and Teaching. *System 64*: 34–45. DOI: 10.1016/j.system.2016.12.002

Vinagre, Margarita y Beatriz Muñoz. 2011. "Computer-mediated Corrective Feedback and Language Accuracy in Telecollaborative Exchanges". Special issue on Multilateral Online Exchanges for Language and Culture Learning. *Language Learning & Technology* 15(1): 72–103.

Vinagre, Margarita y Avelino Corral. 2018. "Evaluative Language for Rapport Building in Virtual Collaboration: An Analysis of Appraisal in Computer-mediated Interaction". *Journal of Language and Intercultural Communication* *18*(3): 335-350 . DOI: 10.1080/14708477.2017.1378227

Von der Emde, Silke, Schneider, Jeffrey y Markus Kötter. 2001. "Technically Speaking: Transforming Language Learning through Virtual Learning Environments (MOOs)". *Modern Language Journal* 85: 210–25.

Walther, Joseph. 2007. "Selective Self-preservation in Computer-mediated Communications: Hyperpersonal Dimensions of Technology, Language and Cognition". *Computers in Human Behavior* 23: 2538-2557.

Wang, Qiyun y Huay Woo. 2007. "Systematic Planning for ICT Integration in Topic Learning". *Educational Technology & Society* 10(1), 148-156.

Warschauer, Mark. 1997, "Computer-mediated Collaborative Learning: Theory and Practice". *Modern Language Journal* 81(4): 470–481.

Yates, Simeon. 1996. "Oral and Written Linguistic Aspects of Computer Conferencing: A Corpus Based Study". En *Computer-mediated Communication: Linguistic, Social, and Cross-cultural Perspectives,* editado por Susan Herring, 29–46. Amsterdam: John Benjamins Publishing Co.

Las Autoras

Margarita Vinagre Laranjeira es profesora titular de lengua y lingüística inglesas en la Universidad Autónoma de Madrid. Entre sus intereses se incluyen la aplicación de las tecnologías al aprendizaje y enseñanza de la lengua extranjera, la comunicación mediada por computador (CMC) y la telecolaboración para el desarrollo de competencias. Es autora de numerosas publicaciones relacionadas con estos temas y actualmente coordina el proyecto TELNETCOM sobre la integración de las tecnologías en la educación superior en el que participan 20 investigadores de 5 países.

Margarita Vinagre Laranjeira is an Associate Professor at Autónoma University of Madrid where she teaches English Language and Linguistics. Her main research interests are the integration of technologies in the foreign language classroom, computer-mediated communication, and the implementation of intercultural exchanges for the development of linguistic and generic competences. She has published widely on these topics and is currently the coordinator of the TELNETCOM project on the integration of technology in higher education, with 20 participating researchers from 5 countries.

Marta González-Lloret es catedrática de lingüística aplicada en la Universidad de Hawai, USA. Sus intereses incluyen el aprendizaje basado en tareas y la tecnología, la comunicación mediada por computador (CMC) y la adquisición de la pragmática mediada por tecnologías. Ha publicado numerosos artículos y capítulos de libro en estos temas y recientemente una *Guía práctica para la integración del aprendizaje por tareas mediado por tecnologías* (2016, Georgetown University Press). Es co-editora de *System Journal* (Elsevier) y editora de la serie *Pragmatics & Language Learning* (NFLRC).

Marta González-Lloret is a Professor of applied linguistics at the University of Hawai'i, USA. Her interests include technology and task-based learning, computer-mediated communication, and technology-mediated language acquisition. She has published numerous articles and chapters on these topics and her most recent publication is *A Practical Guide to Integrating Technology into Task-Based Language Teaching* (2016, Georgetown University Press). She is co-editor of *System Journal* (Elsevier) and editor of the *Pragmatics & Language Learning* (NFLRC) series.

Capítulo 2. Escritura colaborativa en el siglo XXI

Ana Oskoz, University of Maryland, Baltimore County
aoskoz@umbc.edu

Idoia Elola, Texas Tech University
idoia.elola@ttu.edu

Introducción

Gracias a la integración de herramientas sociales en las clases de segunda lengua (L2), la escritura está recibiendo una atención no vista desde que los enfoques comunicativos y funcionales entraran a formar parte del paisaje curricular. La hegemonía de la habilidad oral no ha sido desbancada, pero de alguna manera la escritura ha podido dar un paso adelante ya que esta tiene ahora un enfoque comunicativo más patente y atrae a los estudiantes de una forma no observada hasta estos últimos años. Uno de los mayores fenómenos con respecto a la escritura ha sido, sin duda, la posibilidad de trabajar colaborativamente debido a la ubicuidad que las tecnologías ofrecen para comunicarse de forma escrita, ya sea sincrónica o asincrónicamente, y permitir la colaboración fuera de las aulas de lengua extranjera. La escritura colaborativa se define como un proyecto de escritura en el que dos o más personas trabajan juntas para crear un producto final cuya responsabilidad es compartida de forma equitativa. Aunque esta actividad colaborativa no es nueva, la presencia de las herramientas digitales sociales como blogs, Facebook o wikis ha animado a que más profesores e investigadores las utilicen tanto por motivos educativos como de investigación. Ya sea tanto escritura totalmente colaborativa como cooperativa—cuando los estudiantes se dividen el trabajo y cada uno compone la sección seleccionada—diversas investigaciones en el campo de la escritura han mostrado que los estudiantes (a) se benefician en relación al desarrollo de contenido y de generación de ideas, (b) prestan más atención a los aspectos lingüísticos, sobre todo cuando ejercen de editores en el proyecto, y (c) aprenden más sobre convenciones de escritura tales como el género (narración versus argumentación). De la misma manera, se ha descubierto que las herramientas tienen características que hacen que algunas sean más propicias que otras para la escritura colaborativa. De todas las herramientas digitales quizás las que más se hayan utilizado para este propósito son los wikis y los blogs, seguidas de los tableros de discusión y de los chats. Por tanto, en este capítulo se presentan, en primer lugar, los principios fundamentales en los que, según el marco sociocultural, se fundamenta la escritura colaborativa. A continuación, se habla del blog, del wiki, del tablero de discusión y del chat, estos últimos como herramientas complementarias en la clase de L2 para ayudar en el proceso de la escritura colaborativa. En este capítulo también se tiene en cuenta la investigación que se ha llevado a cabo tanto desde un marco sociocultural como desde aspectos lingüísticos y retóricos al integrar estas herramientas. Por último, este capítulo presenta un enfoque pedagógico para aquéllos que quieran implementar la escritura colaborativa en combinación con varias herramientas.

Marco teórico

Dentro del campo de la investigación de L2, la escritura colaborativa ha sido analizada dentro de un marco sociocultural, según el cual el motor del desarrollo cognitivo se debe a la interacción social del niño, o en nuestro caso del estudiante, con su ambiente (Vygotsky 1978). De acuerdo con Vygotsky (1978), los adultos o compañeros más expertos ayudan a dirigir el aprendizaje a un nivel más avanzado antes de que el niño o el estudiante sea capaz de hacerlo por sí mismo. Se refiere a lo que se denomina la zona de desarrollo próximo (ZDP), ese espacio o brecha que el estudiante llega a superar con la ayuda de una persona de mayor conocimiento por medio del diálogo; es decir, a través del andamiaje, el estudiante recibe la ayuda necesaria para llevar a cabo distintas tareas o acciones a un nivel que por sí mismo no habría podido alcanzar. Los principios centrales de la teoría sociocultural indican que las funciones psicológicas superiores, tales como el pensamiento, la planificación o la inferencia, son procesos materializados a través de instrumentos, ya sean estos mentales, como los números o el lenguaje, o físicos, como el papel o el computador. En el caso de la escritura digital colaborativa, los blogs y los wikis son, probablemente, dos de las herramientas que más se han utilizado. Puesto que las herramientas no son equivalentes (no es lo mismo escribir un texto en el móvil que un ensayo en un wiki) sus características físicas hacen que el tipo de escritura que se lleva a cabo difiera en algunos aspectos; por ello, la elección del instrumento no es una acción neutra, sino que puede llegar a tener un impacto importante en el desarrollo de la L2 (Hampel y Hauck 2006). Tanto los principios de la ZDP como del andamiaje se han estudiado en el campo de la escritura digital colaborativa en la L2 (Oskoz y Elola 2014).

Herramientas al servicio de la colaboración

Desde finales de 1990 y principios del 2000, las herramientas que se han utilizado en la clase son los blogs, wikis, tableros de discusión y los chats. Aunque no todas ellas tenían como objetivo primordial la escritura colaborativa, todas estas herramientas pueden ayudar a los estudiantes a enfocarse en distintos componentes de la escritura.

Blogs

Se han definido los blogs como páginas web periódicamente actualizadas donde se recopilan de forma cronológica textos o artículos. Si inicialmente los blogs comenzaron como diarios de viaje, actualmente también se pueden encontrar blogs de tipo personal, periodístico, económico, tecnológico y educativo. Común a todos ellos es la posibilidad de que los lectores escriban comentarios reaccionando a lo escrito por el autor y, de esa manera, establezcan un diálogo que potencialmente influya en el contenido del blog. Dentro del campo de la educación, el blog se ha utilizado por sus posibilidades para apoyar el desarrollo intercultural y lingüístico de las L2s (Elola y Oskoz 2008; Lee 2009), así como por ser espacio de práctica de lectura y escritura de estas (Ducate y Lomicka 2008). Sin embargo, muchos de estos estudios han descubierto que, aunque algunos estudiantes pensaban que escribir en el blog les ayudaba a practicar la gramática, el vocabulario y la escritura en general (Ducate y Lomicka 2008), en realidad veían la mayor aportación en el contenido (Ducate y Lomicka 2008; Lee 2009). Lee (2009), por ejemplo, trató de combinar el aspecto cultural de los intercambios interculturales entre estudiantes en España y Estados Unidos con la provisión de retroalimentación para que los estudiantes estadounidenses tuvieran la oportunidad de reflexionar y corregir los errores gramaticales. Sin embargo, a pesar del énfasis que se les dio a las correcciones y a que los estudiantes se fijaran no solo en lo que decían sino en cómo lo escribían, los estudiantes de Lee se centraron primordialmente en el contenido y no en las correcciones lingüísticas que recibían. Es posible que parte de esto se debiera a la dificultad que los estudiantes tuvieron para editar las entradas una vez que ya se habían publicado (Lee 2009). Entre todas las investigaciones, quizás hayan sido Ducate y Lomicka (2008) las que más hincapié han puesto en el posible desarrollo lingüístico de la L2 en los blogs. Con el propósito de aprender los recursos retóricos y lingüísticos que los escritores nativos de alemán y francés usan cuando escriben un blog, las investigadoras hicieron, en primer lugar, que sus estudiantes de alemán y francés analizaran tanto los aspectos lingüísticos como de contenido presentes en los blogs en ambas lenguas. En segundo lugar, les pidieron a los estudiantes que crearan sus propios blogs utilizando los recursos aprendidos. Los resultados de su estudio sugieren que, aunque los estudiantes pensaron que los blogs eran una buena manera de practicar la gramática y el vocabulario, y la escritura en general, el hecho de fijar su atención tanto en los aspectos retóricos, más que ayudarles, les limitaba. A pesar de que otros estudios han destacado hasta qué punto los blogs ayudan con el desarrollo lingüístico de diferentes elementos como, por ejemplo, la distinción entre pretérito e imperfecto en español (Castañeda 2011), parece ser que existe una mayor tendencia a utilizar los blogs para el desarrollo del contenido y, en particular, el desarrollo intercultural (Lee 2009).

Wikis

Quizás por su función inherentemente colaborativa y por su potencial para ayudar al estudiante a editar y revisar el contenido ya escrito, el wiki—páginas de web a la que los usuarios pueden acceder desde cualquier sitio de forma asincrónica y que facilita la edición del contenido, gramática y organización del documento—es la herramienta que más se ha utilizado en el contexto de la escritura colaborativa (Arnold *et al.* 2009; Elola y Oskoz 2010a, 2010b; Kessler 2009; Kost 2011; Lee 2010). Estos estudios han demostrado que ya sea en colaboración o en cooperación, los estudiantes desarrollan distintos elementos de la escritura cuando trabajan en el wiki. Un análisis exhaustivo indica que si bien hay uniformidad en cuanto al valor de esta herramienta para el desarrollo del contenido (Arnold *et al.* 2009; Elola y Oskoz 2010b; Kessler 2009; Lee 2010; Oskoz y Elola, 2014), su uso para el desarrollo lingüístico difiere. Kessler (2009), por ejemplo, encontró que mientras que el significado no interfiriera con el contenido, los estudiantes no se fijaban en los aspectos gramaticales. Elola y Oskoz (2010b), por su parte, encontraron que los estudiantes tendían a corregir sus propios errores y, con menos frecuencia, los de los compañeros. Sin embargo, otros estudios han demostrado que los estudiantes sí corrigen los errores gramaticales ya sea en conjunto (Lee, 2010) o en la sección elaborada por su compañero (Arnold *et al.* 2009; Kost 2011). Es muy posible que la cantidad y la calidad de la corrección se base en la tarea a completar ya que mientras el propósito del estudio de Kessler (2009) era que los estudiantes elaboraran el concepto de cultura, en los otros estudios mencionados trabajaban en el wiki no solamente para elaborar el contenido sino además para desarrollar aspectos lingüísticos.

Trabajar colaborativamente en el wiki también implica un cambio cualitativo en el proceso de escritura. Elola y Oskoz (2010b), al examinar las diferencias entre el trabajo colaborativo y el individual de los estudiantes, vieron que, cuando trabajan de manera individual, éstos (a) generaban ideas para el ensayo, defendían la tesis y trabajaban en la estructura durante todo el proceso de creación del texto, y (b) preferían atender a los aspectos más específicos (gramática, vocabulario y ortografía) hacia el final del proceso. Por el contrario, cuando lo hacían de manera colaborativa los estudiantes discutían y creaban el bosquejo que les habría de dar la estructura al comienzo del ensayo, y trabajaban en la gramática, el vocabulario y la ortografía a lo largo de las dos semanas de duración de la actividad. Estos resultados sugieren que, a pesar de que los estudiantes se fijan tanto en los elementos lingüísticos como en los retóricos, la forma en la que se tratan difiere según sea este un trabajo individual o colaborativo. Strobl (2014), por su parte, encontró que, aunque en términos de precisión lingüística no había ninguna diferencia significativa entre el trabajo colaborativo o el individual, cuando sus estudiantes de alemán avanzado trabajaban colaborativamente, el contenido del ensayo resultaba significativamente mejor que cuando lo hacían individualmente. Es más, los textos que se trabajaban en grupo presentaban más coherencia y cohesión que los individuales.

Otro aspecto a tener en cuenta es que los estudiantes, además, perciben diferencias entre el trabajo colaborativo e individual. Aunque el trabajo colaborativo puede complicar el proceso por la necesidad de encontrar tiempo para trabajar juntos (Arnold *et al.* 2009) y por los diferentes estilos personales y ritmo de trabajo (Strobl 2014), los estudiantes también aprecian que cuando se colabora con otra persona se facilita el proceso de lluvia de ideas para encontrar un tema (lo cual puede ser más complicado cuando se trabaja de manera individual), la generación de ideas, la comprobación de que las mismas son válidas y tienen sentido (Oskoz y Elola 2013) y la percepción de que escriben a un nivel más alto (Strobl 2014). Por tanto, aunque los estudiantes prefieren trabajar solos porque hasta cierto punto es más cómodo, también se dan cuenta de que trabajar con otra persona mejora la calidad final de su escritura.

Tableros de discusión y chats: herramientas de apoyo

Además de los blogs y los wikis, dos herramientas menos conocidas dentro del mundo de la escritura han sido los tableros de discusión y los chats. Los tableros de discusión se han definido como foros asincrónicos en los que los estudiantes pueden exponer y compartir sus ideas a la vez que reflexionan sobre ellas. El beneficio de los tableros estriba en que el tiempo que media entre el momento en que los estudiantes leen hasta que escriben los comentarios les ayuda a llevar a cabo conexiones entre ideas, reflexionar y verificar los puntos de vista que otros participantes quieren hacer llegar, y a buscar información que les ayude a escribir respuestas detalladas a los comentarios de los compañeros (Arnold y Ducate 2006; Oskoz 2013). Aunque en el contexto de la L2 se han utilizado primordialmente para el desarrollo de actividades culturales (Oskoz 2009), cuando los tableros se han integrado con la escritura se ha visto que estos son también espacios idóneos para el desarrollo del contenido de los ensayos (Elola y Oskoz 2010a; Oskoz y Elola 2013). Elola y Oskoz (2010b), por ejemplo, comprobaron que en los tableros los estudiantes desarrollan y reflexionan sobre sus ideas a la vez que exponen evidencias en las que apoyar sus opiniones. Aunque la función primordial de los tableros no parece ser la escritura colaborativa en sí, su potencial para elaborar contenido e ideas en grupo hace de esta herramienta un valioso artefacto para iniciar el proceso de escritura en parejas o en grupo.

Por su parte, se ha visto que los chats, espacios digitales en los que los estudiantes se pueden comunicar sincrónicamente de forma escrita, son también lugares donde los estudiantes pueden desarrollar y trabajar colaborativamente distintos aspectos de la escritura. Si inicialmente se utilizaron en el contexto de la L2 para la negociación de significado (Sauro y Smith 2010), los chats son espacios en los que los estudiantes, en un primer momento, planifican, piensan en la estructura del género con el que van a trabajar, también organizan el contenido del ensayo (Elola y Oskoz 2010b; Kost 2011) y, posteriormente, discuten sobre la retroalimentación del profesor no solo en términos de contenido, estructura y organización, sino también en términos lingüísticos y de registro.

El poder de los tableros y chats, sin embargo, parece derivar de su potencial para combinarse con herramientas más propicias para la escritura, como hemos visto en los wikis y blogs. Aunque la mayoría de los estudios que han prestado su atención a la escritura colaborativa se han fijado solamente en el uso de una herramienta, también se ha visto que la combinación de dos o más herramientas ayuda a que los estudiantes puedan dedicarse con más precisión a analizar distintos elementos de la escritura o incluso los mismos, pero en diferentes etapas del desarrollo de la composición (Elola y Oskoz 2010b; Kost 2011; Oskoz y Elola 2013; Oskoz y Elola 2014). Elola y Oskoz (2010a), por ejemplo, demostraron cómo la combinación del tablero de discusión, los wikis y los chats beneficiaba a los estudiantes en los distintos momentos del proceso de escritura. En los tableros, los estudiantes (en grupos de cuatro) interactuaron durante toda una semana sobre el tema del ensayo, ya fuera este sobre una persona influyente, efectos de la globalización o corrientes de inmigración en el mundo hispano. La puesta en común del contenido les ayudó no solamente a recoger más información sino también a aprender sobre temas y puntos de vista con los que no estaban familiarizados. En el chat, además de discutir el contenido del ensayo, los estudiantes también discutieron el plan a seguir, desarrollaron la estructura básica, y prepararon el bosquejo que utilizaron para la escritura. Por último, en el wiki los estudiantes escribieron sus ensayos y se centraron en los aspectos más locales de la escritura.

No se debe pensar en estas herramientas como individuales e inconexas ya que se complementan y, hasta cierto punto, trabajan y desarrollan los mismos aspectos de la escritura. Haciendo hincapié en la conexión entre tableros de discusión, chats y wikis, Oskoz y Elola (2013) vieron que cuando los estudiantes hablaban en el chat sobre el tema del ensayo, estos hacían extensas referencias al material recopilado y elaborado en el tablero de discusión, y en el wiki se apreciaban frases y contenido directamente obtenido de la interacción en el tablero. Así mismo, en el wiki se veían directamente reflejados los temas tratados en los chats como la tesis, el contenido, y la coherencia entre las ideas. Por tanto, la combinación y complementación de estas herramientas ayudó a los estudiantes a trabajar en su escritura.

A pesar de que la interacción en estas herramientas da lugar a que los estudiantes trabajen colaborativamente y se ayuden con los diferentes elementos de la escritura, el andamiaje no se manifiesta siempre de la misma manera. En una serie de estudios, Elola y Oskoz (2010b) y Oskoz y Elola (2014), examinaron hasta qué punto los estudiantes se ayudaban en el proceso colaborativo de la escritura cuando trabajaban en ensayos de argumentación y de exposición. Para ello, Oskoz y Elola (2014) analizaron el trabajo colaborativo de los estudiantes tanto en los wikis como en los chats siguiendo un análisis dual que combina (a) la aplicación de un análisis ascendente que busca categorías emergentes en los datos y (b) un análisis basado en las categorías de andamiaje ya establecidas por Wood, Bruner y Ross (1976); controlar la frustración, demostrar una idea dando un ejemplo, marcar puntos clave, mantener el enfoque, fomentar el interés, y simplificar la tarea. Dentro de las categorías emergentes, las investigadoras encontraron algunas características comunes a los chats y a los wikis en cuanto al contenido, estructura, organización, gramática, vocabulario y puntuación. De hecho, en relación con las interacciones de colaboración, la categoría más frecuente en el chat fue la interacción relacionada con el contenido, resultado similar a lo que se vio en estudios previos que se enfocaron en el wiki. Sin embargo, también vieron que, aunque las mismas categorías aparecían en las dos herramientas, estas no siempre surgían con la misma frecuencia o de la misma manera. Así, mientras que la gramática y las revisiones puntuales eran más frecuentes en el wiki, estas eran menos abundantes en el chat. Mientras que en el chat el contenido iba seguido de interacciones relacionadas con la estructura, en el wiki la estructura aparecía desarrollada en los primeros borradores y el contenido cambiaba según añadían más información. Estos ejemplos demuestran claramente que las herramientas no son neutras y que la selección de estas, como señalaron Hampel y Hauck (2006), puede tener un efecto importante en el desarrollo de la L2.

En los chats quizás sea más evidente el proceso de colaboración en relación con el enfoque de las interacciones en sí. Es así como Oskoz y Elola (2014) encontraron otras categorías emergentes tales como estar de acuerdo o desacuerdo, planificar la tarea, pedir opinión, proveer retroalimentación, y dividir el trabajo. Lo interesante del análisis fue ver que la frecuencia de las interacciones de los estudiantes, aunque fueran similares tanto en la argumentación como en la exposición, cambiaron del primer ensayo (la argumentación) al segundo (la exposición). Si bien los estudiantes mantuvieron interacciones constantes (por ejemplo, estar de acuerdo o desacuerdo, petición de opinión, o provisión de retroalimentación), se vio que también se dividieron menos el trabajo en la exposición que en la argumentación (3.40% frente a 11.28%) dando lugar a una mayor colaboración, y al mismo tiempo, un mayor interés por la discusión de otros elementos necesarios de la escritura (contenido, estructura, organización). Véase Figura 1.

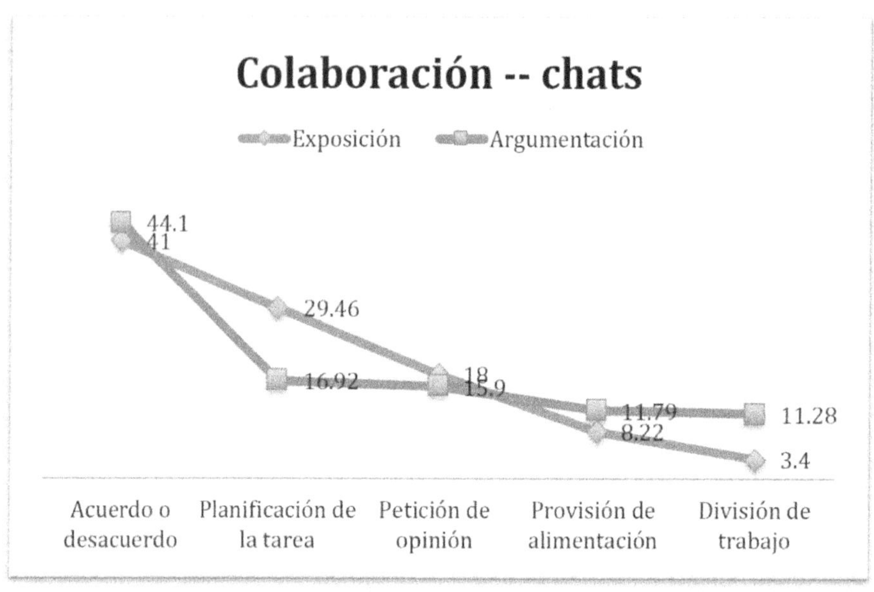

Figura 1. Colaboración en el chat (Oskoz y Elola 2014)

En cuanto a las categorías del proceso de andamiaje, Oskoz y Elola (2014) encontraron que los estudiantes mantenían el enfoque en la escritura más o menos constante en las dos actividades escritas. Como en el caso de las categorías de colaboración, se vio que los estudiantes pasaron más tiempo destacando los argumentos clave del ensayo en la exposición que en la argumentación misma, quizás porque para entonces ya se habían dado cuenta de la necesidad de fijarse en las características del género y de su estructura. Para el segundo ensayo (exposición) los estudiantes necesitaron pasar menos tiempo simplificando la escritura, controlando la frustración o manteniendo el interés. Véase Figura 2.

Los resultados de las interacciones centradas en la colaboración y andamiaje hay que entenderlos de una manera conjunta para acceder a una visión completa. La combinación de los datos sugiere que una vez que los estudiantes se han acostumbrado a trabajar juntos disminuye la necesidad de ciertas categorías de andamiaje como simplificar la tarea, marcar puntos clave o dividir el trabajo. En cambio, cuanto más colaboran los estudiantes, sus interacciones se enfocan en aspectos más fructíferos como tener en cuenta y pedir la opinión del compañero o planificar el contenido y la estructura de la tarea (véase también el Capítulo 9 de este volumen).

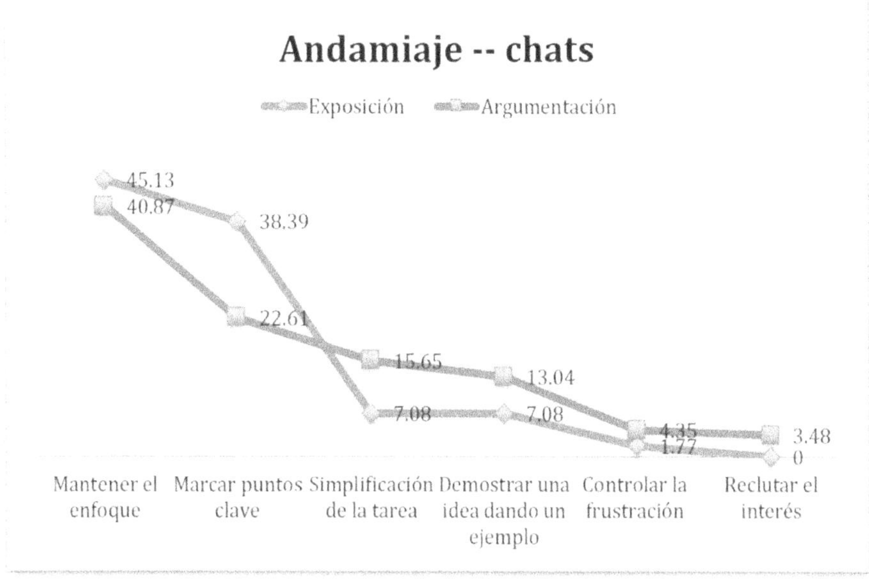

Figura 2. Andamiaje en el chat (Oskoz y Elola 2014)

Retos

A pesar de los beneficios que el uso de los wikis y otras herramientas aportan a la clase de escritura, no hay que olvidar que su presencia conlleva una serie de retos tanto para los alumnos como para los instructores. Por ejemplo, a nivel académico, no hay duda de que los estudiantes prefieren trabajar solos ya que de esa manera no solo tienen un mayor control tanto del contenido de lo que escriben como de la estructura del ensayo, sino que también pueden desarrollar un estilo personal, no dependen de la aportación de los compañeros para completar el texto, y no temen "jugarse" la nota del ensayo dependiendo del nivel y trabajo de las otras personas. A nivel logístico, a los estudiantes, cuyos hábitos de trabajo están supeditados a sus horarios académicos y profesionales, se les puede hacer difícil buscar tiempo para quedar con otra persona y trabajar colaborativamente (en la parte sincrónica en los chats), y lidiar a veces con problemas tecnológicos que dificultan la conexión con otra persona. Estas preferencias, miedos y posibles problemas por parte de los estudiantes implican que el instructor tiene que señalar y demostrar que la integración de herramientas sociales en la clase de escritura va más allá de un ejercicio académico o de una moda pasajera y que aprender a trabajar colaborativamente es una destreza que, sin duda, les ayudará en su futuro profesional.

Sugerencias pedagógicas

La escritura colaborativa, aunque no exenta de ciertas limitaciones, es una alternativa viable o complementaria a la escritura individual en la clase de L2. Común a los instructores e investigadores que han examinado este tipo de escritura es el detalle con el que han creado las diferentes etapas de desarrollo: la elaboración de ideas y de contenido, los borradores, las revisiones, y en el caso de combinar distintas herramientas, cómo poder integrarlas de forma efectiva. Debido a que la colaboración, común en las clases de L2 cuando se desarrolla la habilidad oral, no es tan frecuente en la comunicación escrita, no es de extrañar que los estudiantes muestren cierta incredulidad o incluso desconfianza cuando esta se integra en la clase de L2. Para paliar esta situación, aunque quizás no se haya presentado de una forma explícita, muchos de estos estudios se han apoyado en un enfoque por tareas en el que el proceso de escritura se ha dividido en etapas que facilitan el proceso de escritura colaborativa. Los estudios que incluyen más de una herramienta también han tenido en cuenta las posibilidades de estas, y así como wikis, blogs, chats y tableros de discusión parecen ser aptos para la elaboración de contenido, los wikis parecen más idóneos que otras herramientas para fijarse en aspectos gramaticales concretos mientras que los chats se manifiestan más apropiados para trabajar la estructura de la composición. Por eso, cuando se desarrolla una actividad colaborativa es necesario tener en cuenta cuál es el propósito de cada paso y qué herramienta ayuda mejor a los objetivos lingüísticos y retóricos de la actividad escrita. A continuación, se propone un modelo secuenciado para guiar a aquellos interesados en implementar la escritura colaborativa en la clase de L2.

- Paso 1 – *Planificación*: En primer lugar, el instructor tiene que recordar que el trabajo colaborativo implica un cambio curricular al que los estudiantes no están acostumbrados. Hasta ahora, a pesar de que estos trabajan en grupos en la clase, se les ha seguido evaluando de manera individual. Por eso, y dado que los estudiantes temen obtener peor nota si trabajan con otra persona, es fundamental que haya un periodo de prueba para que se acostumbren al proceso de escritura colaborativa y para que se puedan hacer cambios en el caso de encontrarse con personalidades y/o niveles de L2 diferentes.

- Paso 2 – *Desarrollo del contenido*: Después de que el tema del ensayo se introduzca en la clase, se les puede pedir a los estudiantes que desarrollen el contenido en el tablero de discusión en el que, en grupos de tres o cuatro, busquen información sobre el tema a tratar y evidencias que les ayuden a sostener sus argumentos. Promover el debate en el tablero también puede ayudar a ver si sus ideas son adecuadas o no para lo que ellos quieren expresar.

- Paso 3 – *Desarrollo de la escritura*: Una vez que se haya discutido el tema en el tablero y que también se haya revisado en la clase, los estudiantes pueden empezar el ensayo. Antes de comenzar con la escritura en sí, es conveniente que los estudiantes, por parejas, se junten en el chat por lo menos una vez para hablar de la tesis, los argumentos y evidencias principales que quieren incluir. Esta discusión les da la base temática y el bosquejo para empezar la escritura.

- Paso 4 – *Retroalimentación del instructor*: Cuando se termine el primer borrador en el wiki, el instructor debe dar a conocer sus comentarios en el wiki tanto en términos de contenido, estructura y organización como de gramática, vocabulario, ortografía y puntuación.

- Paso 5 – *Revisión del contenido y aspectos formales y retóricos de la escritura*: Por último, una vez recibidos los comentarios, los estudiantes trabajan otra vez en la escritura. En el chat los estudiantes pueden hablar de los comentarios recibidos del instructor y pensar en los cambios necesarios para mejorar la escritura. En el wiki, los estudiantes implementarán los cambios sugeridos por el instructor y editarán el texto para que su escritura muestre una mayor precisión lingüística y retórica.

Conclusión

Gracias a las herramientas digitales, los estudiantes pueden trabajar colaborativamente en la escritura a través de un proceso que, como se ha visto en este capítulo, ayuda a que los estudiantes obtengan ensayos con un contenido cualitativamente mejor, más coherentes y cohesivos que cuando los realizan de manera individual. Sin embargo, el propósito de este capítulo no es presentar un apoyo incondicional a la implementación de la escritura colaborativa en detrimento de la individual. Ambas tienen lugar en la clase de L2 porque cada una puede enfatizar diferentes aspectos de la escritura y de su proceso. En este capítulo se ha hecho una selección de las herramientas tecnológicas que más se han utilizado en la clase de escritura. Aunque se han integrado otras herramientas como Twitter y Facebook en la clase de L2, todavía no se ha estudiado cómo afectan y cómo ayudan al proceso de escritura. Estamos a la espera de estudios que indiquen su valor para el desarrollo de la habilidad escrita o, como en el caso del blog, si estas son más apropiadas para el desarrollo del contenido y de la comunicación intercultural.

Obras citadas

Arnold, Nike y Lara Ducate. 2006. "Future Language Teachers' Social and Cognitive Collaboration in an Online Environment." *Language Learning & Technology* 10(1): 42–66.

Arnold, Nike, Lara Ducate y Claudia Kost. 2009. "Collaborative Writing in Wikis: Insights from Culture Project in German Class." En *The next generation: Social networking and online collaboration in foreign language learning*, editado por Lara Lomicka y Gillian Lord, 115–144. San Marcos, TX: Texas State University.

Castañeda, Daniel. A. 2011. "The Effects of Instruction Enhanced by Video/photo Blogs and Wikis on Learning the Distinctions of the Spanish Preterite and Imperfect." *Foreign Language Annals* 44(4): 692–711.

Ducate, Lara y Lara Lomicka. 2008. "Adventures in the Blogosphere: From Blog Readers to Blog Writers." *Computer Assisted Language Learning* 21 (1): 9–28.

Elola, Idoia y Ana Oskoz. 2008. "Blogging: Fostering Intercultural Competence Development in Foreign Language and Study Abroad Contexts." *Foreign Language Annals* 41(3): 421–444.

―――. 2010a. "A Social Learning Approach to Writing in the FL Classroom: Adopting New Pedagogical Approaches Through the Use of Online Components." En *Critical and Intercultural Theory and Language Pedagogy*, editado por Glenn Levine y Alison Phipps, 185–201. Boston, MA: Heinle & Heinle.

———. 2010b. "Collaborative writing: Fostering Foreign Language and Writing Conventions Development." *Language Learning & Technology* 14(3): 30–49.

Hampel, Regine y Mirjam Hauck. 2006. "Computer-mediated Language Learning: Making Meaning in Multimodal Virtual Learning Spaces." *The JALT CALL Journal* 2(2): 3–18.

Hirvela, Alan. 1999. "Collaborative Writing: Instruction and Communities of Readers and Writers." *TESOL Journal* 8(1): 7–12.

Kessler, Greg. 2009. "Student-initiated Attention to Form in Wiki-based Collaborative Writing." *Language Learning & Technology* 13: 79–95s.

Kost, Claudia. 2011. "Investigating Writing Strategies and Revision Behavior in Collaborative Wiki Projects." *CALICO Journal* 28(3): 606–620.

Lee, Lina. 2009. "Promoting Intercultural Exchanges with Blogs and Podcasting: A Study of Spanish-American Telecollaboration." *Computer Assisted Language Learning* 22(5): 425–443.

Lee, Lina. 2010. "Exploring Wiki-media Collaborative Writing: A Case Study in an Elementary Spanish Course." *CALICO Journal* 27(2): 260–276.

Oskoz, Ana. 2009. "The Use of Online Forums to Integrate the Standards into the Foreign Language Curriculum." En *Principles and Practices of the Standards in College Foreign Language Education*, editado por Virginia Scott, 106–125. Boston, MA: Heinle & Heinle.

———. 2013. "Developing a Community of Inquiry in a Foreign Language Blended Course." En *Educational Communities of Inquiry: Theoretical Framework, Research and Practice*, editado por Zehra Akyol y D. Randy Garrison, 267–294. Hershey, PA: IGI Global.

Oskoz, Ana e Idoia Elola. 2013. "Beyond the FL Writing Classroom: Social Tools at Work." En *Adquisición de segundas lenguas en el marco del nuevo milenio*, editado por Nicolás Estéves Fuerte y Begoña Calvel Arroitia, 211–228. Valencia, Spain: Universitat de Valencia.

———. 2014. "Promoting FL Collaborative Writing through the Use of Web 2.0 Tools." En *Technology and tasks: Exploring technology-mediated TBLT*, editado por Marta González- Lloret y Lourdes Ortega, 115–147. Philadelphia, PA: John Benjamins.

Sauro, Shannon y Bryan Smith. 2010. "Investigating L2 Performance in Text Chat." *Applied Linguistics* 31(4): 554–577.

Strobl, Carola. 2014. "Affordances of Web 2.0 Technologies for Collaborative Advanced Writing in a Foreign Language." *CALICO Journal* 31(1): 1–18.

Vygotsky, Lev. 1978. *Mind in Society.* Cambridge: Harvard University Press.

Wood, David, Jerome Bruner y Gail Ross. 1976. "The Role of Tutoring in Problem Solving." *Journal of Child Psychology and Psychiatry* 17: 89–100.

Las Autoras

Ana Oskoz es profesora titular de la Universidad de Maryland en Baltimore County (UMBC), USA. Sus áreas de investigación se centran en la aplicación de tecnologías en el aprendizaje de lenguas. En particular, se enfoca en el uso de la comunicación mediada por computador (CMC) y herramientas sociales para enriquecer el desarrollo de la destreza escrita y la comunicación intercultural, temas sobre los que ha publicado artículos y capítulos de libro. Actualmente es editora asociada de CALICO Journal.

Ana Oskoz is an Associate Professor at the University of Maryland Baltimore County (UMBC), USA. Her research is on the applications of technologies to language learning. In particular, it focuses on the use of computer-mediated communication (CMC) and social tools to enhance the development of second language writing and intercultural competence development. She has published numerous articles and book chapters on these topics. She is currently Associate Editor of *CALICO Journal.*

Idoia Elola es profesora titular de español y lingüística aplicada en la Universidad Texas Tech, USA. Su investigación se centra principalmente en la escritura de segundas lenguas, la escritura colaborativa e individual mediante herramientas sociales, alfabetización digital y el uso de textos multimodales, los procesos y prácticas de escritura de los aprendices de herencia de español, y procesos de retroalimentación y revisión. Su trabajo ha sido publicado nacional e internacionalmente en revistas y libros especializados.

Idoia Elola is Associate Professor of Spanish and applied linguistics at Texas Tech University, USA. Her research focuses on second language writing, collaborative and individual writing when using social tools, digital literacy and the use of multimodal texts, Spanish heritage language learners' writing processes, and revision and feedback. Her work has been published in national and international journals and specialized books.

Capítulo 3. AICLE/EMI y CMC: Un tándem efectivo para el desarrollo de la interacción comunicativa escrita

María Luisa Pérez Cañado, Universidad de Jaén
mlperez@ujaen.es

Introducción

En la actualidad, la legislación continental, nacional y regional de la mayor parte de los países europeos declara la necesidad de desarrollar modelos de educación plurilingüe y de incorporar las Tecnologías de la Información y Comunicación (TIC) al proceso educativo. Dos de los enfoques más en boga dentro de cada uno de estos modelos son AICLE (Aprendizaje Integrado de Contenidos y Lenguas Extranjeras) en educación primaria y secundaria, también conocido como EMI (*English as a Medium of Instruction*) en educación terciaria, y CMC (la Comunicación Mediada por Computador). Según un reciente informe realizado para la Comisión Europea (Scott y Beadle 2014), la mayoría de los países europeos están adoptando estrategias para incrementar la presencia de estos enfoques para aumentar la calidad y efectividad de la enseñanza de lenguas.

Por separado, abundantes estudios han evidenciado que estos acrónimos se sustentan en principios subyacentes paralelos, relacionados con la pedagogía socio-constructivista, la enseñanza centrada en el estudiante y la llamada aula invertida. Este capítulo pretende ir un paso más allá, demostrando cómo ambos modelos, en conjunción, son un tándem efectivo no solo para alinear la enseñanza de lenguas extranjeras con los principios más actualizados de la didáctica de idiomas, sino también para el desarrollo específico de las diferentes destrezas y componentes lingüísticos. Concretamente, se centrará en la integración de la CMC y AICLE/EMI para el desarrollo de la interacción comunicativa escrita.

Con este fin, se comenzará describiendo ambos enfoques—AICLE/EMI y CMC—e ilustrando cómo confluyen en su filosofía y principios subyacentes. A continuación, se expondrán los principales estudios que se han realizado en el aula bilingüe a todos los niveles educativos para trabajar la interacción comunicativa escrita a través de la CMC. Seguidamente, se resumirán los principales resultados y beneficios de la conjunción de ambos enfoques. Una vez expuestas las ventajas de la confluencia de AICLE y CMC, se proporcionarán orientaciones prácticas para su incorporación en el aula en todos los niveles educativos. El fin último es basar las decisiones pedagógicas en evidencias empíricas con el fin de promover la confluencia exitosa de dos enfoques que están de actualidad en aras de mejorar la enseñanza de lenguas extranjeras y, en concreto, la interacción comunicativa escrita.

El marco conceptual: AICLE/EMI y CMC

En el ámbito de la enseñanza de lenguas, estamos inmersos en lo que Mehisto (2008) considera un periodo de ruptura con todo lo anterior, en el que surge una nueva 'dispensa lingüística' (*linguistic dispensation*, Aronin y Hufeisen 2009, 105) caracterizada por nuevos escenarios didácticos, corrientes pedagógicas y paradigmas educativos (Pérez Gómez *et al.* 2009). Estos implican un giro radical del aprendizaje como transmisión y reproducción al aprendizaje comprensivo y comunicativo (Pérez Gómez *et al.* 2009). En este nuevo contexto, dos enfoques están cobrando especial relevancia por favorecer los principios y la filosofía subyacentes al nuevo paradigma socio-constructivista: AICLE/EMI y CMC.

Ambos son términos muy amplios y no siempre bien definidos. AICLE es considerado por numerosos autores excesivamente ambiguo y amplio en su caracterización (Bruton 2013, 2015) ya que engloba una gran cantidad de programas alternativos y oportunidades de aprendizaje (Cenoz *et al.* 2013) y no utiliza una pedagogía unificada (Hüttner y Smit 2014). Del mismo modo, Zhao (2003, 8) subraya que las TIC son "un concepto mal definido que abarca una amplia gama de herramientas, artefactos y prácticas, desde ordenadores multimedia a Internet, desde cintas de vídeo a salas de chat en línea, de páginas web a conferencias de audio interactivas" (traducción propia).

No obstante, se pueden discernir una serie de rasgos distintivos de ambos acrónimos. AICLE es "una estrategia educativa de doble enfoque en la que se utiliza un idioma adicional para el aprendizaje y la enseñanza de los contenidos y el lenguaje" (Marsh y Langé 2000, 2, traducción propia). Implica, por tanto, la enseñanza de asignaturas de contenido a través de la lengua extranjera y la integración de idioma y contenido es su principal característica. Otros rasgos distintivos de este enfoque incluyen el idioma que se utiliza para la instrucción (*linguae francae* internacionales, con un claro predominio del inglés), la metodología empleada (eminentemente centrada en el estudiante, con elementos comunicativos y del aprendizaje basado en tareas, proyectos y problemas), el nivel lingüístico meta (una competencia meramente funcional, y no nativa, de la lengua estudiada), el dominio lingüístico de los docentes (que tampoco ha de ser equiparable al de un nativo), la exposición a la lengua extranjera (que es menor, ya que la edad de inicio suele retrasarse), o la tipología de materiales usados (que suelen ser adaptados o de diseño original, en lugar de auténticos).

Mientras que AICLE se suele asociar a los niveles educativos de primaria y secundaria, EMI suele aplicarse más a la educación terciaria. Dearden (2015, 4, traducción propia) lo define como "El uso del inglés para enseñar materias académicas en países o jurisdicciones en las que la primera lengua (L1) de la mayoría de la población no es el inglés". Otros tres rasgos diferencian a ambos enfoques (Dearden 2015): el hecho de que EMI no tenga un carácter tan marcadamente europeo como AICLE, el uso exclusivo del inglés como idioma de instrucción, y el menor énfasis lingüístico que acompaña a EMI frente a AICLE. En cualquier caso, ambos enfoques tienen en común su reciente auge como potencial solución a las necesidades acrecentadas de plurilingüismo del continente europeo.

Por otro lado, la CMC es una opción tecnológica posicionada en el paradigma de la Enseñanza de Lenguas Asistida por Computador (ELAC) integradora (Lee 2000; Pérez Gutiérrez y Pérez Torres 2005). Se caracteriza por la utilización de Internet, herramientas basadas en la web, redes sociales y aplicaciones móviles que están "plenamente establecidas tanto en la sociedad como en el aula de clase" (Golonka *et al.* 2014, 71, traducción propia) y que "ofrecen nuevas formas de enseñar que permiten la autoría, compartir información, construir conocimiento y más oportunidades para los aprendices de colaborar" (Aydin y Yildiz 2014, 160-161, traducción propia). La CMC incluye una amplia gama de opciones tecnológicas que se pueden emplear para desarrollar la interacción comunicativa escrita y que se recogen a continuación en una taxonomía original (basada en Golonka *et al.* 2014;

Lee 2000; Pérez Cañado y Ráez Padilla 2014; Pérez Gutiérrez y Pérez Torres 2005, véase Tabla 1).

Ambos enfoques confluyen en su filosofía y principios subyacentes. Abundantes estudios realizados sobre AICLE/EMI y CMC por separado permiten detectar una serie de paralelismos evidentes entre ellos:

- Se favorece un aprendizaje más activo, participativo, relevante y auténtico, en el que se incrementa la exposición a la lengua extranjera y se proporciona andamiaje lingüístico.
- Tanto AICLE/EMI como CMC potencian, asimismo, un proceso de enseñanza más colaborativo, comunicativo e interactivo, en el que se proporciona abundante retroalimentación y se incorpora la metodología basada en tareas y proyectos (Pérez Cañado 2013; Pérez Cañado y Ráez Padilla 2015; Scott y Beadle 2014).
- Asimismo, la utilización tanto de AICLE/EMI como de CMC favorece el desarrollo de una serie de competencias clave que son esenciales para acercar el aprendizaje a los problemas y exigencias de la vida contemporánea. Promueven el pensamiento crítico, la creatividad, la toma de riesgos, la autonomía en el aprendizaje y la competencia comunicativa intercultural (Lee 2000; Scott y Beadle 2014).
- Por último, los dos enfoques revierten en los aspectos orécticos y motivacionales del proceso de enseñanza-aprendizaje, incrementando la motivación y confianza del alumnado y sus actitudes positivas hacia el aprendizaje (Lasagabaster y Doiz 2015; Scott y Beadle 2014).

Tabla 1. Opciones tecnológicas asociadas a la CMC, breve descripción y potencialidades

Opción tecnológica	Breve descripción	Potencialidades para la interacción escrita en LE
LA COMUNICACIÓN MEDIADA POR COMPUTADOR A TRAVÉS DE TIC BASADAS EN EL AULA		
Sistemas de gestión de aprendizaje y entornos de enseñanza virtual	Plataformas online (ej. *Moodle, WebCT, ILIAS, Blackboard,* o *Aula Virtual*) que pueden incorporar un tablón de anuncios y foro online, contenidos multimedia, test interactivos, mensajería instantánea, correo privado y bases de datos del alumnado.	<ul><li>Permiten realizar tanto ejercicios más guiados como actividades más libres en un entorno de enseñanza que combina la actividad online con la presencial.</li><li>Permiten subir objetos digitales de aprendizaje de diseño original, así como repositorios de material didáctico multimedia, incluyendo archivos sonoros, mapas interactivos, fragmentos de vídeo o glosarios.</li><li>Posibilitan modos de presentación híbridos a través de texto, gráficos, audio, vídeo o animación.</li><li>Fomentan el trabajo autónomo del alumnado, sobre el que pueden recibir retroalimentación online automática y continuada.</li><li>Facilitan la comunicación entre profesorado y alumnado y</li></ul>
LA COMUNICACIÓN MEDIADA POR COMPUTADOR A TRAVÉS DE HERRAMIENTAS SOCIALES 2.0		
Foros	Sistema asíncrono que posibilita el envío de hilos de mensajes a múltiples receptores de forma bi- o multilateral.	<ul><li>Incrementan la interacción y la retroalimentación entre el alumnado.</li><li>Favorecen el aprendizaje autónomo.</li><li>Aumentan la exposición al *input* escrito en la LE.</li></ul>

		• Promueven la práctica de un amplio abanico de actos de habla performativos en la interacción escrita (ej. informar, pedir, sugerir, acusar recibo).
Blogs	Sitio web que almacena distintas entradas o publicaciones por parte del dueño del blog, normalmente mostradas en orden cronológico inverso y con indicación de fecha y hora de publicación.	• Fomentan la autorreflexión. • Permiten la retroalimentación entre el alumnado. • Favorecen el aprendizaje colaborativo.
Wikis	Aplicación web que permite a múltiples usuarios crear, modificar o editar el contenido y la estructura de la información que incluye.	• Permiten la corrección y retroalimentación del alumnado. • Promueven el aprendizaje y la redacción colaborativos. • Enfatizan tanto la forma como el significado. • Aumentan las oportunidades de que el alumnado sea consciente de las lagunas lingüísticas y problemas de organización de su redacción.
Chats y herramientas de videoconferencia	Una forma sincrónica de CMC que puede ser oral o escrita.	• Permiten la telecolaboración entre estudiantes de diversas nacionalidades sin limitaciones de tiempo y espacio. • Proporcionan retroalimentación al interlocutor. • Aumentan la conciencia lingüística y el énfasis en los aspectos formales.

Redes sociales	Redes basadas en la web como *Facebook, MySpace, Twitter*, o *Google+* que posibilitan la comunicación y colaboración tanto sincrónica como asincrónica entre sus miembros.	• Permiten la comunicación e interacción escritas. • Incrementan el debate, la participación y la colaboración en el aula. • Desarrollan la capacidad de síntesis en la escritura, ya que los puntos de vista se han de expresar de manera selectiva y sucinta.

LA COMUNICACIÓN MEDIADA POR COMPUTADOR A TRAVÉS DE HERRAMIENTAS MÓVILES Y PORTÁTILES		
Computador portátil, tableta, o asistente personal digital (PDA)	Dispositivos portátiles que combinan las aplicaciones tanto de los computadores como de otros dispositivos móviles comunes.	• Incluyen *software* de comunicación y aprendizaje de idiomas. • Permiten *input* escrito a mano.
Teléfonos inteligentes	Un teléfono móvil con funcionalidades de PC y que incluye Internet y correo electrónico.	• Facilita la comunicación e interacción. • Aumenta el *input* y el *output* del alumnado a través de, por ejemplo, la mensajería instantánea.

La utilización de la CMC para trabajar la interacción comunicativa escrita en el aula bilingüe: Evidencia empírica

Por separado, queda patente que la incorporación de metodologías plurilingües y la utilización de las TIC en el aula de idiomas tiene beneficios claros para el proceso de enseñanza-aprendizaje de una lengua extranjera. Pero ¿qué ocurre cuando se incorporan ambos enfoques en conjunción? A continuación, se realiza un repaso de los principales estudios que se han realizado en el aula bilingüe a todos los niveles educativos para trabajar la interacción comunicativa escrita a través de la CMC, clasificándolos en función de los tres grandes grupos de herramientas tecnológicas incluidas en la Tabla 1.

Existe un considerable número de estudios referidos a la utilización de la CMC en el aula bilingüe. El aprendizaje semipresencial (*blended learning*) se ha utilizado para impartir tanto asignaturas de lengua como de contenido principalmente en la educación terciaria. Se ha combinado la docencia presencial con el trabajo autónomo en línea a través de sistemas de gestión de aprendizaje y entornos de enseñanza virtual tales como Moodle (Ceballos Muñoz 2010), ILIAS (Pérez Cañado 2010) o Aula Virtual (Zaragoza Ninet y Clavel Arroitia 2010) para trabajar la destreza escrita utilizando actividades de vocabulario, gramática, traducción o resumen por medio de modos multimodales de presentación (texto, audio, vídeo y animación). En estos estudios, se detectaron actitudes muy positivas hacia el uso de todas estas opciones, que favorecieron la auto-evaluación, la reflexión y la colaboración.

Sin embargo, el área que más investigación ha atraído en el aula bilingüe es la referente a la CMC para la investigación de la destreza escrita combinando el uso de foros, blogs, wikis y *chats* (Aydin y Yildiz 2014; Elola y Oskoz 2010; Capítulo 2 en este volumen). Los resultados de estos estudios apuntan a que los aprendices que interactuaron con estas herramientas incrementaron la retroalimentación, corrección, interacción y colaboración en el aula bilingüe. Resultaron, asimismo, en una mayor precisión gramatical; atención a aspectos formales; toma de conciencia de patrones lingüísticos y organizativos; mejora en estructura, contenido, planificación y elección de registro y estilo y comprensión de las convenciones de la destreza escrita en la lengua extranjera. También se detectó, como resultado, mayor motivación, satisfacción y confianza en el alumnado. Se ha realizado un menor número de investigaciones sobre las redes sociales, que se centran principalmente en el microblogging a través de Twitter (Hattem 2014) y en la actividad de interacción en Facebook (Blattner y Fiori 2011; Yus 2014). Los resultados indican que estas prácticas incrementan las construcciones gramaticales complejas del género académico, el repertorio de vocabulario informal y el aprendizaje colaborativo, además de contribuir a forjar la identidad personal, interactiva y social de los usuarios y a acrecentar su conciencia sociopragmática.

Si la investigación sobre el anterior grupo de herramientas tecnológicas está plenamente consolidada, la referente al último (dispositivos móviles) y portátiles está aún en su infancia. Los asistentes personales digitales (PDA) se han evidenciado como útiles principalmente para desarrollar actividades de lectoescritura a través del chat escrito (Paredes *et al.* 2007). A su vez, los teléfonos inteligentes se han utilizado con éxito para el repaso léxico (Lu 2008) y para aumentar la producción escrita y la claridad con la que se describe el objeto meta (Hwang *et al.* 2011). Por último, los reproductores multimedia se han empleado para mejorar la competencia léxica a través de los (vídeo)podcasts (Torralbo Jover 2008). El interés, la motivación y la satisfacción del alumnado en el aula bilingüe se incrementaron a través del uso de estas tres opciones tecnológicas de CMC.

Un resultado recurrente de los precitados estudios es la supremacía de la CMC para trabajar la destreza escrita en la lengua extranjera frente a las metodologías centradas en el profesor. El uso de la CMC, de las herramientas sociales 2.0 y de los dispositivos móviles y portátiles se ha incorporado en el aula bilingüe de forma muy productiva para:

- Centrarse en aspectos formales de la destreza escrita (ortografía puntuaria, artículos, preposiciones, complementación verbal, vocabulario) con el fin de reducir errores comunes y mejorar la fluidez, precisión gramatical, complejidad sintáctica, transiciones discursivas, y amplitud y producción léxicas.
- Favorecer la comprensión de convenciones de género referidas a estructura y organización discursiva, habilidades pragmáticas y actos de habla performativos.
- Acrecentar la toma de conciencia de las diferencias existentes entre el discurso escrito y hablado y practicar una amplia gama de recursos estilísticos

(distintos registros, expresiones formulaicas, vocabulario específico o técnicas de narración y dramatización).

- Aumentar la exposición a la lengua extranjera y al contenido, proporcionar retroalimentación más eficiente y reforzar las habilidades de corrección, revisión e interacción.

Los hallazgos empíricos también han evidenciado que la incorporación de estas opciones tecnológicas asociadas a la CMC en el aula bilingüe ha contribuido al desarrollo de estrategias metacognitivas, afectivas y sociales, y de competencias genéricas clave de carácter interpersonal, sistémico e instrumental. El uso de estos recursos tecnológicos ha favorecido notablemente el aprendizaje autónomo, el trabajo colaborativo, la resolución de problemas, el pensamiento crítico y reflexivo, la creatividad o la competencia intercultural. La competencia digital en sí misma también se ha desarrollado, reduciendo lo que Plastina (2014, 51) denomina "la brecha de habilidades TIC" (*the ICT-skills gap*), que esta autora considera uno de los mayores retos para modernizar la Europa del siglo XXI.

Por último, las opciones tecnológicas asociadas a la CMC también han resultado ser una poderosa herramienta para favorecer la pedagogía dialógica, significativa y centrada en el estudiante que se demanda en el aula invertida. Los hallazgos de las investigaciones realizadas indican que se está evolucionando hacia una nueva dinámica de clase, donde el papel del alumnado y del profesorado se reconfigura, los estudiantes toman mayor responsabilidad en el proceso de aprendizaje y la relación entre el docente y el discente se refuerza. Como resultado, la motivación, satisfacción e interés se ven incrementados en el proceso de enseñanza-aprendizaje y las tasas de éxito también aumentan en general. Por tanto, a la luz de estos hallazgos, el uso de las TIC no se debería ver, como "una competencia separada, sino como un vehículo para llevar a cabo la tarea" (Kessler y Ware 2013, 100, traducción propia). (Véase Pérez Cañado 2012 para una revisión más extensa de la investigación sobre las TIC en general y la destreza escrita en lengua extranjera).

Implicaciones pedagógicas

Los resultados de las investigaciones revisadas en el anterior apartado evidencian los beneficios de utilizar la CMC para enseñar la destreza escrita en el aula bilingüe.

No obstante, numerosos autores han advertido de los peligros de dejarse llevar por los cantos de sirena de las TIC: "Los posibles beneficios de las TIC son obvios, pero al mismo tiempo las tecnologías por sí solas no son la panacea" (Pennock-Speck 2009: 173-174, traducción propia). La efectividad de las TIC radica en cómo se utilizan y no en las TIC en sí mismas (Zhao 2003), en la actividad y no en la tecnología *per se* (Golonka *et al.* 2014).

Por tanto, las implicaciones pedagógicas de la integración de las TIC adquieren especial relevancia y se abordan en este cuarto apartado. Se hace necesario tener en cuenta una serie de consideraciones para integrar la CMC con éxito en la instrucción de la destreza escrita en el aula bilingüe, que afectan a tres aspectos principales: las herramientas tecnológicas empleadas, el alumnado y el profesorado.

Se han establecido tres condiciones para el uso adecuado de las opciones tecnológicas en el aula bilingüe (Golonka *et al.* 2014; Pennock-Speck 2009; Salaberry 2001), dado que su incorporación se debe realizar con cautela y como complemento de la docencia presencial, y no como sustitutivo de la misma. La primera de estas condiciones es que no deberían tener un coste excesivo (lo que Pennock-Speck 2009, 174 denomina CEcon), ya que esto podría generar resistencia por parte de las instituciones educativas a subvencionar su uso. En este sentido, es importante invertir no solo en *hardware* y *software*, sino también en lo que Pegrum (2009, 253) denomina "*wetware*", es decir, la competencia humana esencial para sacarle el máximo partido a las TIC. Según Salaberry (2001, 51), dichas tecnologías han de proporcionar un uso eficaz de los recursos humanos y materiales para ser merecedoras de tiempo, esfuerzo y dinero.

En segundo lugar, el uso de las TIC no debería suponer un tiempo y esfuerzo excesivos (Ceffort) (Pennock-Speck 2009, 174) ni para el profesorado (a la hora de diseñar y poner en práctica actividades y metodologías basadas en estas opciones tecnológicas) ni para el alumnado (a la hora de incrementar su carga de trabajo). De lo contrario, su utilización podría generar frustración y rechazo de las TIC. En opinión de Salaberry (2001, 51), las actividades previas y posteriores al uso de las TIC son tan importantes (o posiblemente más) que el uso en sí de las nuevas tecnologías. Por este motivo, aboga por la interacción "con" el computador en lugar de "alrededor" del mismo. Determinar la cantidad de tiempo que se ha de dedicar dentro y fuera del aula a una actividad concreta, o llevar a cabo la tarea y contrastarla con el tiempo que el alumnado está invirtiendo en realizarla en línea, se consideran dos formas útiles de cumplir con esta segunda condición.

La tercera (y posiblemente más importante) condición es que las TIC se deberían utilizar únicamente si confieren un carácter innovador o diferencial a nuestra práctica docente o si proporcionan al alumnado más posibilidades de adquirir el conocimiento o las competencias que necesitan (CInnov) (Pennock-Speck 2009, 174). Es decir, deberían permitir al docente, tal y como señalan Christensen *et al.* (2002, 32), hacer de una forma más eficiente lo que estamos intentando hacer. En este sentido, Salaberry (2001, 51) aboga por un enfoque orientado al principio frente a uno dominado por la tecnología. Una mayor sofisticación tecnológica no necesariamente se correlaciona con una mayor efectividad a la hora de conseguir los objetivos pedagógicos; en un enfoque orientado al principio, las TIC solo se usan mientras que sirvan un propósito pedagógico. No se deben priorizar los medios tecnológicos, sino cómo la tecnología se puede emplear para conseguir las metas pedagógicas (Golonka *et al.* 2014, 93).

La cuarta implicación pedagógica afecta al estudiante. El uso adecuado de las TIC en el aula bilingüe requiere una reconfiguración de los papeles tradicionales del alumnado, que implica pasar de estar cómodo con la tecnología (según Pegrum 2009, *tech-comfy*), es decir, tener la competencia digital suficiente para utilizar herramientas tecnológicas con fines sociales y de entretenimiento, a ser conocedor de la tecnología (*tech-savvy*), es decir, ser capaces de utilizar herramientas clave con fines educativos y profesionales. El alumnado ahora necesita estar familiarizado con los distintos componentes de la competencia digital, que según Shetzer y Warschauer (2000) o Pegrum (2009), son cinco: la competencia tecnológica, la competencia crítica, la competencia multimedia o multimodal, la competencia CMC y multicultural, y la competencia participativa y personal (véase González-Lloret 2010 o Pérez Cañado 2013 para una descripción detallada de cada uno). Además de poseer cada una de estas competencias, los estudiantes también necesitan desarrollar y aplicar una serie de competencias genéricas que incluyen la capacidad de trabajar de forma autónoma, pensar creativamente, ser reflexivos, demostrar creatividad o implicarse colaborativamente con otros compañeros.

El nuevo papel del profesorado (la quinta y última implicación pedagógica) no es menos sustancial. Una de las siete competencias principales que ha de poseer el nuevo profesor de enseñanza bilingüe (según Lorenzo *et al.* 2011) es la competencia metodológica, que incluye el dominio de los nuevos entornos y recursos de aprendizaje, en el seno de los cuales las TIC adquieren especial relevancia. O'Dowd (2015) ha identificado otras tres competencias adicionales que ha de poseer el profesor que quiera desarrollar experiencias de CMC (lo que él denomina el profesor telecolaborativo). La primera de ellas es la competencia organizativa, que afecta a todos los elementos que permiten la articulación de la experiencia tecnológica y la monitorización del proceso tecnológico de la CMC. La competencia pedagógica también es crucial para el diseño y la evaluación de la tarea, para trabajar con distintos tipos de agrupamientos y modalidades organizativas, y para proporcionar el andamiaje lingüístico, la retroalimentación y el apoyo que los estudiantes necesitan durante el proceso de aprendizaje (Aydin y Yildiz 2014). Por último, ciertas actitudes y creencias son necesarias cuando se integra la tecnología en el proceso de aprendizaje bilingüe, tales como la disposición, interés y apertura para colaborar con alumnado y colegas en el diseño y desarrollo de tareas de escritura con soporte tecnológico.

Conclusión

Este capítulo ha planteado tres preguntas principales con respecto a la definición, investigación e implicaciones pedagógicas del uso de la CMC para la enseñanza de la destreza escrita en el aula AICLE/EMI. La primera de ellas—¿qué son AICLE/EMI y CMC?—se ha tratado en la sección inicial, donde se han definido estos tres acrónimos, se han clasificado las principales opciones tecnológicas asociadas a la CMC en una taxonomía original y se ha ilustrado cómo ambos enfoques confluyen en sus principios y filosofía subyacentes. El segundo interrogante—¿cuáles han sido los resultados?—se ha explorado en el siguiente apartado, donde los principales hallazgos de investigación en esta área se han revisado y donde se ha puesto de manifiesto la supremacía de la enseñanza que incorpora la CMC no solo en la enseñanza de la comunicación interactiva escrita, sino también para el desarrollo de destrezas, estrategias y competencias genéricas. La tercera y última cuestión—¿cómo se puede integrar la CMC en el proceso de enseñanza de la escritura en el aula bilingüe?—se ha abordado mediante la propuesta de cinco condiciones que se deberían cumplir y que afectan a las herramientas tecnológicas, al estudiante y al docente. Conforme continúe avanzando la investigación en este campo, el potencial de las distintas opciones tecnológicas que se han explorado en este capítulo también seguirá evolucionando. Será interesante explorar cómo se están incorporando dichas opciones en el aula bilingüe especialmente en educación primaria y secundaria; ahondar en el uso de las herramientas menos investigadas, tales como los dispositivos móviles y portátiles; y profundizar en el desarrollo de las distintas competencias que ahora han de adquirir tanto el alumnado como el profesorado bilingüe y telecolaborativo. Dada la rapidez del ritmo al que crecen las tecnologías educativas (Ware y Warschauer 2006, 105), seguirá siendo nuestra obligación estar al día de lo que la evidencia empírica determine sobre su efectividad y sobre cómo esos hallazgos desembocan en implicaciones didácticas clave que sean directamente transferibles al aula bilingüe.

Obras Citadas

Aronin, Larissa y Britta Hufeisen. 2009. "Methods of Research in Multilingualism Studies: Reaching a Comprehensive Perspective". En *The Exploration of Multilingualism. Development of Research on L3, Multilingualism and Multiple Language Acquisition*, editado por Larissa Aronin y Britta Hufeisen, 103–120. Amsterdam: John Benjamins.

Aydin, Zeliha y Senem Yildiz. 2014. "Using Wikis to Promote Collaborative EFL Writing", *Language Learning & Technology* 18(1): 160–180.

Blattner, Géraldine y Melissa Fiori. 2011. "Virtual Social Network Communities: An Investigation of Language Learners" Development of Sociopragmatic Awareness and Multiliteracy Skills." *CALICO Journal* 29(1): 24–43.

Bruton, Anthony. 2013. "CLIL: Some of the Reasons Why ... and Why Not", *System* 41: 587–597.

Bruton, Anthony. 2015. "CLIL: Detail Matters in the Whole Picture. More than a Reply to J. Hüttner and U. Smit (2014)", *System* 53(1): 119–128.

Ceballos Muñoz, Alfonso. 2010. "Tutorías Electrónicas Transversales: Una Manera Innovadora de Acompañar a los Estudiantes de las Titulaciones de Idiomas." *Lenguaje y Textos* 31: 49–59.

Cenoz, Jasone, Fred Genesee y Durk Gorter. 2013. "Critical Analysis of CLIL: Taking Stock and Looking Forward", *Applied Linguistics* 35(1): 1–21.

Christensen, Clayton, Sally Aaron y William Clark. 2002. "Disruption in Education." En *The Internet and the University: Forum 2001*, editado por Maureen Devlin, Richard Larson y Joel Meyerson. Descargado de: https://er.educause.edu/~/media/files/articles/2007/1/erm0313.pdf?la= en.

Dearden, Julie. 2015. *English as a Medium of Instruction – A Growing Global Phenomenon*. London: British Council.

Elola, Idoia y Ana Oskoz. 2010. "Collaborative Writing: Fostering Foreign Language and Writing Conventions Development." *Language Learning & Technology* 14(3): 51–71.

Golonka, Ewa M., Anita R Bowles, VictorM. Frank, Dorna L. Richardson y Suzanne Freynik. 2014. "Technologies for Foreign Language Learning: A Review of Technology Types and their Effectiveness." *Computer Assisted Language Learning* 27(1): 70–105.

González-Lloret, Marta. 2010. "Nuevas Tecnologías en el Aula Plurilingüe." En *Escenarios Bilingües—El Bilingüismo en el Individuo y la Sociedad*, editado por Cristián Abello-Contesse, Cristoph Ehlers y Lucía Quintana Hernández, 79–103. Bern: Peter Lang.

Hattem, David. 2014. "Microblogging Activities: Language Play and Tool Transformation.", *Language Learning & Technology* 18(2): 151–174.

Hüttner, Julia y Ute Smit. 2014. "CLIL (Content and Language Integrated Learning): The Bigger Picture. A Response to: Anthony Bruton. 2013. CLIL: Some of the Reasons Why … and Why Not." *System* 44(1): 160–167.

Hwang, Wu-Yuin, Holly S. L. Chen, Rustam Shadiev, Ray Yueh-Min Huang y Chia-Yu Che. 2014. "Improving English as a Foreign Language Writing in Elementary Schools Using Mobile Devices in Familiar Situational Contexts." *Computer Assisted Language Learning* 27(5): 359–378.

Kessler, Greg y Paige D. Ware. 2013. "Addressing the Language Classroom Competencies of the European Higher Education Area through the Use of Technology.". En Competency-based Language Teaching in Higher Education, editado por María Luisa Pérez Cañado, 93–105. Amsterdam: Springer.

Kim, Min Kyu, Kim, So Mi, Khera, Otto y Joan Getman. 2014. "The Experience of Three Flipped Classrooms in an Urban University: An Exploration of Design Principles." *The Internet and Higher Education* 22: 37–50.

Lasagabaster, David y Aintzane Doiz. 2015. "A Longitudinal Study on the Impact of CLIL on Affective Factors." *Applied Linguistics* 38(1): 1–26.

Lee, Kuang-wu 2000. "English Teachers' Barriers to the Use of Computer-Assisted Language Learning." The Internet TESL Journal VI(12). Descargado de: http://iteslj.org/Articles/Lee-CALLbarriers.html. [December 8th, 2015].

Lorenzo, Francisco, Fernando Trujillo y José Manuel Vez. 2011. *Educación Bilingüe: Integración de Contenidos y Segundas Lenguas*. Madrid: Síntesis.

Lu, Marina Minhui. 2008. "Effectiveness of Vocabulary Learning via Mobile Phone." *Journal of Computer Assisted Learning* 24(6): 515–525.

Marsh, David y Gisella Langé, eds. 2000. Using Languages to Learn and Learning to Use Languages. Finland: University of Jyväskylä.

Mehisto, Peeter. 2008. "CLIL Counterweights: Recognising and Decreasing Disjuncture in CLIL." International CLIL Research Journal 1: 93–119.

O'Dowd, Robert. 2015. "The Competences of the Telecollaborative Teacher." *The Language Learning Journal* 43(2): 194–207.

Paredes, Maximiliano, Pedro Pablo Sánchez-Villalon, Manuel Ortega y J. Ángel Velázquez-Iturbide. 2007. "Collaborative Composition in a Foreign Language with Handheld Computing and Web Tools." *Journal of Universal Computer Science* 13: 948–958.

Pegrum, Mark. 2009. *From Blogs to Bombs. The Future of Digital Technologies in Education.* Crawley: UWA Publishing.

Pennock-Speck, Barry. 2009. "European Convergence and the Role of ICT in English Studies at the Universitat de València: Lessons Learned and Prospects for the Future." En *English Language Teaching in the European Credit Transfer System: Facing the Challenge*, editado por María Luisa Pérez Cañado, 169–185. Frankfurt am Main: Peter Lang.

Pérez Cañado, María Luisa. 2010. "Using VLE and CMC to Enhance the Lexical Competence of Pre-service English Teachers: A Quantitative and Qualitative Study." *Computer Assisted Language Learning* 23(2): 129–152.

———. 2012. "Technology and FL Writing in Higher Education". En *Technology Use across Writing Contexts*, editado por Greg Kessler, Ana Oskoz e Idoia Elola, 175–194. San Marcos, TX: CALICO.

———. 2013. "Introduction." *Revista de Lenguas para Fines Específicos* 19: 12–27.

Pérez Cañado, María Luisa y Ráez Padilla, Juan. 2014. "Introduction and Overview." En *Digital Competence Development in Higher Education: An*

International Perspective, editado por María Luisa Pérez Cañado y Juan Ráez Padilla, 7–18. Frankfurt-am-Main: Peter Lang.

Pérez Cañado, María Luisa y Juan Ráez Padilla. 2015. "Introduction and Overview." En *CLIL in Action: Voices from the Classroom*, editado por David Marsh, María Luisa Pérez Cañado y Juan Ráez Padilla, 1–12. Newcastle upon Tyne: Cambridge Scholars Publishing.

Pérez Gómez, Ángel, Encarnación Soto Gómez, Miguel Sola Fernández y María José Serván Núñez. 2009. *Aprender cómo Aprender. Autonomía y Responsabilidad: El Aprendizaje de los Estudiantes*. Madrid: Ediciones Akal.

Pérez Gutiérrez, Manuel e Isabel Pérez Torres. 2005. "Audio-visual Resources and New Technologies in ELT." En *TEFL in Secondary Education*, editado por Neil McLaren, Daniel Madrid y Antonio Bueno, 546–578. Granada: Universidad de Granada.

Plastina, Anna Franca. 2014. "A European Approach to Language Teaching: Developing Competency in the Usage of Web 2.0 Tools." En *Digital Competence Development in Higher Education: An International Perspective*, editado por María Luisa Pérez Cañado y Juan Ráez Padilla, 37–56. Frankfurt-am-Main: Peter Lang.

Salaberry, M. Rafael. 2001. "The Use of Technology for Second Language Learning and Teaching: A Restrospective." *The Modern Language Journal* 85: 39–56.

Scott, David y Shane Beadle. 2014. *Improving the Effectiveness of Language Learning: CLIL and Computer Assisted Language Learning*, London: European Commission.

Shetzer, Heidi y Mark Warschauer. 2000. "An Electronic Literacy Approach to Network-based Language Teaching." En *Network-based Language Teaching: Concepts and Practice*, editado por Mark Warschauer y Richard Kern, 171–185. Cambridge: Cambridge University Press.

Thorne, Steven L. 2003. "Artefacts and Cultures-of-use in Intercultural Communication." *Language Learning & Technology* 7(2): 38–67.

Torralbo Jover, Marina. 2008. "Las Nuevas Tecnologías en el ECTS: El Desarrollo de la Competencia Léxica en Inglés a través de los Podcasts." *GRETA. Revista para Profesores de Inglés* 16: 71–77.

Vygotsky, Lev S. 1978. *Mind in Society: The Development of Higher Psychological Processes*. Cambridge, MA: Harvard University Press.

Ware, Paige D. y Mark Warschauer, 2006 "Electronic Feedback and Second Language Writing." En *Feedback and Second Language Writing*, editado por

Ken Hyland y Fiona Hyland, 105–122. Cambridge: Cambridge University Press.

Yus, Francisco. 2014. "El Discurso de las Identidades en Línea: El Caso de Facebook." *Discurso y Sociedad* 8(3): 398–426.

Zaragoza Ninet, María Goretti y Begoña Clavel Arroitia. 2010. "La Enseñanza del Inglés a través de una Metodología Blended-Learning: Cómo Mejorar el Método Tradicional." *Lenguaje y Textos* 31: 25–34.

Zhao, Yong. 2003. "Recent Developments in Technology and Language Learning: A Literature Review and Meta-analysis." *CALICO Journal* 21(1): 7–27.

La Autora

Maria Luisa Pérez Cañado es profesora titular en el Departamento de Filología Inglesa de la Universidad de Jaén, España, donde también es Vicedecana de la Facultad de Humanidades y Educación. Su investigación se centra en la lingüística aplicada, la educación bilingüe y el Espacio Europeo de Educación Superior. Su trabajo ha sido publicado en más de noventa revistas académicas y volúmenes editados por Elsevier, Peter Lang, Multilingual Matters, Routledge y Springer, entre otros. Ha recibido el premio Ben Massey por la calidad de sus contribuciones académicas en temas de impacto en la educación superior.

María Luisa Pérez Cañado is an Associate Professor at the Department of English Philology of the University of Jaén, Spain, where she is also Vicedean of the Faculty of Humanities and Education. Her research interests are in applied linguistics, bilingual education, and the European Higher Education Area. Her work has been published in more than ninety academic magazines and volumes by Elsevier, Peter Lang, Multilingual Matters, Routledge, and Springer among others. She has received the Ben Massey award for the impact of her academic contribution to higher education.

Capítulo 4. Telecolaboración y creación de relatos digitales: Una propuesta metodológica

Ana Sevilla Pavón, Universitat de València
ana.m.sevilla@uv.es

Ana Gimeno Sanz, Universitat Politècnica de València
agimeno@upvnet.upv.es

Introducción

Este capítulo se basa en una propuesta metodológica novedosa para conjugar dos métodos de enseñanza: la telecolaboración y el relato digital, con el objetivo de favorecer la interdependencia positiva de los participantes a través del aumento progresivo de la complejidad cognitiva de las tareas propuestas. El relato digital está relacionado con la acción de contar historias valiéndose de la tecnología y ha sido definido por Castañeda (2013) como "la práctica de combinar múltiples medios tecnológicos, como fotografías, texto, música, audio-narración y video clips para producir un relato interesante, emotivo y profundo" (traducción propia). Se basa, por tanto, en la idea de combinar el arte de contar historias y de interpretar la realidad a través de ellas (Bruner 2003; Sevilla-Pavón 2015) con un abanico de elementos digitales multimedia, como son las imágenes, el audio y el vídeo (Lambert 2002; Lowenthal 2008; Robin 2012).

Por su parte, en el contexto del aprendizaje de idiomas, la telecolaboración, también llamada e-Tándem, Online Tándem u *Online Interaction and Exchange* (OIE), ha sido definida por O'Dowd y Ritter (2006) como la comunicación en línea que sirve para acercar a estudiantes de diferentes países para la realización de proyectos colaborativos o de intercambio cultural. Este modo de comunicación constituye uno de los mayores desafíos en el campo de la enseñanza de lenguas asistida por ordenador (O'Dowd 2015) pero, al mismo tiempo, se plantea como una alternativa eficaz (o un complemento) a la movilidad física de los estudiantes que deseen aprender idiomas y explorar nuevas culturas a través del intercambio con alumnos procedentes de otros países cuyas lenguas maternas son distintas de la propia.

La propuesta pedagógica en la que se centra el capítulo implica la realización de una serie de actividades por parte del estudiante encaminadas hacia la creación de un relato digital a través de métodos de trabajo telecolaborativo en línea, tanto síncrono como asíncrono. Las actividades constituyen todo el proceso guiado cuyo objetivo es fomentar la colaboración, en el caso que nos ocupa, entre estudiantes españoles de la Universitat de València y estadounidenses de Wofford College, Carolina del Sur. Dicha colaboración implica la comunicación en la lengua meta de ambos grupos de estudiantes (el español, en el caso de los estudiantes estadounidenses y el inglés, en el caso de los estudiantes españoles) para la correcta realización de las diferentes tareas.

Las diversas actividades, ejercicios y tareas que los estudiantes han de realizar durante el proyecto se llevan a cabo teniendo en cuenta las tecnologías actualmente en uso y cuya permanencia se prevé al menos durante los años venideros. Entre las tareas de telecolaboración realizadas por los alumnos para la creación colectiva y colaborativa de un relato digital se incluyen: la realización de una *WebQuest*[1] que sirve como introducción a la tarea principal del proyecto; el visionado de una serie de vídeos breves realizados *ad hoc* con información relativa al proyecto y los pasos a seguir; la toma de decisiones acerca de los diferentes elementos que integran el relato digital: el tema, el argumento, los programas de creación y edición de vídeo y los elementos multimedia a integrar. Todo ello teniendo en cuenta los perfiles específicos de cada participante (titulación, intereses, etc.) y los objetivos: (a) la creación de un producto innovador orientado al público del país del que proceden los compañeros de telecolaboración; (b) la redacción colaborativa (Strobl 2014) del guión para la narración oral del relato digital y la corrección del mismo utilizando plantillas de autocorrección, así como mediante el intercambio de *feedback* y de comentarios constructivos entre pares; (c) la creación del propio relato digital y su distribución a través de la comunidad de Google+ en la que participan todos los estudiantes; (d) la evaluación por pares

---

[1] Véase el siguiente ejemplo de WebQuest, de creación propia:
http://zunal.com/webquest.php?w=255950.

de los relatos digitales; (e) el seguimiento, a través de un diario reflexivo; (f) la documentación y descripción de todo el proceso creativo y artístico; y, por último, (g) la evaluación y autoevaluación, tanto de las presentaciones orales como de los relatos digitales, a través de fichas de evaluación. Las presentaciones se llevan a cabo en el contexto de una feria de negocios en la que cada grupo de estudiantes tiene la oportunidad de convencer a los inversores (sus compañeros de clase) de la idoneidad del producto para, de esta manera, lograr captar fondos para desarrollar y comercializar dicho producto en el mercado de sus respectivos compañeros de telecolaboración.

La telecolaboración y el desarrollo de competencias del siglo XXI

Las múltiples posibilidades que la telecolaboración aporta al proceso de enseñanza y aprendizaje suscitan un interés creciente entre investigadores y docentes. Numerosos autores señalan las ventajas aportadas por el uso de las Tecnologías de la Información y de las Comunicaciones (TIC) y, específicamente, la Comunicación Mediada por Computador (CMC), en este tipo de intercambios virtuales. Así, en la literatura se destacan aspectos tan diversos como el fomento de la autonomía de los estudiantes, la fluidez y la precisión lingüística, la comunicación intercultural, la competencia digital multimodal y las nuevas competencias digitales, la pertenencia y participación activa en "comunidades de práctica", la negociación de significado, la motivación de los estudiantes, así como el pensamiento crítico y las habilidades analíticas, entre otros.

Por su parte, un gran número de autores han destacado los beneficios de los intercambios de telecolaboración dentro y fuera del aula para fomentar la competencia intercultural en estudiantes de idiomas en los diferentes niveles educativos: educación superior (Vinagre 2016), secundaria (Jauregi 2012) e, incluso, primaria (Dooly y Sadler 2015). La importancia de la competencia intercultural en la formación del alumnado ha sido señalada, asimismo, en numerosas publicaciones.

Dados estos precedentes, no es de extrañar que un número creciente de profesores e investigadores se haya interesado por la telecolaboración y haya querido aplicarla en sus contextos de enseñanza y estudiar el modo en que esta contribuye al desarrollo académico y profesional de los estudiantes universitarios. Así, en la actualidad, plataformas como Unicollaboration[2] contribuyen al fomento de la sensibilización sobre la necesidad de fomentar competencias del siglo XXI. Asimismo, permiten poner en contacto a estudiantes, educadores e investigadores de universidades de diferentes países para que puedan llevar a cabo proyectos de movilidad virtual interinstitucional. De este modo, se fomenta el desarrollo de diferentes habilidades y competencias, no solo lingüísticas sino también digitales, interculturales, de reflexión y colaboración, a través de una adecuada integración de prácticas telecolaborativas en la formación lingüística de la población universitaria. Ello supone una gran innovación en cuanto al modo en que se habían venido enseñando y aprendiendo las lenguas extranjeras durante muchos años, pues se vencen las restricciones derivadas del aprendizaje 'artificial' entre cuatro paredes. Además, estos contextos de emulación más o menos exitosa de la comunicación real en la lengua meta pasan a convertirse en un reflejo mucho más preciso de la realidad, ya que el aprendizaje se produce más allá del aula, en contextos reales de uso y, en el caso del proyecto aquí descrito, con hablantes nativos de la lengua meta. Del mismo modo, se fomenta la interdependencia positiva entre los miembros de cada grupo de estudiantes y el aprendizaje entre pares, ya que la participación de cada uno de los miembros es esencial para completar las tareas con éxito y se propicia la negociación de contenido y de significado, mediante discusiones síncronas o asíncronas.

Contexto

La población escogida para llevar a cabo el proyecto de creación de relatos digitales a través de la telecolaboración estuvo constituida por un total de 77 estudiantes de la Universitat de València (UV)[3] en España y de Wofford College (WC), Carolina del

---

[2] La plataforma Unicollaboration, disponible en: http://uni-collaboration.eu, y todos los recursos que ofrece han sido creados por el equipo del Proyecto INTENT (Integrating Telecollaborative Networks into Foreign Language Higher Education) en el marco de un proyecto de la Comisión Europea concedido en 2011 dentro del programa de Aprendizaje permanente.

[3] Esta iniciativa se engloba en el marco de los proyectos iTECLA: Entornos telecolaborativos innovadores de adquisición de lenguas para fines específicos, Ref. GV/2017/151, financiado por la Conselleria de Educación de la Generalitat Valenciana (Programa Subvenciones para la realización de proyectos de I+D+i desarrollados por grupos de investigación emergentes)

Sur en Estados Unidos. Los estudiantes españoles estaban matriculados en la asignatura troncal "Inglés para los Negocios III", ofrecida en el primer curso del Grado en Negocios internacionales, cuyo nivel corresponde al B2 del *Marco común europeo de referencia para las lenguas* (MCERL, Consejo de Europa, 2001). Sus edades estaban comprendidas entre los 18 y los 21 años y procedían de más de 14 países diferentes,[4] aunque habían residido una gran parte de su vida en España. En el caso de los estudiantes estadounidenses, estos estaban matriculados en la asignatura de "Español" en diversos grados y tenían edades comprendidas entre los 21 y los 30 años. Su nivel lingüístico era heterogéneo, pues oscilaba entre el A2 y el B1, e incluso el B2, en aquellos casos en que los estudiantes eran de origen latinoamericano.

El intercambio de telecolaboración se llevó a cabo en las lenguas metas respectivas de los participantes y las diferentes tareas se realizaron a lo largo de 14 semanas (dedicándose alrededor de 2 horas presenciales por semana al proyecto) a lo largo del primer semestre de un curso escolar. Las actividades se llevaron a cabo conjugando algunos de los principios básicos de la telecolaboración y las bases esenciales de la metodología de creación de relatos digitales. Así, entre los principios de telecolaboración que se adoptaron, se incluyó el tomar un vacío de información y conocimiento (Collentine 2009) como punto de partida para aumentar la significatividad comunicativa de la interacción entre los estudiantes. Ello implicaba que la comunicación partía de un vacío informativo que los estudiantes tenían que llenar (por ejemplo, recibir información de primera mano sobre el perfil de los compañeros de telecolaboración para lanzar un producto que se adecuara a sus necesidades y, además, poder adaptar las estrategias de comercialización del producto al mercado específico del país de residencia de sus compañeros). Del mismo modo, se procuró que se estableciera una relación cordial y de entendimiento mutuo entre los participantes que provenían de diversos

---

durante el periodo 2017-2019; y "Aplicación de metodologías de enseñanza centradas en el alumno y estrategias del aula invertida para fomentar el aprendizaje activo y la motivación en el aula" del Servicio de Formación Permanente e Innovación Educativa de la Universitat de València; ambos coordinados por la Dra. Ana Sevilla Pavón.

[4] Entre las nacionalidades se incluían la española, coreana, colombiana, rusa, ucraniana, búlgara, china, holandesa, alemana, austríaca, finlandesa, suiza, noruega e italiana.

países, fomentando, así, actitudes positivas y de apertura ante las diferencias culturales.

Por su parte, las bases esenciales de la creación del relato digital se basaron en garantizar que los estudiantes tuvieran una idea clara y precisa sobre lo que es un relato digital, gracias a la realización de una *WebQuest* introductoria. A través de esta *WebQuest* los alumnos accedieron a diferentes fuentes de información y pudieron analizar ejemplos de relatos digitales realizados por estudiantes de su misma edad, nivel lingüístico y en relación a las mismas temáticas en cursos anteriores (Sevilla-Pavón *et al.* 2012). La creación de los relatos digitales contó con el apoyo de la profesora responsable de la asignatura (especialista en Lenguas para Fines Específicos), de cuatro profesoras asistentes (una por cada grupo en que se llevó a cabo el proyecto), hablantes nativos de la lengua meta que proporcionaron apoyo lingüístico adicional, y un técnico de audiovisuales, quien proporcionó apoyo técnico para la realización de los vídeos a aquellos alumnos que así lo solicitaron. En relación a este último aspecto, cabe señalar que la mayoría de los participantes en el proyecto disponía de suficientes conocimientos en materia de creación y edición de vídeo, lo que le permitió crear vídeos con un alto grado de autonomía y con resultados muy satisfactorios.

Fases y tareas del proyecto de telecolaboración

Introducción al proyecto

Las diferentes tareas se plantearon a los participantes en el proyecto de manera progresiva, aumentando poco a poco el nivel de complejidad cognitiva de las mismas. Así, las tareas iniciales requerían habilidades de pensamiento de orden inferior (Anderson y Krathwohl 2001): recordar, comprender e intercambiar información. A medida que avanzaba el proyecto, la complejidad cognitiva iba en aumento, ya que los estudiantes tenían que aplicar una serie de conocimientos, analizar información y situaciones específicas y negociar el significado para tratar de proporcionar soluciones conjuntas. Por su parte, las etapas finales fueron las de mayor envergadura, ya que implicaban crear y evaluar, actividades que requieren habilidades de pensamiento de orden superior y la provisión de un mayor andamiaje cognitivo (Vygotsky 1978; Wood *et al.* 1976).

La plataforma elegida para llevar a cabo el proyecto fue Google+ por dos motivos principales: en primer lugar, dicha plataforma no ha sido tan investigada como otras, como por ejemplo Facebook, ni es tan popular como esta red social; por otro lado, dicha plataforma permitió una integración rápida y eficaz de las diferentes herramientas empleadas a lo largo del proyecto: *Google Hangouts, YouTube, Gmail, Google Drive, Google+ Communities, Google Forms*, además de contar con una comunidad específica de aplicaciones educativas de Google en la que resolver dudas concretas en relación al uso de la plataforma. La comunicación síncrona a través de *Hangouts* se organizó entre diferentes grupos de estudiantes (de entre 4 y 5 miembros), que acordaron un horario para charlar fuera de clase, teniendo en cuenta la diferencia horaria. Se dio libertad a los estudiantes para crear parejas dentro de sus propios grupos, de acuerdo con su afinidad mutua y disponibilidad horaria. La corrección en el uso de la lengua meta en estos intercambios no se evaluó, pues el objetivo era la comunicación y fluidez en la lengua objeto de estudio y no la corrección lingüística.

Las fases de la puesta en práctica del proyecto incluyeron tareas previas al intercambio, de preparación del mismo; tareas principales del intercambio; y tareas posteriores a cada una de las tareas principales, para el seguimiento y análisis. Para ello, se asumió una visión socio-constructivista del aprendizaje (Vygotsky 1978), centrada en el alumno (Jones 2007; Vygotsky 1978) y basada en tareas (Ellis 2003; Skehan 2003). Cada una de estas fases incluyó la realización de una serie de tareas siguiendo diferentes modos de CMC que explicaremos a continuación, orientadas a favorecer la negociación de significado y la interdependencia positiva. La negociación de significado se considera un gran propulsor de la adquisición lingüística, especialmente en aquellos casos en que la interacción se produce de manera síncrona (ej. Blake 2000; Cantó *et al.* 2014; Tudini 2003). Por su parte, la interdependencia positiva, dentro del aprendizaje colaborativo, ha sido señalada como uno de los elementos determinantes del éxito de un intercambio de telecolaboración. Su importancia se debe a que, cuando los miembros de un grupo o comunidad de aprendizaje tienen objetivos comunes, están más motivados para trabajar juntos en pro de un beneficio mutuo, maximizando su propio aprendizaje y el de sus compañeros (Kohonen 1992). Esto hace que entiendan que la mejor manera de alcanzar sus metas es colaborar con otros estudiantes que persiguen esas mismas metas (Towndrow 2003). A ello contribuye también la pertenencia de los participantes a una misma comunidad de aprendizaje. Así, en el caso del proyecto que nos ocupa, la comunidad de *Google+* sirvió para facilitar la comunicación, la organización de los grupos, la realización de los productos y para compartir estos con el resto de los miembros de la comunidad, tanto de España como de Estados Unidos.

Fases iniciales: familiarización con las herramientas, participantes y temáticas

En la Fase 1, titulada "Empezamos a conocernos y a romper el hielo", los estudiantes trabajaron en sus grupos locales, realizando tareas poco complejas, como familiarizarse con la plataforma y la comunidad de *Google+*, así como con el resto de las herramientas proporcionadas por *Google*, crear un perfil digital (con una foto o avatar aportando información básica sobre sí mismos) y grabar un vídeo de presentación de dos minutos de duración en las lenguas meta respectivas. Seguidamente, se produjo el primer encuentro síncrono entre los diferentes subgrupos, cada uno de ellos formado por 4 alumnos, 2 locales y 2 extranjeros, siguiendo criterios de afinidad entre los estudiantes. Dicho encuentro consistió en una charla de 20 minutos de duración (mitad en inglés y mitad en español) a modo de videoconferencia en *Hangouts*, basándose en las preguntas introductorias formuladas previamente para romper el hielo, seguida de una reflexión escrita acerca de los aspectos positivos y los desafíos en cuanto al proyecto.

A continuación, y en consonancia con la filosofía de aumentar progresivamente la complejidad cognitiva de las tareas, los alumnos pasaron a realizar las tareas correspondientes a las Fase 2 ("Desafiamos los estereotipos"). Esta fase se inicia con un juego de *Kahoot!*[5] con preguntas sobre el modo de vida, la cultura, la gastronomía, la historia, etc. de sus países, regiones e incluso instituciones educativas respectivas. Seguidamente, los alumnos ven el vídeo de *TED* titulado "The danger of a single story"[6] de Chimamanda Adichie, narran una experiencia sobre el uso de la lengua meta y comparten, mediante comentarios en la

---

[5] Kahoot! Es una plataforma que permite crear tests, debates y encuestas con fines educativos basándose en las teorías de la gamificación. Para más información, véase https://kahoot.com.

[6] Disponible en: http://www.ted.com/talks/chimamanda_adichie_the_danger_of_a_single_ story. La decisión de utilizar los videos en inglés tuvo que ver con la gran relevancia de la temática para el proyecto.

Comunidad de *Google+*, sus "historias simplificadas" sobre sus respectivos países, aportando una reflexión acerca del posible origen de esa visión parcial (la televisión, el cine, los libros, etc.). Esta reflexión sirve de preparación para un segundo intercambio síncrono por videoconferencia a través de *Hangouts* algo más largo que el anterior (30 minutos de duración) en el que los estudiantes debaten y profundizan en torno a lo aprendido gracias a *Kahoot!*, reflexionan sobre la evolución y aumento de la complejidad de su "historia simplificada" sobre el otro país y, finalmente, hacen una reflexión en parejas acerca de los estereotipos, que luego plasman por escrito.

La fase 3 del intercambio ("La educación superior en España y en los Estados Unidos"), permite seguir aumentando el nivel de complejidad de las tareas de manera acorde con el aumento de los niveles de confianza y seguridad de los alumnos en cuanto al intercambio. Los alumnos, en primer lugar y de manera local, ven vídeos de presentación de las universidades respectivas de sus compañeros de telecolaboración. Seguidamente, se les pide que imaginen que quieren convertirse en estudiantes en la institución de sus compañeros de intercambio y que busquen en la web toda la información relevante en cuanto al proceso de admisión (requisitos, precios, oferta académica, actividades extracurriculares, etc.). Después, los estudiantes resumen toda la información encontrada a modo de presentación de PowerPoint o Prezi, a la que incorporan narración de audio en la lengua meta y comparten de manera asíncrona para recibir los comentarios de sus compañeros.

Una vez realizadas las tareas anteriores, se hace una sesión de videoconferencia más larga que la anterior (de 40 minutos), a través de *Hangouts*, en la que los alumnos preguntan a sus compañeros de telecolaboración sobre aspectos relacionados con la vida práctica en la universidad de destino, particularmente en relación a la vida universitaria, el alojamiento, las actividades extracurriculares, etc. Seguidamente, los estudiantes redactan de manera conjunta, a través de un documento compartido en *Google Docs*, un breve informe crítico y de reflexión en cuanto al sistema universitario de cada uno de los dos países.

La Fase 4 ("Comunicación intercultural"), comienza con una tarea introductoria, realizada de manera local, en torno al choque cultural, mediante la lectura y debate de un texto sobre dicha temática. Después, los estudiantes ven el vídeo TED de

Simon Anholt: "Which country does the most good for the world?"[7] e intercambian comentarios en el foro de la comunidad de *Google+* con sus respectivos compañeros de telecolaboración. Seguidamente, los estudiantes resuelven diferentes estudios de caso en los que se han producido malentendidos interculturales en el mundo de los negocios y la empresa. Para resolver los estudios de caso, estos han de debatir durante aproximadamente 40 minutos en una sesión de videoconferencia a través de *Hangouts* y tratar de llegar a un acuerdo en cuanto a la solución propuesta. A continuación, crean y editan de manera síncrona y colaborativa un documento en *Google Docs* en el que explican la solución propuesta y cómo han llegado a dicha solución. El texto ha de reflejar la aplicación de sus conocimientos, tanto interculturales como del mundo de los negocios y describir brevemente el proceso de negociación hasta llegar a un acuerdo para proporcionar una solución coherente y bien argumentada.

Fases principal y final: creación de los relatos digitales, evaluación y despedida

Todas las fases explicadas anteriormente sirven de preparación, tanto a nivel técnico como personal de madurez, experiencia y confianza entre los alumnos y con respecto al intercambio, de cara a llevar a cabo la etapa principal, la Fase 5 ("Creación de un relato digital sobre un producto innovador y presentación en la feria de negocios internacional"), y culminación del proyecto. Dicha fase es más compleja y exigente, por considerarse que los estudiantes han adquirido la suficiente confianza y madurez a lo largo de la realización de las fases anteriores y que, por tanto, serán capaces de afrontar el desafío de llevar a cabo una idea de negocio en colaboración con los estudiantes con los que han venido realizando las demás fases. Los estudiantes deben explicar dicha idea de negocio, en relación a un producto nuevo e innovador, en forma de relatos digitales de unos 4 minutos de duración creados en grupos de 8 estudiantes (4 locales y 4 de la universidad extranjera).

---

[7] Disponible en: https://www.youtube.com/watch?v=1X7fZoDs9KU.

El primero de los relatos digitales se centró en describir las características del producto, reflejando una completa adaptación a las exigencias, necesidades e intereses del mercado de destino. En este primer relato digital se deben describir las características del producto de la manera más objetiva. En el proyecto que nos ocupa, se acordó que los directores de este primer vídeo serían los estudiantes españoles, con lo que el vídeo se realizaría en inglés y se adaptaría al mercado estadounidense, mientras que los estudiantes estadounidenses harían las veces de asesores (tanto en lo que se refiere al mercado como a las cuestiones de tipo lingüístico). A continuación, los estudiantes debían crear el segundo relato digital en forma de anuncio publicitario, adoptando un estilo más persuasivo, con la consecuente adaptación al mercado de destino. Para este relato se produjo un intercambio de papeles, de modo que los estudiantes estadounidenses pasaron a ser los directores del anuncio, que realizaron en español, mientras que los estudiantes españoles fueron los asesores. El papel de los asesores debía ir más allá del asesoramiento lingüístico, ya que podían ayudar a los directores de los vídeos a tomar decisiones acertadas en cuanto a dónde llevarían a cabo sus actividades de producción y comercialización, las características del mercado de destino, actividades productivas principales, diseño del producto, clientes potenciales, etc.

La tarea introductoria en esta fase consistió en presentar el proyecto principal a los estudiantes mediante la realización de una *WebQuest* para facilitar la elección del producto de acuerdo con la información recabada en relación a los respectivos mercados. Seguidamente, los estudiantes dispusieron de varias semanas para llevar a cabo, paso a paso, las tareas principales de esta fase. A tal fin, redactaron los guiones para los relatos digitales, seleccionaron y crearon los recursos audiovisuales pertinentes y realizaron las grabaciones de vídeo hasta obtener los relatos digitales finales. La realización de estas tareas implicó la toma de decisiones acerca de los diferentes elementos que integran el relato digital: el tema, el argumento, los programas de creación y edición de vídeo, los elementos multimedia a integrar, la adaptación a los perfiles específicos de cada participante (titulación, intereses, etc.), y el objetivo. Asimismo, para la redacción del guión y su corrección lingüística se emplearon plantillas de autocorrección (Sevilla-Pavón 2015) y se produjo un intercambio de retroalimentación (*feedback*) y de comentarios constructivos entre pares en el foro de Google+. Tras la creación del relato digital, este se compartió mediante un enlace en el foro y, a continuación, se llevó a cabo la evaluación por pares de los relatos digitales. Por último, se realizó un seguimiento de las tareas realizadas, a través de un diario reflexivo y mediante la documentación y descripción de todo el proceso creativo y artístico. Para poder completar las tareas, cada grupo de estudiantes realizó al menos 2 encuentros más por videoconferencia a través de *Hangouts*, de unos 50 minutos de duración. Los estudiantes también se mantuvieron en contacto a través del correo electrónico, el chat de *Hangouts*, el foro y los comentarios que intercambiaron en los diferentes documentos compartidos en *Google Drive*.

La siguiente tarea consistió en la realización de una feria de negocios ficticia, llevada a cabo localmente con los alumnos de los diferentes grupos de "Inglés para los Negocios III". El motivo por el que la feria se realizó de manera asíncrona fue que tuvo lugar durante las horas de clase presencial en Valencia, lo cual dificultaba la participación síncrona de estudiantes residentes en una zona horaria diferente a la española, como es el caso de los Estados Unidos de América. Esta actividad sirve de telón de fondo para la evaluación y la autoevaluación, tanto de las presentaciones orales como de los relatos digitales, a través de las anteriormente mencionadas fichas de evaluación.

En la feria de negocios, cada grupo de estudiantes tuvo la oportunidad de convencer a los inversores (sus compañeros de clase) de la idoneidad de su producto para, de esta manera, lograr captar fondos para desarrollar y comercializar el producto en el mercado de sus respectivos compañeros de telecolaboración. Así, los estudiantes de cada uno de los grupos se intercambiaron los papeles de jóvenes empresarios de una *start-up* y de inversores que disponían de cien mil euros de presupuesto destinados a financiar proyectos de emprendimiento. Los relatos digitales creados sirvieron como herramientas de difusión y publicidad del producto de cara a tratar de conseguir el apoyo financiero de los inversores. Del mismo modo, cada grupo de estudiantes, también a nivel local, tuvo la oportunidad de realizar una presentación oral de unos 10 minutos, describiendo aspectos en relación al producto que no hubieran sido cubiertos en los vídeos y atendiendo a las dudas y comentarios de los inversores.

La siguiente tarea consistió en la votación de los mejores vídeos y productos, así como en la realización de un informe detallando la decisión tomada por cada grupo de inversores respecto a en qué producto o productos invertirían, qué cuantía de su presupuesto y los motivos que les habían llevado a tomar dicha decisión.

Por último, tuvo lugar la sexta fase del proyecto, la fase final titulada "Evaluamos el proyecto y nos despedimos", en la que los estudiantes (a) completaron dos post-cuestionarios en relación a la experiencia (el primero, sobre el proyecto de telecolaboración en general y el segundo sobre la creación de relatos digitales dentro del proyecto); (b) recibieron premios al mejor vídeo y a la mejor presentación oral; (c) participaron en entrevistas a grupos focales en relación a diferentes aspectos del proyecto; y (d) grabaron un vídeo colectivo para despedirse de sus compañeros de telecolaboración, el cual compartieron en el foro junto a sus comentarios finales.

Consideraciones finales

En este capítulo se ha descrito un proyecto innovador que permite llevar la telecolaboración un paso más allá, al combinarla con la creación de relatos digitales y pautar, de manera sistemática, un aumento progresivo en el nivel de complejidad cognitiva de las tareas realizadas por los estudiantes participantes en el intercambio. De acuerdo con las percepciones de las autoras, basadas en sus observaciones en el aula, la realización de tareas más complejas con estudiantes geográficamente distantes propicia un aumento de la interdependencia positiva y convierte a cada uno de los participantes en un elemento esencial del intercambio sin cuya participación el proyecto no se podría llevar a buen término.

La telecolaboración y la creación de relatos digitales implican metodologías activas y aproximaciones a la enseñanza de lenguas susceptibles de propiciar sinergias que fomentan la implicación del alumnado en su propio proceso de aprendizaje de la lengua meta y su cultura. Asimismo, se potencia el uso de la tecnología para el aprendizaje por descubrimiento y en contextos reales de uso. De este modo, se pretende llevar el aprendizaje y la práctica lingüística más allá del aula, a través del contacto directo y la colaboración con hablantes nativos pertenecientes a la cultura de la lengua meta.

Dada la complejidad de un proyecto como el aquí descrito, el apoyo proporcionado por las instituciones implicadas (en forma de recursos humanos para dar soporte lingüístico y técnico) es de suma importancia para garantizar su éxito, y muy especialmente en el caso que nos ocupa, ya que fue llevado a cabo en clases con un elevado número de alumnos, lo cual en ocasiones impide que una sola persona (la profesora responsable de la asignatura) pueda dar a los alumnos la atención personalizada que requieren.

La observación detallada de cada una de las etapas del proyecto permitió atajar los diferentes problemas (culturales, técnicos, de niveles dispares de compromiso con el proyecto, etc.) durante la realización del mismo, lo cual hizo posible alcanzar un alto grado de participación y de implicación de los estudiantes en las diferentes etapas. Del mismo modo, el proyecto permitió a los estudiantes mantener contacto directo con las lenguas y las culturas meta respectivas gracias a las posibilidades ofrecidas por un entorno virtual de aprendizaje de corte colaborativo, lo que supuso un enriquecimiento de las clases presenciales, de acuerdo con las percepciones de los propios estudiantes. A dicho enriquecimiento contribuyó también el hecho de llevar a cabo de manera telecolaborativa tareas complejas en torno a la creación de relatos digitales. Fue, precisamente, la creación de los relatos lo que permitió que los propios alumnos fueran los autores de los recursos didácticos empleados. Del mismo modo, se hizo una aproximación hacia otras culturas de un modo diferente, no con una simple enumeración de hechos, curiosidades, tradiciones, etc. del país o países en cuestión, sino a través de relatos que permiten conocer aquellos aspectos relacionados con la cultura de la lengua meta (en este caso, en el contexto de los negocios) de una manera más contextualizada y profunda. Así, se fomentó el aprendizaje cultural a través del otro, siendo los propios alumnos las fuentes primarias de información como representantes de su cultura, país y lengua, lo cual sabemos por investigaciones anteriores (Furstenberg 2001) que es provechoso para el desarrollo de competencias interculturales.

Obras citadas

Anderson, Lorin W. y David R. Krathwohl, eds. 2001. *A Taxonomy for Learning, Teaching, and Assessing: A Revision of Bloom's Taxonomy of Educational Objectives*. New York: Longman.

Blake, Robert. 2000. "Computer Mediated Communication: A Window on L2 Spanish Interlanguage." *Language Learning & Technology* 4(1): 120–136.

Bloom, Benjamin S., Engelhart, Max D., Furst, Edward J., Hill, Walker H. y David R. Krathwohld. (1956). *Taxonomy of Educational Objectives: The Classification of Educational Goals. Handbook 1: Cognitive Domain*. New York, NY: Longmans, Green and Company.

Bruner, Jerome S. 2003. *Making Stories: Law, Literature, Life*. Cambridge, MA: Harvard University Press.

Cantó, Silvia, de Graaff, Rick y Kristi Jauregi Ondarra. 2014. "Collaborative Tasks for Negotiation of Intercultural Meaning in Virtual Worlds and Video-web Communication." En *Technology-Mediated TBLT: Researching Technology and Tasks*, editado por Marta González Lloret y Lourdes Ortega, 183–211. Amsterdam: Benjamins.

Castañeda, Marta E. 2013. "'I am Proud that I Did It and It's a Piece of Me': Digital Storytelling in the Foreign Language Classroom." *CALICO Journal* 30(1), 44–62.

Collentine, Karina. 2009. "Learner Use of Holistic Language Units in Multimodal, Task-Based Synchronous Computer-Mediated Communication." *Language Learning & Technology* 13(2): 68–87.

Consejo de Europa. 2001. *Common European Framework of Reference for Languages: Learning, Teaching, Assessment*. Estrasburgo: Consejo de Europa.

Dooly, Melinda y Randall Sadler. 2015. "Becoming Little Scientists: Technology-Enhanced Project -Based Language Learning." *Language Learning & Technology* 20(1): 54–78.

Ellis, Rod. 2003. *Task-based Language Learning and Teaching*. Oxford: Oxford University Press.

Furstenberg, Gilberte, Levet, Sabine, English, Kathryn y Katherine Maillet. 2001. Giving a virtual voice to the silent language of culture: the CULTURA project. *Language Learning & Technology* 5(1): 55–102.

Jauregi, Kristi. 2012. "Integrating telecollaboration for intercultural language acquisition at secondary education: lessons learned". En *Critical CALL –

Proceedings of the 2015 EUROCALL Conference, Padova, Italy, editado por Francesca Helm, Linda Bradley, Marta Guarda y Sylvie Thouësny, 268–273. Dublín: Researchpublishing.net.

Jones, Leo. 2007. *The Student-Centered Classroom*. Cambridge: Cambridge University Press.

Kohonen, Viljo. 1992. "Experiential Language Learning: Second language Learning as Cooperative Learner Education." En *Collaborative Language Learning and Teaching*, editado por David Nunan, 14–39. Cambridge: Cambridge University Press.

Kötter, Markus. 2002. "Tandem Learning on the Internet: Learner Interactions in Virtual Online Environments (MOOs)." En *Foreign Language Teaching in Europe* vol. 6, editado por Manuel Jiménez Raya, Terry Lamb y Flávia Vieira. Frankfurt: Peter Lang.

Lambert, Joe. 2002. *Digital Storytelling: Capturing Lives, Creating Community*. Berkeley: Digital Diner Press.

Lowenthal, Patrick R. 2008. "Online Faculty Development and Storytelling: An Unlikely Solution to Improving Teacher Quality." *MERLOT Journal of Online Learning and Teaching* 4(3): 349–356.

O'Dowd, Robert. 2015. "Supporting In-service Language Educators in Learning to Telecollaborate." *Language Learning & Technology* 19(1): 63–82.

O'Dowd, Robert y Markus Ritter. 2006. "Understanding and Working with 'Failed Communication' in Telecollaborative Exchanges." *CALICO Journal* 23(3): 623–642.

Robin, Bernard R. 2012. "The Educational Uses of Digital Storytelling." Digital Literacy in the Classroom (website). Disponible en: http://digitalliteracyintheclassroom.pbworks.com/f/Educ-Uses-DS.pdf.

Sevilla-Pavón, Ana. 2015. "Examining Collective Authorship in Collaborative Writing Tasks through Digital Storytelling." *European Journal of Open and Distance Learning* 1(1): 1–6.

Sevilla-Pavón, Ana, Serra-Cámara, Belén y Ana Gimeno-Sanz. 2012. "The Use of Digital Storytelling for ESP in a Technical English Course for Aerospace Engineers." *The Eurocall Review* 20(2): 68–79.

Skehan, Peter. 2003. "Task-based Instruction." *Language Teaching* 36(1): 1–14.

Strobl, Carola. 2014. "Affordances of Web 2.0 Technologies for Collaborative Advanced Writing in a Foreign Language." *CALICO Journal* 31(1): 1–18.

Towndrow, Phillip A. 2003. "Extending the Scope of Tele-collaborative Projects." *Language Learning & Technology* 7(3): 160–163.

Tudini, Vincenza. 2003. "Using Native Speakers in Chat." *Language Learning & Technology* 7(3): 141–159.

Vinagre, Margarita. 2016. "Promoting Intercultural Competence in Culture and Language Studies: Outcomes of an International Collaborative Project". En *Technological Advances in Specialized Linguistic Domains: Practical Applications and Mobility*, editado por Elena Martín-Monje, Idoia Elorza y Blanca García Riaza, 23–35. London: Routledge.

Vygotsky, Lev S. 1978. *Mind in Society: The Development of Higher Psychological Processes.* Cambridge, MA: Harvard University Press.

Wood, David, Bruner, Jerome S. y Gail Ross. 1976. "The Role of Tutoring in Problem Solving." *The Journal of Child Psychology and Psychiatry* 17(2): 89–100.

Agradecimientos

Las autoras quisieran expresar su agradecimiento a la Dra. Begoña Caballero y a sus alumnos de Wofford College, Carolina del Sur (Estados Unidos) por su participación en el proyecto aquí descrito. Del mismo modo, las autoras quisieran agradecer a Anna Nicolaou su colaboración en el diseño de las actividades aquí descritas.

Las Autoras

Ana Sevilla Pavón es profesora en el Departamento de Filología Inglesa y Alemana de la Universitat de València, España, investigadora del IULMA y coordinadora del proyecto iTecla. Ha publicado artículos en revistas científicas internacionales, así como libros y capítulos de libro, y participado como ponente en numerosos congresos de lingüística aplicada y de enseñanza de lenguas. Su labor investigadora se centra en el análisis del impacto de las tecnologías en el aprendizaje de segundas lenguas y en contextos interculturales.

Ana Sevilla Pavón is Assistant Professor at the Department of English and German Studies at the University of Valancia, Spain, researcher in the IULMA, and coordinator of the iTecla project. She has published in international academic journals, in several books and edited volumes, and has presented in numerous conferences on applied linguistics and language learning. Her research focuses on the impact of technologies on language learning and on intercultural contexts.

Ana Gimeno Sanz es catedrática de universidad del Departamento de Lingüística Aplicada de la Universitat Politècnica de València, España. Dirige el grupo de investigación CAMILLE y ha publicado numerosos artículos y capítulos de libro en torno a la enseñanza de lenguas asistida por ordenador, la enseñanza de lenguas con fines específicos y al aprendizaje integrado de contenidos y lenguas extranjeras. Es editora de la revista científica *The EUROCALL Review*, y presidente de WorldCALL. Fue presidente de la Asociación Europea para la Enseñanza de Lenguas Asistida por Ordenador (EUROCALL) de 2005 a 2011.

Ana Gimeno Sanz is Full Professor of English Language in the Department of Applied Linguistics at the Polytechnic University of Valencia (Spain). She directs the CAMILLE research group and has published numerous articles and book chapters on technology-mediated language teaching, teaching of languages for specific purposes, and content and language integrated teaching. She is the editor of The EUROCALL Review journal and president of WorldCALL. She was president of the EUROCALL, the European computer-assisted language learning association between 2005 and 2011.

Capítulo 5. La adquisición de competencias para inglés profesional con la metodología a distancia

María Jordano de la Torre, Universidad Nacional de Educación a Distancia (UNED)
mjordano@flog.uned.es

Pilar Rodríguez Arancón, Universidad Nacional de Educación a Distancia (UNED)
prodriguez@flog.uned.es

Introducción

La Universidad Nacional de Educación a Distancia (UNED) tiene como objetivo fundamental el acercar la educación universitaria a adultos que, por razones laborales, legales, de cargas familiares, o de salud, encuentran dificultades para empezar o continuar sus estudios en otro tipo de instituciones. Sin embargo, este tipo de educación evidencia una serie de problemas para los estudiantes, tales como la sensación de soledad y aislamiento, el sobre-esfuerzo que supone el marcar los propios ritmos de estudio y el consecuente alto nivel de abandono. Si todas estas dificultades están presentes en cualquier elección de estudio, en el aprendizaje de una segunda lengua (L2) la complejidad aumenta. Aprender una L2 requiere interacción real y, a pesar de que la UNED ofrece tutorías presenciales de muchas de las asignaturas de sus estudios de Educación Superior en los Centros Asociados repartidos por toda la geografía española, algunos de nuestros alumnos ni siquiera pueden contar con esa ayuda por diversos motivos personales.

Se ha tratado de suplir dicha deficiencia desde los inicios de esta metodología con material previamente grabado, ya sea en audio o multimedia, o accesible mediante el entorno virtual en el que se integran todos los cursos y asignaturas de la institución. Sin embargo, este tipo de material "empaquetado" no llega a satisfacer los requerimientos de los nuevos planes de estudio de los Grados, como por ejemplo los de Turismo, basados, como veremos, en la adquisición de competencias tanto específicas como transversales. Estas competencias ponen de relieve la necesidad de poder comunicarse de forma escrita y hablada en la L2, lo que repercutirá en una mayor capacidad para enfrentarse a un futuro empleo en el que será esencial el dominio de la lengua inglesa (ANECA 2004). Además de trabajar esa L2 de tal forma que se alcance un nivel medio-alto de producción y comprensión, las instituciones deberían ser capaces de incorporar, enseñar y evaluar dichas competencias, lo que plantea un reto aún más complejo (Weir 2005).

Uno de los pilares básicos sobre los que se asienta el contenido de los Libros Blancos de las diferentes Titulaciones de Grado, en el que se basan estos nuevos planes de estudio, es el interés por mejorar la calidad, así como facilitar la inserción de los egresados en el mundo laboral. Es por ello que, entre las finalidades de la investigación que se describen en este capítulo, se encuentra la de dar un paso más allá respecto a otras similares, al intentar obtener más información específica sobre los alumnos de la UNED, una vez finalizados sus estudios.

Adaptación a los nuevos planes del Espacio Europeo

El proyecto que aquí se presenta tuvo lugar dentro de una Red de Innovación docente cuyo propósito era la adaptación a los cambios que se estaban realizando en nuestros planes de estudio conforme a los nuevos Grados del Espacio Europeo de Educación Superior (Rodríguez-Arancón y Jordano de la Torre 2014). Los planes de estudio de todos los grados de la UNED, al igual que los de otras universidades europeas, se han visto seriamente afectados por el proceso de Bolonia (Bolonia Declaration 1999), con el que se promueve una dimensión europea de la educación superior en términos de conocimientos teóricos y prácticos; destrezas cognitivas y manuales; y competencias. La OCDE (2005, 3) define el término 'competencia' de la siguiente forma:

> Una competencia es más que simplemente conocimiento y destreza. Requiere la habilidad de responder a demandas complejas mediante el uso de recursos psicológicos (incluyendo destrezas y actitudes) en un contexto específico. Por ejemplo, la habilidad de comunicarse eficazmente es una competencia que puede requerir el conocimiento de la lengua que posee el individuo, el uso de destrezas digitales prácticas y de actitudes

> hacia aquellos con los que se está comunicando (traducción propia).

Además, los acuerdos de la Declaración de Bolonia implican la instauración de nuevas metodologías docentes, como la evaluación continua, para la cual se propone el uso de las nuevas tecnologías (TIC) y la enseñanza práctica y profesional. La finalidad de estos cambios no es otra que la de lograr "la obtención por parte del estudiante de una formación general, en una o varias disciplinas, orientada a la preparación para el ejercicio de actividades de carácter profesional" (Artículo 9, punto 1 Real Decreto 1393/2007).

Estos nuevos objetivos se vieron reflejados por la Agencia Nacional de Evaluación de la Calidad y Acreditación (ANECA) en sus libros blancos, a los que ya nos referimos en la introducción. Para su elaboración, la ANECA realizó entrevistas a futuros contratantes con el objetivo de poder detectar las posibles deficiencias que existieran en los Estudios Superiores (EESS). Tras el análisis y reflexión de los datos recogidos, las competencias consideradas necesarias por los diferentes estamentos involucrados en el proceso se agruparon en dos tipos: transversales o genéricas y específicas. Además, se incluyó un apartado en el que se clasifican atendiendo a varios perfiles laborales de los egresados. En el caso de Turismo, estos perfiles son: alojamiento, restauración, intermediación, transporte y logística, planificación y gestión pública de destinos, productos y actividades turísticas, y por último formación, investigación y consultoría (ANECA 2004, 90).

Las competencias "transversales hacen referencia a la formación de un universitario en sentido genérico [...] independientemente de los estudios que cursen" (ANECA 2004, 115). Se pueden categorizar en tres tipos: (a) Instrumentales, entre las que se incluyen las relacionadas con habilidades lingüísticas y tecnológicas; (b) Personales, relacionadas con las destrezas sociales e individuales; y (c) Sistémicas, relativas a la comprensión de sistemas complejos. Las específicas "se pueden definir como el conjunto de saberes y recursos científicos, técnicos y culturales que se requieren" (p. 126) y se basan en tres premisas: (a) Aprender un saber (conocimientos basados en reglas, conceptos y teorías); (b) Aprender a hacer (conocimientos referidos a reglas y acciones encaminadas a obtener un resultado); y (c) Aprender a desarrollar actitudes (conocimientos referidos a las actitudes y reflejados en la matriz de las "competencias transversales") (ANECA 2004, 126).

En lo relativo al aprendizaje de la L2, estos requisitos se ven reflejados en el Libro Blanco del Título de Grado en Turismo (ANECA 2004) en dos de las competencias específicas de mayor relieve: "Trabajar en inglés como lengua extranjera" (ANECA 2004, 132) y "Trabajar en medios socioculturales diferentes" (ANECA 2004, 138). La primera se desglosa a su vez en la adquisición de dos tipos de conocimientos: disciplinares (saber) y profesionales (saber hacer). Los primeros se basan en conocer las estructuras gramaticales de la L2 a nivel medio-alto, el vocabulario específico del sector, los diferentes tipos de pronunciación, y las diversas culturas de los países de habla inglesa. Los segundos se refieren a comunicarse en la L2 en cualquier medio y entender textos originales relacionados con temas turísticos, trabajar en lengua inglesa en un entorno profesional, y comprender y redactar documentos en un lenguaje técnico turístico (ANECA 2004, 132).

La segunda competencia está relacionada directamente con aspectos socioculturales tales como el "desarrollar aptitudes y sensibilidad para comprender costumbres y ámbitos culturales diferentes, ya sea en países extranjeros o en su propia ciudad". Entre los conocimientos disciplinares aparecen los de conocer diferentes comportamientos, costumbres horarias, manifestaciones de carácter social, y conocer la diversidad racial, social y cultural. Entre los conocimientos profesionales destacan los de comunicarse de forma interpersonal, manifestar actitudes participativas y de cooperación o mostrar capacidad de arbitraje (ANECA 2004, 138).

A estas dos competencias habría que añadir la de comprender los principios básicos del Turismo en sus dimensiones jurídica, política y económica (ANECA 2004, 193), entre otras, lo que dota a estos estudios de un carácter eminentemente multidisciplinar. De hecho, se menciona como una competencia a desarrollar, la de "comprender los principios del turismo: su dimensión espacial, social, cultural, jurídica, política, laboral y económica" (ANECA 2004, 199). Este objetivo enlaza además con los contenidos de las otras asignaturas también cursadas por los alumnos que participaron en la investigación que recoge este capítulo.

El uso de la comunicación sincrónica mediada por computador (CSMC) para la adquisición de competencias específicas

El resumen de los requisitos del Grado en Turismo mencionados en el Libro Blanco de la ANECA (2014) en cuanto a las competencias en L2 desarrolladas por sus graduados, pone de relieve la importancia de mejorar las destrezas orales hasta un nivel medio-alto (p. 132). Por supuesto, la forma de mejorar estas habilidades comunicativas no es otra que la práctica, pero, como ya se ha mencionado, en un contexto educativo a distancia, estas posibilidades de interacción frecuente son reducidas. Una solución que se ha puesto en práctica desde hace años es la de trasladarse a otro país para comunicarse de una manera continuada con hablantes nativos de la L2 estudiada en el aula. Sin embargo, esta no es una opción viable para muchos de nuestros estudiantes. Con la mejora de las tecnologías y siguiendo las recomendaciones de la Declaración de Bolonia (1999), a día de hoy ya es posible mantener conversaciones de voz de duración ilimitada sin coste alguno con la ayuda de las TIC sin tener que desplazarse del lugar en el que se vive.

Es por ello que un gran número de docentes plantean desde hace ya algunos años proyectos de colaboración con grupos de alumnos de intereses similares en otros países, con el fin de adquirir la L2 de manera más natural y motivada. Los primeros proyectos estaban basados en medios de comunicación asíncronos (como correos electrónicos, foros, etc.), muchos de ellos propuestos en contextos de educación a distancia o presencial mediante la metodología Tandem (ej. Kabata y Edasawa 2011; Vinagre 2010). Gracias al incremento de la velocidad de la transferencia de datos en internet experimentado en los últimos años, el número de proyectos basados en la sincronía ha aumentado de manera exponencial (ej. AbuSeileek y Qatawneh 2013; Bueno-Alastuey 2013; Kim 2014; Lin 2015). Esta metodología se conoce en la literatura específica como CSMO (Comunicación Sincrónica Mediante Ordenador), CSMC (Comunicación Sincrónica Mediada por Computador) o por sus siglas en inglés SCMC (*Synchonous Computer Mediated Communication*).

Sin embargo, la colaboración entre estudiantes no garantiza de por si la adquisición de la L2. Es importante tener en cuenta también la necesidad de diseñar actividades en las que los alumnos tengan que trabajar de forma guiada y siguiendo unos objetivos que persigan la consecución de unos resultados de aprendizaje claros de acuerdo a los principios de adquisición del lenguaje (González-Lloret 2003; Hampel

2006; Rosell-Aguilar 2005) y relacionados con sus particulares planes de estudio. Esta es la única forma de garantizar un buen uso de los recursos y del tiempo invertido en las tareas.

Así fue como se planteó el diseño de esta investigación, con la intención de proporcionar a los estudiantes de varias Facultades dentro de la UNED la posibilidad de añadir un componente extra de interacción oral para la adquisición de competencias comunicativas en inglés, algo casi inexistente en contextos de aprendizaje de L2 a distancia (White 2006), y posteriormente evaluar su resultado a corto y medio plazo.

Implementación del proyecto

En el proyecto participaron 25 estudiantes de diferentes titulaciones (Ingeniería Informática, Licenciatura en Filología Inglesa, en Filología Hispánica, en Derecho, en Economía, Diplomatura en Turismo, en Administración y Dirección de Empresas, y en Trabajo Social) para dotarlo de la ya mencionada multidisciplinariedad. Lo que se pretendía con este proyecto era llevar a cabo actividades que promovieran como eje central el aprendizaje basado en competencias relacionadas con cada uno de los planes de estudio de los que provenían los participantes.

La razón por la que usamos como base de nuestra investigación específicamente el Libro Blanco de la Titulación de Grado en Turismo (ANECA 2004) es que, tras un estudio pormenorizado de cada uno de los libros relacionados con los otros Grados, llegamos a la conclusión de que este es uno de los más detallados en cuanto al desarrollo de competencias en la L2, a pesar de que en los Grados en los que se han convertido todos los planes de estudio mencionados se siguen ofertando la asignatura de Inglés. La relación que todos estos Grados comparten con el de Turismo es clara, ya que muchas de las competencias que se esperan de sus graduados están presentes en mayor o menor medida en las de un egresado del Grado en Turismo.

En la siguiente tabla se pueden ver reflejados los estudios que estaban cursando los estudiantes que formaron parte del proyecto y su género.

Estudios	Hombres	Mujeres	Total
Diplomatura en Administración y Dirección de Empresas (ADE)	2	0	2
Diplomatura en Turismo	5	2	7
Diplomatura en Trabajo Social	1	1	2
Ingeniería Informática	1	0	1
Licenciatura en Derecho	1	0	1
Licenciatura en Economía	1	0	1
Licenciatura en Filología Hispánica	0	1	1
Licenciatura en Filología Inglesa	4	6	10

Tabla 1. Planes de estudio a los que pertenecen los estudiantes UNED participantes en el proyecto

Estos estudiantes trabajaron colaborativamente a distancia con 32 participantes voluntarios de otras instituciones repartidas por varios continentes. La Figura 1 muestra la procedencia de estos otros alumnos.

Esta distribución nos permitió dividir a los estudiantes de otras instituciones en tres grupos dependiendo de su cercanía geográfica para facilitar los encuentros sincrónicos y fueron la base para el diseño de las tres rutas turísticas, cada una de las cuales estaba coordinada por un profesor-tutor de la UNED. Una vez establecidas dichas rutas, los alumnos UNED que habían respondido positivamente a la invitación a formar parte en el proyecto de forma voluntaria, eligieron la ruta en la que preferían integrarse de acuerdo a sus preferencias personales:

- Grupo 1 (Países del Mediterráneo), Marruecos, Italia y Turquía (que se corresponde con la Ruta 1).
- Grupo 2 (América), Argentina, Brasil y EE.UU. (que se corresponde con la Ruta 2).
- Grupo 3 (Eurasia), Ucrania, Polonia, Rusia, Pakistán y Rumanía (que se corresponde con la Ruta 3).

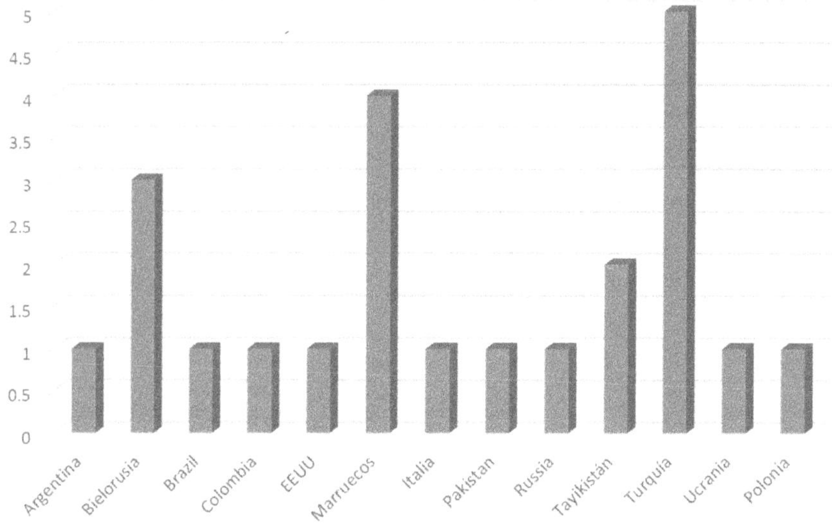

Figura 1: Procedencia geográfica de los alumnos de fuera de la UNED participantes en el proyecto

Desarrollo de las tareas

El trabajo final de los estudiantes de la UNED consistía en la presentación oral de una ruta turística creada por cada uno de los grupos, y basada en el intercambio de información entre todos los participantes en el proyecto (UNED y de otras instituciones) en el único idioma que tenían en común: el inglés. Esta información debía estar relacionada con los siguientes bloques temáticos: descripción de monumentos, aspectos culturales y gastronómicos, normas horarias, presupuestos y costes, transporte, alojamiento y legislación relacionada con el turismo en los países incluidos en la ruta. La intención era siempre la de conseguir que los estudiantes intercambiaran información sobre temas relacionados con las competencias que deben adquirir a través de sus respectivos estudios, y en especial de muchos de los contenidos interdisciplinares presentes en los estudios de Turismo (ANECA 2004).

Dado que la información sobre la que trabajaban los grupos no era fácilmente accesible en la red, se propiciaba el contacto multidisciplinar entre estudiantes de manera natural y esto apoyaba la necesidad de colaboración. Además, estaban obligados a utilizar gran parte del vocabulario y estructuras adquiridos en sus correspondientes asignaturas de inglés de forma oral, utilizando una de las destrezas menos trabajadas a distancia y más demandadas profesionalmente. Todos los miembros del proyecto debían reunirse semanalmente para la puesta en común de las diferentes experiencias y para el propio seguimiento y observación de cada etapa. Se aprovechaba el encuentro para que el profesor-tutor resolviera dudas, ofreciera formación sobre la tecnología que debían utilizar y realizara el seguimiento de las actividades en curso. Además, cada grupo disponía de un foro común en el que compartir información para la preparación de la tarea final, por lo que también hubo lugar para el intercambio de datos por escrito de manera asincrónica.

Como ya se ha puesto de relieve, el primer objetivo de este proyecto era ofrecer al alumno la oportunidad de interactuar con estudiantes de otros ámbitos e instituciones en la L2 de forma totalmente sincrónica para lograr presentar un producto turístico original. Así, esta forma de comunicación se convierte en una de las soluciones más parecidas al contexto profesional que los estudiantes de Turismo se podrían encontrar en un futuro al tener que relacionarse con personas que no conocen en la L2 ya sea por teléfono o video-conferencia. Para el resto de los participantes, el objetivo era la mejora de la comprensión y la producción oral a la vez que se trataban algunos temas relacionados con sus intereses académicos.

Trabajo final

Las tareas finales de cada uno de los tres grupos reflejaron la actividad de intercambio que se había producido entre todos los miembros participantes en el proyecto, tanto de manera oral y sincrónica, como de preparación escrita para la presentación de los resultados. A continuación, daremos algunas pinceladas de las observaciones recogidas en las grabaciones de estas presentaciones finales de los alumnos de la UNED referidas al trabajo presentado en cada una de las rutas propuestas.

Ruta 1: Países del Mediterráneo

Este grupo estaba integrado por 15 miembros (1 de ADE, 1 de Turismo, 1 de Trabajo social, 1 de Filología Hispánica, 1 de Filología Inglesa y 10 participantes fuera de España) además de una profesora-tutora que coordinaba las actividades. Generó un total de 50 mensajes en el foro de preparación de la tarea final del grupo, aunque, tal y como se pretendía, la mayor parte de la comunicación dedicada a la elaboración de la presentación se produjo mediante conversaciones de voz.

Esta presentación incluyó textos bastante largos, lo que condujo, en la mayoría de las ocasiones, a la lectura directa, restándole carga a la espontaneidad y al objetivo de comunicación oral que se había conseguido durante la preparación previa. La grabación obtenida de esta tarea dura algo más de una hora y en ella participaron un total de 12 personas, incluyendo la profesora-tutora del grupo. Es importante destacar el hecho de que un miembro del grupo de estudiantes de la UNED era hablante nativo de inglés, lo que contrastaba con los otros participantes con menor nivel de fluidez.

Al final de la presentación se comentaron algunas de las experiencias del trabajo colaborativo, como los obstáculos encontrados, haciendo hincapié sobre los problemas para contactar con los estudiantes de otros países debido a las diferentes zonas horarias principalmente.

Ruta 2: América

Este grupo estaba compuesto por 14 miembros (2 de Turismo, 1 de Trabajo Social, 1 de Informática, 5 de Filología Inglesa y 5 de fuera de España) y su forma de trabajar fue muy diferente. Los foros triplicaron su uso con respecto a la Ruta 1 y enviaron un total de 179 mensajes. La supervisión del profesor-tutor fue escasa debido a su baja preparación tecnológica, y fue uno de los alumnos con más conocimientos en este campo el que guió al grupo en las tareas. Fue precisamente este alumno el que demostró tener mayor agilidad a la hora de realizar la presentación, debido probablemente a sus avanzados conocimientos de tecnología (Blake 2008). Esto le permitió expresarse con mayor espontaneidad y soltura, claves a la hora de realizar una actividad de estas características.

La presentación final estaba basada en la agrupación de fotos ordenadas, con ausencia de cualquier tipo de texto escrito, lo que promovió de manera más intensa el uso de las destrezas orales y demostró un alto nivel de comunicación oral de la mayoría de los participantes. Durante toda la exposición, llama la atención el carácter facilitador y de portavoz del estudiante de Ingeniería Informática antes mencionado, incluso ofreciendo aportaciones escritas en el chat textual con mensajes de ánimo al resto de sus compañeros e intentos de tratar de solucionar los problemas derivados del uso de la tecnología.

Ruta 3: Eurasia

A este grupo pertenecían 27 miembros entre extranjeros (17) y UNED (1 de ADE, 4 de Turismo, 1 de Derecho, 1 de Economía y 3 de Filología Inglesa) que enviaron un total de 134 mensajes a los foros. Siete fueron los participantes en la presentación final incluida la profesora-tutora de la ruta y la grabación tuvo una duración de una hora y diez minutos. El trabajo se expuso entre todos los miembros del grupo excepto uno. Un estudiante de Derecho comenzó hablando de los aspectos legales de cada uno de los países de la ruta (visados, seguros, requisitos de aduanas, etc.). A continuación, pidió disculpas por tener que leer parte del texto que había preparado para respetar el tipo de registro necesario. Esto sugiere que interiorizó las instrucciones del proyecto sobre la necesidad de evitar la lectura de datos en pro de la interacción oral.

Otra participante destacó por su alto nivel de fluidez y pronunciación, aunque al provenir de la Licenciatura de Filología Inglesa, parece tener una ventaja frente al resto de los alumnos. Es interesante destacar el hecho de que el trabajo colaborativo no se vio totalmente reflejado en la presentación, debido a que en muchos casos cada estudiante envió su parte de la tarea realizada de manera independiente a pesar de que se había elaborado de forma colaborativa.

Evaluación del proyecto

Parece claro que el proyecto fomenta la comunicación oral, tal y como se ha comentado en la sección anterior, aunque el nivel de precisión y fluidez varía mucho entre los participantes. Los estudiantes interactuaron en la preparación de la tarea final de manera fluida y constante. Aunque los eventos semanales estaban programados, muchos de ellos realizaban video-conferencias en otros momentos para obtener la información necesaria para completar la tarea. Estas reuniones virtuales tuvieron lugar con números variables de personas que demostraron un alto nivel de autonomía y responsabilidad en la consecución de los objetivos del proyecto en el que estaban comprometidos. Ese nivel de compromiso es con toda probabilidad el fruto del diseño de una tarea que les acerca a una competencia profesional necesaria y les permite intercambios orales sincrónicos con un propósito real (Bueno-Alastuey 2011).

Los participantes en el estudio completaron un cuestionario final en el que se les pedía la nota conseguida en la asignatura en el primer cuatrimestre y la del segundo, después de haber participado en el proyecto. Los resultados obtenidos en los exámenes de sus asignaturas de inglés mejoraron notablemente, como se puede apreciar en la siguiente gráfica.

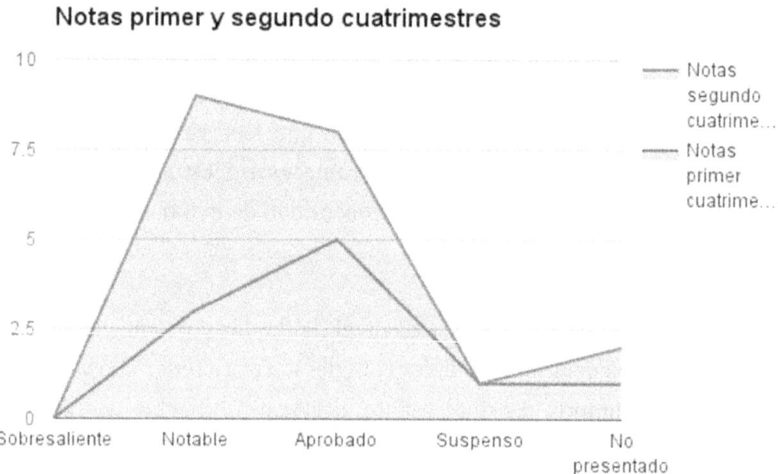

Figura 2: Mejora de las notas de los estudiantes de la UNED participantes en el proyecto del primer al segundo cuatrimestre del curso

Por último, otro aspecto en el que los participantes enfocaron su trabajo fue el uso de las TIC, que también aparece como uno de los objetivos del proceso de Bolonia. La observación por parte de las coordinadoras de la Red sugiere que los estudiantes desarrollaron su competencia digital en general, aunque unos en mayor medida que otros. Este dato también es avalado por sus respuestas en el cuestionario final, en el que ponen de relieve dicha mejora como una de las consecuencias de su participación.

Repercusión en la perspectiva profesional de los alumnos egresados

Pasados cinco años desde esta experiencia, se decidió comprobar si aquellos alumnos que habían formado parte de la Red de Innovación Docente habían percibido una mejora en las competencias necesarias en su contexto profesional. Para ello se creó un formulario online con el fin de recoger sus opiniones que se envió a todos los estudiantes de la UNED que habían formado parte de los tres grupos. Desgraciadamente, el nivel de respuesta no fue muy elevado (nueve personas lo completaron) probablemente debido a que en su mayoría ya no accedían a las cuentas de correo de contacto de las que disponíamos.

El cuestionario constaba de 10 preguntas. Como detalles generales, además de los nombres y apellidos, se les preguntaba sobre los estudios que habían cursado, si los habían llegado a terminar y si pensaban que los estudiantes de la UNED terminaban sus estudios con alguna carencia en cuanto a la competencia oral en inglés con respecto a los de otras universidades presenciales. En lo relacionado con los detalles del proyecto en particular, se les preguntaba si habían participado en alguna experiencia similar en alguna otra asignatura. El resto de la información que se pretendía analizar estaba relacionada directamente con su vida laboral posterior. Para ello se les preguntó sobre la frecuencia con la que utilizaban la L2 en su contexto profesional, si creían que este tipo de actividades eran positivas para mejorar su competencia oral en inglés y si su participación en este proyecto les había ayudado a mejorar sus consiguientes habilidades profesionales.

Casi un 60% de los encuestados afirmó sentir que los titulados de la UNED terminan con mayores carencias en la competencia oral que sus compañeros provenientes de otras instituciones y el 100% confirmó que no habían llevado a cabo una experiencia similar en otras asignaturas. Todos estaban de acuerdo en que este tipo de iniciativas les ayudaba a realizar mejor su trabajo y de ellos el 55,6% manifestó estar "totalmente de acuerdo" con esta afirmación. Cuando los encuestados respondieron sobre la frecuencia del uso de la L2 que hacían en su medio laboral actual, únicamente el 33,3% afirmó utilizarla diariamente.

Conclusiones

La CSMC puede llegar a paliar la carencia más palpable en los estudios a distancia a través de la práctica de la competencia oral a nivel interactivo y sincrónico con otros hablantes de inglés. Según la percepción de los estudiantes, su uso para trabajar colaborativamente con otros hablantes de la L2 aporta agilidad a la hora de comunicarse y ayuda al desarrollo de las competencias digitales. También permite poner a prueba los conocimientos adquiridos mediante actividades con propósitos reales y adecuados al plan de estudios dentro del cual se utilice.

Este tipo de interacción real con estudiantes de otras nacionalidades permite conocer de primera mano otros acentos y aspectos culturales, lo que confiere un valor añadido a los alumnos de la educación a distancia que no encuentran oportunidades para los intercambios comunicativos en la L2 de manera habitual. Estos aspectos vienen recogidos en el Libro Banco (ANECA 2004) que pone de relieve la importancia de desarrollar aptitudes y sensibilidad para comprender costumbres y ámbitos culturales diferentes, lo que se puso de manifiesto en el trascurso de esto proyecto (como las diferentes costumbres horarias y gastronómicas).

La multidisciplinariedad que se puede conseguir a través de la CSMC convierte este proyecto en un posible impulsor hacia la mejora de las competencias transversales. El hecho de contar con estudiantes con conocimientos sobre campos diversos dentro de cada grupo, tales como la Informática, el Derecho o la Economía, hace que el lenguaje de especialidad propio de cada campo se use de forma natural. Se sientan así las bases para una nueva forma de aprender en grupo y por competencias relacionadas directamente con el mundo profesional de gran valor para cualquier ciudadano del siglo XXI.

Obras citadas

AbuSeileek, Ali Farhan y Khaleel Qatawneh. 2013. "Effects of Synchronous and Asynchronous Computer-Mediated Communication (CMC): Oral Conversations on English Language Learners' Discourse Functions." *Computers & Education* 62: 181–190.

ANECA. 2004. *Libro Blanco del Título de Grado en Turismo.* Descargado de: http://www.aneca.es/var/media/359791/libroblanco_turismo_03.pdf

Blake, Robert J. 2008. *Brave New Digital Classroom: Technology and Foreign Language Learning.* Washington, D.C: Georgetown University Press.

Bolonia Declaration 1999. Descargado de: http://www.magna-charta.org/resources/files/BOLOGNA_DECLARATION.pdf

Bueno-Alastuey, María Camino. 2011. "Perceived benefits and drawbacks of synchronous voice-based computer-mediated communication in the foreign language classroom." *Computer Assisted Language Learning* 24(5): 419–432.

———. 2013. "Interactional Feedback in Synchronous Voice-Based Computer Mediated Communication: Effect of Dyad." *System* 41(3): 543–559.

González-Lloret, Marta. 2003. "Designing Task-Based Call to Promote Interaction: En Busca de Esmeraldas." *Language Learning & Technology* 7(1): 86–104.

Hampel, Regine. 2006. "Rethinking Task Design for the Digital Age: A Framework for Language Teaching and Learning in a Synchronous Online Environment." *ReCALL* 18(1): 105–121.

Kabata, Kaori y Yasuyo Edasawa. 2011. "Tandem Language Learning through a Cross-Cultural Keypal Project." *Language Learning & Technology* 15(1): 104–121.

Kim, Hye Yeong. 2014. "Learning Opportunities in Synchronous Computer-Mediated Communication and Face-to-Face Interaction." *Computer Assisted Language Learning* 27(1): 26–43.

Lin, Huifen. 2015. "Computer-Mediated Communication (CMC) in L2 Oral Proficiency Development: A Meta-Analysis." *ReCALL* 27(3): 261–287.

OCDE. 2015. *The Definition and Selection of Key Competences.* Bruselas.

Real Decreto 1393/2007. Descargado de: https://www.boe.es/boe/dias/2007/10/30/pdfs/A44037-44048.pdf

Rodríguez-Arancón, Pilar y María Jordano de la Torre. 2014. "An innovative approach for developing oral skills in English in a distance course." *Foreign Language in Europe. Digital Competence Development in Higher Education*, 107–124.

Rosell-Aguilar, Fernando. 2005. "Task Design for Audiographic Conferencing: Promoting Beginner Oral Interaction in Distance Language Learning." *Computer Assisted Language Learning* 18(5): 417–442.

Santamaría Lancho, Miguel y Sánchez-Elvira Paniagua, Ángeles. 2009. Claves para la adaptación metodológica de la UNED al EEES en *La UNED ante el EEES. Redes de Investigación en Innovación docente 2006/2007*, editado por Miguel Santamaría Lancho y Ángeles Sánchez-Elvira Paniagua, 19–54. Madrid: Editorial UNED. Descargado de: http://e-spacio.uned.es/fez/

eserv/bibliuned:500859/Santamaria_Sanchez-Elvira_Claves_
UNED_EEES_2009.pdf

Vinagre, Margarita. 2010. *Teoría y Práctica del Aprendizaje Colaborativo Asistido por Ordenador*. Madrid: Síntesis.

Weir, Cyril J. 2005. *Language Testing and Validation: An Evidence-Based Approach*. Basingstoke: Palgrave Macmillan.

White, Cynthia. 2006. "Distance Learning of Foreign Languages." *Language Teaching: The International Abstracting Journal for Language Teachers, Educators and Researchers* 39(4): 247–264.

Las Autoras

María Jordano de la Torre es profesora del Departamento de Filologías Extranjeras y sus Lingüísticas de la Universidad Nacional de Educación a Distancia (UNED) en Madrid, España. Centró su tesis doctoral en la enseñanza y aprendizaje del inglés para fines específicos (ESP) a distancia mediante la comunicación mediada por computador (CMC). En la actualidad continúa investigando sobre temas relacionados con la tecnología. Es miembro del grupo de investigación consolidado ATLAS (*Applying Technologies to Languages*).

María Jordano de la Torre is Assistant Professor at the Department of Foreign Languages and Linguistics at the National University of Distance Education (UNED) in Madrid, Spain. Her doctoral dissertation focused on teaching and learning of English for specific purposes (ESP) through computer-mediated communications (CMC). Her research still focuses on technology. She is part of the ATLAS (*Applying Technologies to Languages*) research group.

Pilar Rodríguez Arancón es profesora del Departamento de Filologías Extranjeras y sus Lingüísticas de la Universidad Nacional de Educación a Distancia (UNED) en Madrid, España. Imparte asignaturas de grado y posgrado relacionadas con las nuevas tecnologías. Su investigación se centra en la influencia que los aspectos culturales ejercen sobre la enseñanza y el aprendizaje del inglés. Es miembro del grupo de investigación consolidado ATLAS (*Applying Technologies to Languages*).

Pilar Rodríguez Arancón is Assistant Professor at the English Philology and Linguistics at the National University of Distance Education (UNED) in Madrid, Spain. She teaches graduate courses focused on new technologies. She investigates the influence of culture on the teaching and learning of English. She is part of the ATLAS (*Applying Technologies to Languages*) research group.

Capítulo 6. Mundos virtuales en la enseñanza de lenguas: Hacia un aprendizaje significativo a través de la interacción, la acción y el juego

Kristi Jauregi, Universidad de Utrecht
k.jauregi@uu.nl

Silvia Canto, Universidad de Utrecht
s.canto@uu.nl

Introducción

En una sociedad altamente digitalizada, como es la presente, el uso de la tecnología va impregnando poco a poco el sector de la educación. En este desarrollo continuo de avances digitales, los mundos virtuales tridimensionales (MV3D) parecen ofrecer oportunidades óptimas para enriquecer los procesos de enseñanza-aprendizaje de lenguas extranjeras a través del juego, la acción y la interacción más allá del aula presencial.

En este capítulo nos proponemos descubrir aquellos aspectos que hacen de este tipo de mundos virtuales un entorno motivador, bajo en ansiedad y rico en oportunidades de aprendizaje y ofreceremos pautas pedagógicas para su integración en el currículo de lenguas. Se analizarán estudios de investigación que se han realizado sobre su uso abordando el valor añadido que ofrecen los mundos virtuales en la enseñanza de lenguas extranjeras tanto a nivel universitario (proyectos NIFLAR,[1] EUROVERSITY[2]) como de enseñanza media (proyecto TILA[3]). Propondremos pautas según el Enfoque por Tareas para la creación de tareas significativas que mejor se adapten a las características propias de los mundos virtuales y aportaremos propuestas para la creación de proyectos de intercambio intercultural en línea, también conocidos como proyectos de telecolaboración.

¿Qué son los mundos virtuales 3D?

Los MV3D son entornos de inmersión en los que los usuarios están representados por avatares (véase figura 1) quienes, además de comunicarse oralmente o por chat, pueden moverse o teletransportarse de una ubicación a otra con un simple click de ratón y realizar actividades en una gran variedad de escenarios. Son precisamente la riqueza de los escenarios en los que situar eventos interactivos de aprendizaje, junto con las posibilidades de comunicación que ofrecen, las que confieren a estas plataformas inmersivas un gran potencial didáctico que viene marcado por la acción (Deutschmann *et al.* 2009; Dieterle y Clarke, 2008; Jauregi 2013; Jauregi *et al.* 2010, 2012).

Los MV3D crean espacios de aprendizaje conceptualmente diferentes a los tradicionales del aula o a tecnologías interactivas, como pueden ser la videocomunicación (*Skype, Google Hangout*). El aprendizaje se sumerge en un contexto realista simulado, lo que implica un cambio en la pedagogía de la lengua hacia el aprendizaje experiencial a través de la resolución de problemas y formas de colaboración complejas y distribuidas espacialmente (Cornille *et al.* 2012). Los profesores, además de aprender a utilizar la tecnología 3D, necesitan aprender cómo integrar estas experiencias virtuales en un contexto de aprendizaje

---

[1] NIFLAR: proyecto europeo subvencionado por la Comisión Europea sobre la integración de la videocomunicación y mundos virtuales en la enseñanza de lenguas (Networked Interaction for Intercultural Language Acquisition and Research, 2009–2011) www.niflar.eu

[2] EUROVERSITY: proyecto europeo subvencionado por la Comisión Europea sobre la integración de los mundos virtuales en la enseñanza en general (2012–2014) www.euroversity.eu

[3] TILA: proyecto europeo subvencionado por la Comisión Europea sobre la integración de la telecolaboración en la enseñanza de lenguas en secundaria (Telecollaboration for intercultural Language Acquisition, 2013–2015): www.tilaproject.eu

determinado. *Second Life*, *OpenSim*, *Active Worlds*, *Quest Atlantis* o *Minecraft* son algunas de las plataformas existentes de MV3D en el mercado. En este capítulo recogemos las experiencias llevadas a cabo en las dos primeras.

Figura 1. Pantallazo de alumnos realizando una actividad en el pueblo de Chatterdale en OpenSim (TILA)

Second Life

Second Life (SL) es un mundo virtual desarrollado por Linden Lab y lanzado al mercado en 2003 con acceso gratuito desde Internet. Los usuarios crean una cuenta, seleccionan un avatar e instalan un visor (*viewer*) en su ordenador a través de la página principal www.secondlife.com. Una vez seleccionado el avatar, el usuario puede personalizarlo y cambiar el color y estilo de pelo, características físicas y faciales, incluso el género. Obviamente, los usuarios pueden elegir un avatar de otro sexo, u optar por uno no humano. El primer destino en SL para los nuevos avatares es Orientation Island, que incluye tutorías para aprender a manejar SL (i.e. cómo moverse en el mundo virtual, cambiar la apariencia del avatar y comunicarse con los demás). SL está reservado a usuarios mayores de 16 años.

OpenSimulator

OpenSimulator (*OpenSim*) es un programa de código abierto, gratuito, que se utiliza para crear y gestionar mundos virtuales y que se ha de alojar en un servidor determinado. Las funcionalidades son semejantes a las de *SL* aunque lo interesante de *OpenSim* es que aquella institución o particular que crea su mundo, también lo gestiona y es, a la vez, dueño del mismo. Este no es el caso de *SL* que, aunque de uso gratuito, no deja de ser propiedad de *Linden Lab*. Si el *OpenSim* que vayamos a utilizar se aloja en un servidor seguro, este mundo virtual se puede utilizar con menores de edad en la enseñanza primaria o secundaria.[4]

Las posibilidades que nos ofrecen estos mundos virtuales para enriquecer la enseñanza de lenguas son múltiples, debido a las características del propio entorno virtual y a los usos didácticos que se le pueden dar (Sadler 2012).

Propiedades de los mundos virtuales

Los MV3D son probablemente uno de los entornos digitales educativos más complejos (Kozlova y Priven, 2015), pero a la vez más ricos, que existen en la actualidad para la enseñanza, debido a varias razones. En primer lugar, apoyan una comunicación sincrónica multimodal a través del uso de varios canales de comunicación que incluyen audio, chat textual y oral (abiertos o privados), la activación de gestos del avatar y la posibilidad de conectar una *webcam*. En segundo lugar, los MV3D proporcionan a los usuarios experiencias realistas o simulaciones de inmersión en el mundo 3D que incluyen escenarios muy parecidos a los lugares reales (el aula de una clase magistral, la recepción de un hotel, el salón de una casa, bares, museos, fábricas, despachos, tribunales, hospitales, tiendas, teatros, o el desierto) o entornos fantásticos, irreales o reproducciones históricas en los que se pueden recrear diferentes ambientes: un castillo tétrico en el que se oyen gritos, el Egipto de los Faraones o un parque de safari. En tercer lugar, los avatares pueden moverse (andar, correr, sentarse, bailar, incluso volar) e interactuar con los objetos, con lo cual se facilita la acción, es decir la posibilidad de realizar actividades en diferentes contextos: patinar, esquiar, hacer surf, ir en bicicleta, subirse a un taxi, pedir algo en un bar, ir de compras, etc. El poder interactuar con los objetos permite también crear juegos en los que se incluyen elementos de gamificación (puntos, tiempo invertido, aplausos etc.) que resultan muy motivadores. En cuarto lugar, se pueden crear objetos (ropa, muebles, edificios) actividad creativa que, llevada a cabo con otros avatares, puede conducir a procesos de colaboración significativa. Por último, se pueden subir y compartir en el mundo

---

[4] Primaria = alumnos entre 4 y 12 años. Secundaria = alumnos entre 12 y 18 años.

virtual documentos de todo tipo: vídeos, fotos, *PowerPoint*, audios o textos. Además, se puede asistir y organizar todo tipo de eventos: conferencias, fiestas, clases, talleres, conciertos o incluso ir al cine.

Usos didácticos de los mundos virtuales

Son muchos y variados los usos didácticos de los MV3D. Estos dependerán de los objetivos del curso, los principios pedagógicos en los que se enmarquen, las necesidades y deseos de los estudiantes y de las condiciones tecnológicas en las que trabajemos (véase capítulo 7 en este volumen).

Los MV3D se pueden utilizar, por ejemplo, para dar clases en línea. En este caso, el profesor organiza la enseñanza siguiendo pautas similares a las establecidas en el aula. Los alumnos siguen el curso a distancia y participan en la clase virtual, respondiendo a las preguntas del profesor (por chat o audio) o realizando actividades grupales. Es común observar que aquellos estudiantes que son reacios a comentar o a hacer preguntas en clase se sienten más cómodos al hacerlo en un mundo virtual, pues el uso de un avatar proporciona cierto anonimato[5] que puede contribuir a que el estudiante se sienta más cómodo a la hora de expresarse. Además, si la discusión se produce mediante la función de chat escrito, los usuarios pueden ver cómo evoluciona la misma mientras se va produciendo. El texto de la discusión del chat se puede guardar para su posterior revisión y poder hacer hincapié en aspectos interculturales o gramaticales relevantes que hayan surgido en el intercambio.

Los MV3D también se pueden utilizar para crear *machinimas*: grabaciones en el MV3D que pueden ser realizadas por profesores para explicar algún aspecto sobre la lengua o cultura meta o como fuente de input; o por los propios alumnos en las que pueden recrear todo tipo de géneros discursivos: un pleito, un anuncio televisivo, una obra de teatro, un cortometraje, lo cual puede resultar motivador para el estudiante. Para realizar grabaciones en MV3Ds se necesita utilizar un software específico de grabación.[6] Camelot es un proyecto europeo que ha

---

[5] No se ve a la persona, se puede alterar la voz e inventarse el nombre.
[6] Existen diversas posibilidades gratuitas en la red.

desarrollado material didáctico para la creación de *machinimas* para la enseñanza de lenguas (www.camelotproject.eu).

Los MV3D constituyen un entorno óptimo para promover el trabajo en equipo en un ambiente informal y relajado, fomentando, entre otros, el desarrollo de la competencia comunicativa oral. Así se pueden realizar juegos de rol en escenarios óptimos para su realización (mercado, camping, comisaría de policía etc.) e incluso jugar. En este caso se incluirán elementos de gamificación. Peterson (2011) analizó diferentes estudios llevados a cabo en torno al uso de juegos y mundos virtuales para la enseñanza de lenguas y concluyó que, aunque muchos de los estudios analizados eran exploratorios, mostraban que estos entornos resultan motivadores y que contribuían al desarrollo de competencias comunicativas y adquisición del vocabulario por parte de los alumnos. Además, estos espacios virtuales de interacción también parecen ser beneficiosos para el aprendizaje y el desarrollo de la competencia comunicativa e intercultural (Bryant 2006; Canto *et al* 2014; Thorne 2008), especialmente debido a que los usuarios pueden experimentar e interactuar con una variedad de normas de interacción social a través de juegos de rol en escenarios apropiados (Cooke-Plagwitz 2008; Steinkuehler 2006) con hablantes nativos (Canto *et al.* 2014) y no nativos (Peterson 2010, 2012).

Los MV3D se han usado recientemente como herramienta para facilitar proyectos de telecolaboración. Es decir, los MV3D ofrecen la posibilidad de realizar tareas en el entorno digital dentro de un contexto institucional con estudiantes de otros países con el objeto de desarrollar la competencia comunicativa e intercultural (Canto *et al.* 2014). Proyectos como NIFLAR muestran los resultados positivos de la telecolaboración entre estudiantes universitarios españoles y holandeses que realizaron este tipo de tareas como parte de sus respectivos cursos de lengua y formación (Canto *et al.* 2013; Jauregi y Canto 2012).

En todos estos usos didácticos es importante resaltar la naturaleza realista del entorno que ofrece condiciones de comunicación auténticas, difíciles de recrear en el aula tradicional (Dieterle y Clarke 2008). O'Dowd (2011) señala en este sentido la capacidad de estos mundos de aumentar el nivel de autenticidad en las prácticas y contenidos del aula. Por otro lado, Molka-Danielsen y Deutschmann (2009) resaltan el carácter inmersivo e interactivo de estos mundos virtuales. La presencia de estímulos inherentes al mundo virtual promueve que los participantes se involucren en el entorno donde pueden crear y modificar su mundo en tiempo real.

Tareas para la colaboración en mundos virtuales

Aunque en el campo de la adquisición de segundas lenguas no exista una definición única y aceptada por todos de 'tarea' (Moonen 2008; Moonen *et al.* 2006), sí parece haber consenso sobre los componentes principales que la definen, como son, una orientación al significado, a los objetivos que se han de conseguir y la adquisición de la lengua que debe de promover (Bygate *et al.* 2001; Canto *et al.* 2014). Para conseguir que las tareas estén orientadas al significado en lugar de la forma, no solo deben ofrecer un *input* rico (Krashen 1985) sino que también deben estimular un intercambio de opiniones o información y negociación del significado (Long 1996), que se promueve creando un vacío de información. Además, es importante que los aprendices utilicen todos los recursos (lingüísticos) disponibles para conseguir el objetivo de la tarea. Es imprescindible que las tareas tengan unos objetivos y resultados bien formulados que no sean solo el "uso de la lengua" (Ellis 2012, 198), ya que la lengua debería ser utilizada como medio para conseguir un objetivo y no como una finalidad en sí (Ellis 2003, 2012; Jauregi 2015; Long 2015).

El componente intercultural de la comunicación también debería estar presente en el diseño de las tareas para mundos virtuales (Byram 1997; Möllering y Levy 2012; Thorne 2010), ya que si el proceso de enseñanza-aprendizaje de lenguas extranjeras tiene como objetivo ayudar a los aprendices a comunicarse de forma apropiada con hablantes nativos de la lengua meta, a comprender a los otros y a comprenderse a sí mismos (cfr. Kramsch 1993), es necesario desarrollar una competencia que les ayude a descubrir una nueva cultura, a redescubrir la suya propia y a entender y aceptar diferencias (Byram 1997, 50–54).

Deutschmann y Panichi (2009) nos ofrecen una guía orientativa de aspectos específicos a tener en cuenta al diseñar tareas para estas plataformas virtuales: en los mundos virtuales el contexto visual que rodea la comunicación es relevante; otros interlocutores pueden interferir en la comunicación; los contextos pueden ser adaptados para promover el aprendizaje y las tareas deberían provocar la comunicación oral, esto es, para completar la tarea con éxito se requiere una comunicación oral intensa. Por lo tanto, las tareas deberían generar tanto aprendizaje lingüístico, promoviendo *input* y *output* auténticos (Doughty y Long 2003; Ellis 2003) como aprendizaje intercultural (Byram 1997). Así mismo deberían estar estructuradas de forma que los aprendices se vean estimulados a hablar, a compartir ideas y opiniones en el proceso de colaboración hacia la consecución del objetivo previsto, todo ello teniendo en cuenta las características específicas del mundo virtual de comunicación utilizado para así enriquecer al máximo el contexto de interacción (Deutschmann *et al.* 2009). Así mismo, González-Lloret y Ortega (2014) señalan cinco características esenciales que deben tener las tareas en contextos mediados por tecnologías: (1) enfocarse en el significado, (2) tener un propósito comunicativo orientado a un objetivo, (3) estar centradas en el estudiante, (4) ser auténticas, con una relación al mundo real, (5) ofrecer oportunidades para la reflexión. También se debe prestar especial atención a las necesidades de los aprendices, sus intereses y estilos (Dörnyei y Ushioda 2010; González-Lloret 2014) sin olvidar que, si las condiciones tecnológicas previas no se cumplen, las tareas perderán su potencial pedagógico.

Proyectos de telecolaboración con mundos virtuales

En el marco de diferentes proyectos europeos[7] hemos diseñado, realizado y evaluado diferentes experiencias de telecolaboración, tanto para estudiantes universitarios a través de SL como para alumnos de enseñanza media utilizando *OpenSim*.

Estudiantes universitarios

SL se lleva utilizando desde 2008 en el Departamento de Español de la Universidad de Utrecht como entorno motivador para llevar a cabo telecolaboraciones con hablantes nativos (formación de profesorado de las universidades de Valencia, Gerona y Granada). En cada curso los estudiantes realizan cinco tareas telecolaborativas (véase Tabla 1). En las clases se lleva a cabo la preparación y evaluación de las tareas, y las telecolaboraciones se realizan en parejas o en grupos de tres (un nativo y dos estudiantes de español como lengua extranjera, ELE) fuera de clase.

---

[7] NIFLAR, EUROVERSITY y TILA.

Tareas	Descripción
Tarea 1: *Compartiendo piso*	Los estudiantes: (1) Se encuentran en un apartamento que van a compartir (2) Intercambian información personal y cultural (fotos) y (3) Escogen una opción para salir y la realizan (ir al cine, a un museo o a dar un paseo por la ciudad)
Tarea 2: *De vacaciones*	Los participantes planifican y se van de vacaciones
Sesión 3: *De cine*	Los participantes desempeñan diferentes roles según las indicaciones que reciben a través de un breve guión (fiesta de cumpleaños, en un bar, regalos)
Sesión 4: *Identidad*	Los participantes adaptan las características en los avatares y experimentan las reacciones causadas en otros dependiendo de su apariencia y voz
Sesión 5: *Culturas*	Los estudiantes participan en un concurso televisivo cultural entre los equipos holandés y español

Tabla 1. Tareas realizadas en el curso de ELE, nivel B1 del MCER

Tanto los estudiantes de ELE como los hablantes nativos se muestran muy positivos sobre estas experiencias. Según encuestas realizadas entre los estudiantes de ELE, estos identifican diferentes aspectos beneficiosos de la interacción virtual con nativos: admiten que son más conscientes de contrastes y similitudes culturales (desarrollo de la competencia intercultural), que aprenden a hablar con mayor fluidez, que adquieren nuevo vocabulario y que saben tomar más iniciativa en la interacción. Para los estudiantes nativos que se están especializando en la enseñanza de ELE, esta experiencia les brinda la oportunidad de conocer de primera mano los retos a los que se enfrenta el aprendiz de ELE al intentar comunicarse en una lengua extranjera. Asimismo, desarrollan competencias digitales y pedagógicas, además de conocimientos interculturales (Jauregi *et al.* 2010).

Alumnos de enseñanza media

Para los alumnos de enseñanza media se optó por crear un mundo virtual en *OpenSim*, llamado TILA, un entorno seguro que respeta la privacidad del alumno y que es gestionado por el equipo del proyecto TILA. En este artículo describimos una de las experiencias: el debate cultural.

En este proyecto participaron los alumnos de una escuela de Holanda y otra de Finlandia. Se crearon grupos de seis alumnos (tres holandeses y tres finlandeses). Todos siguieron una tutoría en *OpenSim* antes de empezar las sesiones de interacción. Para el proyecto se desarrollaron cinco tareas de debate que fueron supervisadas por profesores en formación de la Universidad de Utrecht. Estos supervisores presentaban las tareas, ayudaban a los alumnos con las instrucciones, el lenguaje y la tecnología. El primer debate se llevó a cabo desde las escuelas, pero debido a problemas de gestión y técnicos los siguientes debates se organizaron desde casa.

La primera tarea se concibió como una introducción al proyecto. Los alumnos se encuentran en un pueblo virtual para intercambiar información personal. A continuación, comentan en parejas aspectos específicos de su cultura y establecen comparaciones entre ambas (véase figura 2).

Figura 2. Alumnos realizando la tarea 1

La ubicación de la segunda tarea es una iglesia donde los participantes intercambian información y opiniones sobre los rituales religiosos y sociales en sus respectivas culturas.

En la tercera tarea, los participantes se reúnen con el alcalde de Valencia virtual, que quiere construir un aeropuerto y pide consejo a los habitantes. A continuación, los participantes salen juntos a un bar y son testigos de un asesinato (véanse figuras 3 y 4) lo que lleva a la siguiente tarea.

Figura 3. Alumnos realizando la tarea 3

Figura 4. Alumnos realizando la tarea 3

En la cuarta tarea, los participantes se ven involucrados en la investigación policial de ese asesinato y discuten con la policía varios sospechosos. En la última tarea, los alumnos, ahora miembros del jurado en el juicio, escuchan a los testigos, abogados y fiscal y deciden si condenar o absolver al sospechoso (véase figura 5).

Figura 5. Alumnos realizando la tarea 5

Los resultados de la experiencia fueron muy positivos tal y como muestran las encuestas y las entrevistas realizadas a los alumnos. Les gustó la experiencia intercultural y el carácter de juego inmersivo que ofrecen los mundos virtuales en las diferentes ubicaciones. Los finlandeses eran algo más jóvenes y su destreza oral algo inferior a la de los holandeses, lo que les creó cierta ansiedad, como se refleja en los cuestionarios y las entrevistas realizadas. Las tareas que más gustaron a los holandeses fueron las que giraban en torno al asesinato, mientras que las favoritas para los finlandeses fueron las que favorecían el intercambio de información y opinión personal, social y cultural. La tecnología funcionó bien, pero hubo algunos problemas a la hora de planificar los encuentros. Se decidió crear grupos en WhatsApp para gestionar y planificar los encuentros virtuales de forma más eficaz.

Eficacia de los mundos virtuales

Las investigaciones llevadas a cabo dentro de los proyectos NIFLAR y TILA muestran el valor añadido que tienen los mundos virtuales para la enseñanza de lenguas. Los análisis iniciales de interacciones entre estudiantes de español y profesores en formación de universidades españolas son muy alentadores. Jauregi *et al.* (2011) señalaron que las grabaciones de las sesiones telecolaborativas en *SL* mostraban que las tareas habían suscitado entre los participantes una interacción vivaz en las que, además de seguir las pautas marcadas por la tarea, los alumnos intercambiaban información generada por el entorno: cómo editar el aspecto del avatar, cómo activar el micrófono, cómo moverse en *SL* o cómo ponerse unos esquís. Estas interacciones, provocadas por elementos o situaciones típicas del mundo virtual, son características de la comunicación que surge en este tipo de entornos. Efectivamente, gran parte de la conversación que se genera en MV3D es activada por el contexto específico en el que se desarrolla la conversación y es en gran parte impredecible, al igual que ocurre con la comunicación real. Los participantes señalaron en entrevistas que se realizaron después de las sesiones de interacción, que estas situaciones impredecibles, relacionadas con el contexto específico del mundo virtual son las que intensifican el valor añadido del uso de MV3D. Esto contrasta con la previsibilidad y falta de autenticidad de muchas de las interacciones en las aulas. Otras de las ventajas señaladas por los participantes son la flexibilidad que ofrece el uso de un avatar para empezar una conversación (por ejemplo, comentarios sobre su apariencia), los temas adicionales creados por el entorno, el factor de descubrimiento y elementos de imaginación. Además, las tareas telecolaborativas estimularon a los participantes a centrarse en aspectos interculturales produciéndose elementos clave de comunicación intercultural (Byram 1997). Así, los participantes mostraron actitudes abiertas y de curiosidad hacia la cultura del otro, intercambiaron conocimiento sobre la sociedad y vida diaria, interpretaron y relacionaron acontecimientos culturales del mundo virtual y expresaron una conciencia cultural crítica hacia prácticas y acontecimientos culturales de su propia cultura, la de su interlocutor y la del mundo virtual.

En investigaciones posteriores, Canto *et al.* (2013) encontraron indicadores de desarrollo de la competencia comunicativa oral en contextos en los que se habían introducido mundos virtuales para la realización de tareas de telecolaboración con hablantes nativos. Los resultados mostraron que las telecolaboraciones (grupo experimental) eran más efectivas que las técnicas de enseñanza comunicativa en el aula (grupo de control). En este grupo de control, el aumento de la destreza oral fue significativamente menor. El análisis de las interacciones de estos grupos muestra además que el grupo que participó en las telecolaboraciones produjo más interacción (Jauregi 2012) que el grupo de control. Además, se detectó una mayor cantidad de secuencias de negociación en el grupo experimental (Canto *et al.* 2014). Los resultados indican además que este tipo de telecolaboraciones tiene un impacto positivo en las experiencias de aprendizaje de los estudiantes de lenguas, ya que ven que aprenden de ellas. Los aprendices que tuvieron la oportunidad de colaborar con hablantes nativos apuntaron que las sesiones virtuales de colaboración les hicieron más conscientes de los contrastes culturales y similitudes, que les proporcionaron más seguridad a la hora de hablar, y ahora eran capaces de hacerlo con más fluidez y tomando más la iniciativa. Estas mejoras en el aprendizaje no solamente fueron percibidas por los estudiantes de lengua, sino que también fueron señaladas por sus interlocutores nativos cuando se les pidió que compararan la primera y la última sesión de interacción.

Conclusiones

Las experiencias y resultados presentados en este capítulo constituyen un buen punto de partida para promover la práctica de MV3D en la enseñanza de lenguas. Sin embargo, no podemos dejar de tener en cuenta estudios que sugieren que, por desgracia, este tipo de telecolaboraciones es considerado como actividad extracurricular y no como parte integral de los programas de estudio (Warschauer y Ware 2008).

También se ha de tener presente que el uso de MV3Ds puede presentar problemas. Se ha de invertir tiempo en aprender a navegar y comunicarse en el mundo virtual, además de los requisitos tecnológicos específicos que se han de considerar (véase el sitio de *SL* para una lista de requisitos). Como ocurre con muchas nuevas tecnologías, también en los MV3Ds surgen problemas tecnológicos (de sonido, retrasos, etc.) que pueden dificultar las sesiones de interacción. Tampoco hay que olvidar la disposición del estudiante para utilizar nuevas tecnologías. Aunque algunos estudiantes estén muy dispuestos a la innovación, otros pueden sentir cierta ansiedad a la hora de utilizar un MV3D.

A pesar de estas consideraciones, en nuestras investigaciones hemos encontrado indicadores que demuestran que este tipo de práctica supone una contribución positiva para los procesos de aprendizaje de lenguas y pensamos que deberían pasar a formar parte de los programas de lenguas.

Desde los sitios de los proyectos europeos citados en el artículo se pueden descargar gratuitamente guías didácticas, ejemplos de buenas prácticas y baterías de tareas. Además, aquellas instituciones de formación de profesorado y escuelas interesadas en proyectos de telecolaboración podrían pasar a formar parte de la comunidad de TILA y hacer uso del entorno virtual. Por otro lado, existe una nueva asociación *Euroversity Association* (www.euroversityassociation.eu) que tiene por objeto asistir a aquellos interesados en el uso de MV3D con fines educativos. En *SL* hay varias islas en que se organizan actividades para profesores de lenguas extranjeras (EduNation y las asociaciones de EuroCALL y CALICO).

De cara al futuro se observan interesantes avances tecnológicos en el ámbito de la realidad virtual 3D con el desarrollo de las gafas 3D Oculus-Rift, lo cual va a posibilitar una vivencia mucho más inmersiva e intensa en los mundos o juegos virtuales. No será el avatar el que camine, salte, luche, o haga surf, sino que será el usuario el que, inmerso en el MV3D, realice todas esas acciones. Con ello la experiencia será más lúdica, impactante y enriquecedora. Pensamos precisamente que debido a estos avances en un futuro próximo seremos más aquellos investigadores, formadores de profesores y docentes que integren estos MV3D en los sistemas de educación. En nuestra opinión, además, la telecolaboración se convertirá en parte integrante del currículo de lenguas extranjeras y formación de profesorado. Lo virtual parece favorecer un aprendizaje más relevante y significativo de la lengua través de la exploración, la interacción y el juego. La enseñanza enfocada en el aula según directrices marcadas por un manual determinado pertenece al pasado.

Obras citadas

Bygate, Martin, Peter Skehan y Merrill Swain. 2001. *Researching Pedagogic Tasks. Second Language Learning, Teaching and Testing.* Harlow; UK: Pearson.

Bryant, Todd. 2006. "Using World of Warcraft and Other MMORPGs to Foster a Targeted, Social, and Cooperative Approach Toward Language Learning". *Academic Commons*. Disponible en: https://web.archive.org/web/20061013063948/http://www.academicco mmons.org/commons/essay/bryant-MMORPGs-for-SLA

Byram, Michael. 1997. *Teaching and Assessing Intercultural Communicative Competence.* Clevedon, UK. Multilingual Matters.

Canto, Silvia, Rick de Graaff y Kristi Jauregi. 2014. "Collaborative tasks for negotiation of intercultural meaning in virtual worlds and video-web communication." En *Technology and Tasks: Exploring Technology-mediated*

TBLT, editado por Marta González-Lloret y Lourdes Ortega, 183–213. Amsterdam; Philadelphia: John Benjamins.

Canto, Silvia, Kristi Jauregi y Huub van den Bergh, 2013. "Integrating cross-cultural interaction through video-communication and virtual worlds in foreign language teaching programs. Burden or added value?". *ReCALL* 25(1): 105–121.

Cooke-Plagwitz, Jessamine. 2008. "New Directions in CALL: An Objective Introduction to SL." *CALICO Journal* 25(3): 547–557.

Cornille, Frederik, Steven Thorne y Piet Desmet. 2012. "Digital Games for Language Learning: From Hype to Insight?". *ReCALL* 24(3): 243–356.

Deutschmann, Mats y Luisa Panichi. 2009. "Instructional Design, Teacher Practice and Learner Autonomy." En *Learning and teaching in the virtual world of SL*, editado por Judith Molka-Danielsen y Mats Deutschmann. Trondheim: Tapir Academic Press.

Deutschmann, Mats, Luisa Panichi y Judith Molka Danielsen. 2009. "Designing Oral Participation in SL – A Comparative Study of Two Language Proficiency Courses." *ReCALL* 21(2): 206–226.

Dieterle, Edward y Jody Clarke. 2008. "Multi-user Virtual Environments for Teaching and Learning." En *Encyclopedia of Multimedia Technology and Networking,* editado por Margherita Pagani. Hershey; PA: Idea Group, Inc.

Dörnyei, Zoltán Dörnyei y Ema Ushioda, eds. 2010. *Motivation, Language Identity and the L2 Self.* Bristol: Multilingual Matters.

Doughty, Catherine y Michael Long. 2003. "Optimal Psycholinguistic Environments for Distance Foreign Language Learning." *Language Learning & Technology* 7(3): 50–75.

Ellis, Rod. 2003. Task-based language learning and teaching. Oxford, UK: Oxford University Press.

———. 2012. "Investigating the Performance of Tasks." En *Language Teaching Research and Language Pedagogy,* editado por Rod Ellis, 195–235. Malden; MA: John Wiley & Sons Inc.

González-Lloret, Marta. 2014. "The Need for Needs Analysis in Technology-mediated TBLT". En *Technology and Tasks: Exploring Technology-mediated TBLT,* editado por Marta Gonzalez-Lloret y Lourdes Ortega, 23–50. Amsterdam; Philadelphia: John Benjamins.

González-Lloret, Marta y Lourdes Ortega. 2014. "Towards Technology-Mediated TBLT: An Introduction." En *Technology-mediated TBLT: Researching*

Technology and Tasks, editado por Marta González-Lloret y Lourdes Ortega, 1–22. Amsterdam; Philadelphia: John Benjamins.

Jauregi, Kristi. 2012. "Integrating meaningful interactions through virtual tools in foreign language education. Looking at the added value." En *Learning a Language in Virtual Worlds. A Review of Innovation and ICT in Language Teaching Methodology*, 73-80, editado por Slawomir Czepielewski. Warsaw Academy of Computer Science.

———. 2013. Integrating interactions through videocommunication and virtual worlds in language education: is there an added value? Von Eisbergen und Ihren Spitzen. En Spuren eines wissenschaftlichen Werdegangs. Editado por Berk, I. van den & Herrlitz-Biró, L., 85–92. Münster: Waxmann

———. 2015. "Task Development for Telecollaboration Among Youngsters." En *Task Design and CALL*, editado por Jozef Colpaert, Anne Aerts, Margaret Oberhofer y Margartet Gutiérrez-Colón, 312–322. Antwerp: Linguapolis.

Jauregi, Kristi y Silvia Canto. 2012. "Impact of native-nonnative speaker interaction through video communication and Second Life on students' Intercultural Communicative Competence". En *CALL: using, learning, knowing*, editado por Linda Bradley y Sylvie Thouësny, 151–156. Dublin: Research-publishing.net.

Jauregi, Kristi, Rick de Graaff y Silvia Canto. 2012. "Integrating cross-cultural interaction through video-communication and virtual worlds in foreign language teaching programs. Burden or added value?" *EuroCALL Review* 20(1): 1–5.

Jauregi, Kristi, Silvia Canto, Rick de Graaff, Ton Koenraad y Machtel Moonen, 2011. "Verbal Interaction in SL: Towards a Pedagogic Framework for Task Design." *CALL Journal* 24(1): 189–207.

Jauregi, Kristi, Milan Kriz y Huub van den Bergh. 2010. "Integrating networked interaction in foreign language learning and teacher training programs". In New Trends in CALL. Working Together, editado por Ana Gimeno Sanz. 141–147. Gandía, Spain: McMillan, ELT.

Kozlova, Iryna y Dmitri Priven. 2015. "ESL Teacher Training in 3D Virtual Worlds." *Language Learning & Technology* 191: 83–101.

Kramsch, Claire. 1993. *Context and Culture*. Oxford University Press.

Krashen, Stephen. 1985. *The Input Hypothesis: Issues and Implications*. London: Longman.

Long, Michael. 1996. "The Role of the Linguistic Environment in Second Language Acquisition". En *Handbook of Language Acquisition. Vol.2: Second Language Acquisition,* editado por William C. Ritchie y Tej K. Bhatia, 413–468. New York: Academic Press.

———. 2015. *Second Language Acquisition and Task-based Language Teaching.* Chichester: Wiley Blackwell.

Molka-Danielsen, Judith y Mats Deutschmann, eds. 2009. *Learning and Teaching in the Virtual World of SL.* Trondheim; Norway: Tapir Academic Press.

Möllering, Martina y Michael Levy. 2012. "Intercultural Competence in Computer-mediated Communication." En *Researching Online Foreign Language Interaction and Exchange,* editado por Melinda Dooly y Robert O'Dowd, 233–266. Bern: Peter Lang.

Moonen, Machteld. 2008. *"Testing the Multi-feature Hypothesis; Tasks, Mental Actions and Second Language Acquisition.* Utrecht; The Netherlands: Universiteit Utrecht.

Moonen, Machteld, Rick de Graaff y Gerard Westhoff. 2006. "Focused Tasks, Mental Actions and Second Language Learning. Cognitive and Connectionist Accounts of Task Effectiveness." *ITL - International Journal of Applied Linguistics* 152: 35–53.

O'Dowd, Robert. 2011. "Online Foreign Language Interaction: Moving from the Periphery to the Core of Foreign Language Education?" *Language Teaching Journal* 44(3): 368–380.

Peterson, Mark. 2010. "Learner Participation Patterns and Strategy Use in SL: An Exploratory Case Study." *ReCALL* 22(3): 273–292.

———. 2011. "Towards a Research Agenda for the Use of 3D Virtual Worlds in Language Learning." *CALICO Journal* 29(1): 67–80.

———. 2012. Learner interaction in a massively multiplayer online role playing game (MMORPG): A sociocultural discourse analysis. *ReCALL* 24(3): 361–380.

Steinkuehler, Constance. 2006. "Massively Multiplayer Online Videogaming as Participation in a Discourse." *Mind, Culture & Activity* 13(1): 38–52.

Sadler, Randall. 2012. *Virtual Worlds for Language Learning. From Theory to Practice.* Berlin: Peter Lang.

Thorne, Steven L. 2008. "Transcultural Communication in Open Internet Environments and Massively Multiplayer Online Games." En *Mediating*

Discourse Online, editado por Sally Magnan. 305–327. Amsterdam: John Benjamins.

———. 2010. "The "Intercultural Turn" and Language Learning in the Crucible of New Media." En *Telecollaboration 2.0.: Language Literacies and Intercultural Learning in the 21st Century*, edited by Sarah Guth and Francesca Helm, 139-164. Bern: Peter Lang.

Warschauer, Mark y Page Ware. 2008. "Learning, Change, and Power: Competing Discourses of Technology and Literacy." En *Handbook of Research on New Literacies,* editado por Julie Coiro, Michele Knobel, Colin Lankshear y Donald J. Leu, 215–240. New York: Lawrence Erlbaum.

Agradecimientos

Desde estas páginas queremos agradecer la cooperación a todos los compañeros y estudiantes que han participado en los proyectos NIFLAR, EUROVERSITY y TILA.

Las Autoras

Kristi Jauregi es profesora e investigadora de la Universidad de Utrecht, Países Bajos. Su principal área de investigación es la enseñanza de lenguas asistida por ordenador (ELAO), especialmente la telecolaboración a través de aplicaciones sincrónicas. Ha iniciado y coordinado diferentes proyectos de innovación (NIFLAR y TILA) y ha participado en el proyecto Euroversity, todos financiados por la Comisión Europea.

Kristi Jauregi is Associate Professor and researcher at Utrecht University, The Netherlands. Her main area of research is computer-assisted language learning (CALL), particularly telecollaboration through synchronous tools. She has started and coordinated several innovation projects (NIFLAR and TILA) and has participated in the Euroversity project, all financed by the European Commission.

Silvia Canto es profesora de español en la Universidad de Utrecht, Países Bajos. Su investigación se centra en la integración de herramientas de telecolaboración, especialmente video-comunicación y mundos virtuales, en los programas de aprendizaje de lenguas. Ha participado en los proyectos europeos NIFLAR,

Euroversity y TILA, y su trabajo relacionado con los resultados obtenidos en estos proyectos ha sido publicado en diferentes revistas académicas y capítulos de libro.

Silvia Canto is Assistant Professor at Utrecht University, The Netherlands. Her research focuses on telecollaborative tools, specially video-communication and virtual worlds, in language learning programs. She has participated in European projects such as NIFLAR, Euroversity, and TILA, and her work at these projects has been published in several academic journals and book chapters.

Capítulo 7. La complejidad lingüística en la comunicación mediada por computador

Karina Collentine, Northern Arizona University
karina.collentine@nau.edu

Introducción

Una de las metas de la adquisición de segundas lenguas (ASL) es determinar los tipos de actividades que ofrecen oportunidades para que los aprendices interactúen con un discurso que contenga complejidad lingüística ya que Skehan (1996) indica que esta es esencial para la adquisición, más importante incluso que la precisión gramatical (i.e., el número de cláusulas sin errores gramaticales o léxicos) o la fluidez (i.e., la desenvoltura y facilidad de palabra). La complejidad lingüística abarca (1) la complejidad sintáctica, es decir, el número de cláusulas por unidad comunicativa (i.e., una oración, frase, o palabra que tenga un significado detectable; cf. Skehan 1996), y (2) la complejidad léxica (i.e., la combinación de la densidad léxica y la relación clase-tipo). La densidad léxica es la proporción de categorías gramaticales únicas (i.e., sustantivos, verbos, adjetivos, y adverbios) al número total de categorías gramaticales. Un puntaje alto de densidad léxica ocurre cuando se produce una variedad de palabras de contenido. Una tasa alta de relación clase-tipo resulta cuando se produce una variedad de palabras y poca repetición.

Las actividades fundamentadas en los principios del aprendizaje basado en tareas (ABT) conducen al desarrollo de la complejidad, la precisión gramatical, y la fluidez (CPF), según Robinson (2001). En estas actividades se enfatiza el mensaje comunicativo y la conexión con el mundo real. Además, el completar la tarea tiene una prioridad, de forma que la evaluación de la ejecución de la tarea se basa en el resultado que se obtiene de la tarea y no en el uso específico de un vocabulario o estructura gramatical concretos (Skehan 1996). Si deseamos entender qué actividades y características de ABT promueven la CPF, necesitamos entender la relación entre el ABT y la CPF. Para esto hay que examinar la relación entre la tarea y la producción de los aprendices que la realizan. Algunas actividades de ABT comúnmente usadas para explorar la CPF incluyen la descripción de dibujos incompletos, narraciones creadas por los aprendices a base de videos silenciosos o una serie de dibujos y temas de conversación.

La complejidad lingüística y los mundos virtuales

En los últimos años se han diseñado herramientas que permiten explorar esta conexión entre el ABT y la CPF. Entre las nuevas tecnologías que se han empleado se encuentran los mundos virtuales (MVs). Los MVs pueden proporcionar un contexto auténtico y tareas para el uso de la L2 regidos por los principios de ABT. Estos MVs pueden ser ya existentes y adaptados a la ABT (ver Capítulo 6 en este volumen) o diseñados para unos aprendices específicos como parte de su currículo de L2.

En este capítulo se presentan y discuten ejemplos de varios estudios (Collentine 2011, 2013, 2016, en revisión; Collentine y Collentine 2013), cada uno un proyecto independiente con sus propias preguntas de investigación, participantes, análisis, y conclusiones, pero con la misma metodología en todos. Todos están estructurados en dos partes: la exploración de un MV seguida por una parte de producción. En la exploración, los aprendices de español participantes interactuaban con un MV diseñado por la autora siguiendo principios de ABT (véase Figura 1). Este MV consiste en una isla tropical en la que se ha producido un delito. Los aprendices tenían que realizar dos tareas; en la primera los estudiantes exploraban el MV para recoger pistas que les permitieran resolver el caso de una persona desaparecida mientras que la segunda se trataba de resolver el misterio de un asesinato. Cada estudiante participó en las dos tareas, integradas en dos días de clase.

Los estudiantes eran aprendices de español que cursaban tercer año en una universidad de los Estados Unidos (su nivel de competencia lingüística era intermedio bajo). En la clase, los estudiantes exploraron el MV e interactuaron con personajes no-participativos (PNPs) y objetos (ej., cartas, notas) durante 10 minutos con libertad para explorar la isla como personajes participativos (PPs) utilizando las flechas del teclado para moverse. Cuando el participante se acercaba a un PNP a fin de entrevistarlo, aparecían en la pantalla tres preguntas escritas en español (ej. "¿Dónde estaba anoche a las 9:00?"). Al elegir una de ellas, aparecía una respuesta, también escrita en español ("¿Yo? Pues, estaba aquí en casa, descansando"). Al acercarse a un objeto, aparecía en la pantalla información adicional (ej. al acercarse a un diario personal, aparecía una anotación, "Mañana voy al otro lado de la isla con una pala"). El MV se creó usando la herramienta de diseño de juegos virtuales de *Unity* (http://unity3d.com/unity/). Después de 10 minutos, los participantes cerraban el MV y procedían a la parte de producción, fuera del MV.

Figura 1. Ejemplo de una pregunta-respuesta de un PNP en el MV

En la segunda parte, los participantes intercambiaban en parejas información escrita sobre sus hallazgos del caso de la persona desaparecida o del caso del asesinato usando el programa *iChat*, un programa de CMC semejante a los programas para enviar mensajes de texto comunes en los teléfonos inteligentes (ej. *iPhone*). Con *iChat* el aprendiz podía leer todo lo que escribía su compañero de clase: cuando el Participante A terminaba de escribir su respuesta y apretaba la tecla *enter*, el Participante B podía ver lo que había escrito el Participante A, y viceversa. A medida que iban interactuando, *iChat* mantenía una transcripción de todo lo que habían escrito, la cual podían consultar y leer. Después de 25 minutos de interacción en *iChat*, la transcripción se archivaba. La transcripción de cada pareja quedaba registrada para su posterior análisis, el cual se realizó a partir de medidas normalmente asociadas con la CPF como la complejidad sintáctica, la complejidad léxica, la densidad léxica y la precisión gramatical.

Una de las ventajas de las actividades de ABT en MVs es que, con la ayuda de Javascript y PHP (Procesador de Hipertexto), se pueden grabar los movimientos, las acciones, y las selecciones de los aprendices en el MV y se pueden archivar en una base de datos de MySQL. Estos datos se recogen mediante tecnologías de seguimiento del usuario (*user-tracking technologies*), las cuales permiten identificar el segundo exacto en el que un aprendiz comienza un evento (ej. hacer clic para ver la respuesta a una pregunta), cuánto tiempo dura el evento (ej. para leer dicha respuesta), y cuántas veces repite el evento (ej. para ver la respuesta otra vez), dando como resultado una rica base de datos para analizar. La transcripción se puede archivar en un documento para luego recopilarla por participante y analizar su uso de la complejidad lingüística y la precisión gramatical (CPG).

Dada la riqueza del sistema, esta es la metodología que se usó en las investigaciones reportadas en este capítulo. En la siguiente sección se presentan los resultados.

¿Qué sabemos sobre la complejidad lingüística en los MVs?

Los resultados de los pocos estudios que se han realizado sobre la complejidad lingüística en los MVs (Collentine 2011, 2013, 2016, en revisión; Collentine y Collentine 2013) nos permiten entender mejor la relación entre el input provisto en un MV, las acciones que realizan los aprendices para conseguir el input, y su producción.

Autonomía e input

Para que los aprendices produzcan texto con complejidad lingüística, se deben incorporar principios del aprendizaje de lenguas (y en particular los que se refieren a ambientes mediados por tecnologías) que promuevan la autonomía de los participantes al tiempo que proveen un input que contenga ciertas características específicas para este tipo de aprendizaje. El primer resultado revela una relación entre tres factores: la autonomía del participante, el input que recibe y la complejidad lingüística de su producción. Collentine (2011) estudió los efectos de la autonomía en la producción de CPG de 58 aprendices universitarios de tercer curso (nivel intermedio bajo). La autonomía se evaluó en función de las 'decisiones' y las 'acciones independientes' que tomaban los participantes en el MV, ya que el participante podía leer las pistas que proveían los PNPs y los objetos cuantas veces quisiera, así como explorar el MV a su antojo (lo que quedaba grabado en el sistema). El análisis regresivo reveló que estos movimientos autónomos permitían el acceso a más input y que cuanto más acceso al input tenían, más complejidad lingüística producían los participantes.

Se hizo un análisis de los movimientos y la producción de dos de los 58 participantes: DT y JK. Aunque los dos participantes utilizaron completamente el tiempo de la parte exploratoria (10 minutos), DT participó en 114 eventos interactivos mientras que JK solo registró 79, una diferencia significativa estadísticamente. DT exploró cada rincón del MV, 'entrevistó' a todos los personajes y leyó todos los mensajes. La producción de DT se caracterizó por ser principalmente léxica y sintácticamente compleja ya que utilizó la subordinación ("Sí, pienso que *era Tito también.[1] Pero, ¿por qué? ¿*Qué es la relación?") y la construcción de los verbos parecidos a gustar ("...pero nadie le cae bien a Pedro"). Por su parte, JK no se apresuró a explorar el MV con tanto entusiasmo como DT. Pasó más tiempo leyendo solo la información de unos cuantos personajes (ej. invirtió 1.5 minutos (de los 10) leyendo la información de solo uno de los personajes y en otra ocasión utilizó 1.3 minutos leyendo la de otro). En cuanto a los objetos, JK leyó la información de solo 3 de los objetos, con un promedio de 8 veces cada uno. No se aproximó a ningún otro objeto. En su producción, JK utilizó la primera lengua para comunicarse en ocasiones y no mostró complejidad léxica ni sintáctica (ej. "pero quien 'would' querer 'kill' su compañero o amigo?"); además, produjo varios errores (ej. "no, yo no creo. Tito dijo que *él *bailé con Nora *para los 30 minutos"). Es posible que haya diferencias en cuanto al nivel de competencia lingüística de estos dos alumnos; sin embargo, los resultados indican que los aprendices que no buscaban *input* relevante a la tarea estaban menos preparados para compartir sus ideas durante la parte de CMC.

---

[1] Se ha utilizado el asterisco para señalar aquellos ejemplos que son sintácticamente incorrectos.

En conclusión, para que las producciones de los aprendices exhiban complejidad, los diseñadores de aplicaciones de CMC deben proveer oportunidades que promuevan la autonomía a la vez que consideran las características y el acceso al input por parte de los aprendices. Además, los resultados sugieren que los aprendices necesitan una tarea bien delineada para que se estimule la autonomía.

Complejidad y densidad léxica

La complejidad lingüística en el input es una variable importante en el análisis de la complejidad léxica y la densidad léxica de la producción. La perspectiva interaccionista ha sido el marco de referencia que prevalece en muchas de las investigaciones sobre la relación entre el *input* y la producción (cf. Yanguas 2010). Sin embargo, todavía se desconocen los efectos del *input* y de sus características en la CMC. ¿Es posible que la complejidad lingüística del *input* que se recibe en una tarea situada en un MV pueda afectar la producción de complejidad lingüística en CMC? Collentine (2011) sugiere una relación entre la complejidad del *input* recibido en un MV y la complejidad en la producción por parte de los aprendices.

Para explorar el tema más a fondo, Collentine (2013) desarrolló un estudio en el que manipuló las propiedades estructurales del *input* en el MV. Se escribieron dos versiones de cada par de pregunta-respuesta y de cada mensaje: una versión simple y una compleja. La versión compleja era sintáctica y proposicionalmente más compleja ya que usaba subordinación y coordinación—y más información proposicional—para comunicar la información necesaria para resolver la tarea. La versión simple no contenía input que utilizara subordinación o coordinación. Por ejemplo, para la pregunta, "¿Con quién bailaste?" la respuesta simple era "Con Nora. Vive allá. Bailó mucho… Y muy bien" mientras que la compleja era "Pues, yo bailé con Nora. Pienso que Nora vive en la casa de allá; bailó mucho y baila muy bien". El software automáticamente variaba las versiones complejas y las simples al azar. De esa manera, se varió la cantidad de complejidad lingüística que recibieron los 60 estudiantes universitarios de tercero; algunos recibieron *input* con muchos rasgos lingüísticos complejos, algunos con muy pocos, y otros una cantidad intermedia.

Mediante un análisis regresivo, los datos revelaron que no solo importaba la complejidad léxica y sintáctica del *input*, sino que también importaba la cantidad de información proposicional presente en el *input*. Es importante señalar que la complejidad estructural del input no garantizaba que el aprendiz produjera más complejidad (Leow *et al.* 2003; Lightbown 2004). De hecho, cuando el *input* contenía menos complejidad sintáctica, mucha densidad léxica y una tasa baja de relación clase-tipo, los aprendices producían más complejidad sintáctica y más información en su producción. Además, cuando el *input* contenía poca complejidad sintáctica que tenía información acerca de los actores, objetos y acciones en el MV, la producción de la complejidad léxica y del valor informativo aumentaban. Es decir, los participantes produjeron más complejidad sintáctica cuantas más oraciones repletas de información, pero sintácticamente simples leyeron. Este análisis sugiere que la producción se ve afectada por lo que hacen los aprendices con las potencialidades que existen en un MV y las características lingüísticas del *input* a las que están expuestos al usar esas potencialidades. La relación no es tan simple como para decir que la complejidad lingüística en el input causa la complejidad lingüística en la producción; más bien, el *input* necesita contener mucha información para afectar la complejidad lingüística de la producción.

La competencia lingüística y conducta lectoras

Los resultados de los estudios presentados en este capítulo sugieren también que en un MV, el nivel de competencia lectora (i.e., las habilidades de comprender *input* escrito) y las conductas lectoras (i.e., las acciones tomadas por un lector mientras lee *input* escrito) afectan la producción de complejidad y la precisión lingüísticas.

La investigación de ABT suele medir la competencia lingüística mediante un puntaje en el examen TOEFL o en un examen local o regional, o por nivel instruccional, pero hasta ahora no se ha explorado el papel de las habilidades lingüísticas antes de la realización de una tarea y el efecto que pueden tener en su desempeño. Además, sería útil dilucidar el papel de la competencia lingüística desde la perspectiva de una destreza esencial a la tarea. En este caso, las habilidades lectoras son esenciales para la realización de estas tareas en el MV.

El nivel de competencia lingüística es uno de los factores personales poco entendidos (Bei 2010; Bui 2014). La implementación de tareas puede aburrir a los participantes más competentes en la lengua meta y puede afectar negativamente a los que tienen un nivel bajo. Watanabe y Swain (2007) encontraron que el nivel de competencia lingüística no afectaba la cantidad de ayuda que daba un aprendiz a otro durante una interacción, mientras que Storch y Aldosari (2012) notaron que parejas de nivel alto-nivel bajo, donde uno de los aprendices dominaba la interacción, sí producían más que otras agrupaciones. Aparte de estas conclusiones, Collentine (2011, 2013) aporta evidencia de que la competencia lingüística juega un papel importante en la relación entre la autonomía y la producción de complejidad y entre el procesamiento de complejidad del *input* y la producción de complejidad.

Con el propósito de investigar los efectos de la competencia lingüística en la lengua meta en la producción de CPG en CMC durante una tarea basada en un MV, Collentine (2016) diseñó un examen para medir las habilidades previas de comprensión lectora antes de que los estudiantes interactuaran en el MV. Un total de 50 aprendices de tercer año completaron el examen de comprensión lectora de dos textos auténticos: uno sobre los efectos de los rayos del sol en el amor, y otro sobre las cacatúas que abren cerraduras para obtener una recompensa. Las preguntas de comprensión eran de tipo opción múltiple sobre el tema principal y los detalles de los textos.[2]

Posteriormente, los aprendices exploraron el MV para resolver las tareas (el misterio de la persona desaparecida y el asesinato) y compartieron sus hallazgos usando la CMC. Las transcripciones de la CMC se analizaron para investigar la complejidad lingüística de la producción. Además de utilizar los puntajes del examen de comprensión lectora, Collentine (2016) midió las conductas lectoras de

---

[2] Se hizo un análisis unidimensional de cada una de las preguntas (unidimensional item response theory) para así poder eliminar cualquier pregunta que no discriminara entre niveles de comprensión lectora. Además, la fórmula de Spearman-Brown Prophecy reveló que el examen de comprensión lectora tenía consistencia interna. Para asegurarse de que las respuestas escogidas eran las correctas, tres hablantes nativos de español hicieron el examen, y sus respuestas cuadraron perfectamente con las de la investigadora.

los participantes durante la fase de exploración (ej. la cantidad de tiempo invertida en la lectura de cada pregunta-respuesta o mensaje en el MV, el número de palabras leídas, el número de veces que leyeron la información de una pregunta-respuesta o mensaje por primera vez y el número de veces que volvieron a leerla) y las características lingüísticas del *input* (ej. número de palabras, densidad léxica, complejidad sintáctica).

Los análisis regresivos muestran que la producción de CPG en la CMC puede explicarse teniendo en cuenta no solamente las conductas lectoras durante la exploración del MV, sino también las habilidades de comprensión lectora previas. Los participantes que mostraron mayores habilidades previas y que rápidamente leyeron muchas pistas en el MV produjeron normalmente más complejidad lingüística y pocos errores en la CMC. Dichos participantes tenían que lograr un conocimiento general del MV (donde tal vez repercutieron las habilidades previas) al igual que establecer relaciones jerárquicas entre las pistas y las coartadas de varios personajes (donde quizá las conductas lectoras tuvieron algún efecto), destrezas importantes para completar la tarea (Carrell y Grabe 2010).

La producción de errores

Una de las metas del ABT es identificar las tareas que promuevan CPF, sobre todo las que promuevan la complejidad, ya que Skehan (1996) plantea que la complejidad lingüística es más importante para promover la adquisición en general que la precisión gramatical o la fluidez. Sin embargo, Pallotti (2009) recomienda que se compare la producción a los objetivos comunicativos de la tarea en vez de enfocarse en la CPF. Es decir, si el aprendiz logró resolver el caso de una persona desaparecida (el objetivo comunicativo), entonces el aprendiz completó dicha tarea. Long (2015) y Pallotti (2009) admiten que no se entiende del todo el papel que juega la culminación de tareas en el aprendizaje. El completar una tarea automáticamente implica que el aprendiz ha mostrado un "resultado de comportamiento medible" (Long 2015, 332). Pallotti (2009) postula que el enfocarse en cumplir los objetivos comunicativos tiene un efecto diferencial en la CPF. Por ejemplo, al aumentar la complejidad en una tarea, la precisión y la fluidez disminuyen. No obstante, como en cualquier producción de aprendices, habrá usos incorrectos e inapropiados del lenguaje. En una de las pocas investigaciones sobre los efectos de la culminación de una tarea en CPF, Kuiken *et al.* (2010) no encontraron una relación lineal entre esta y la CPG cuando los aprendices se enfocaban en cumplir un objetivo comunicativo en una tarea por CMC. ¿Existe esta relación no-lineal cuando la tarea se contextualiza en un MV? Collentine (en revisión) analizó la relación entre el cumplimiento de los objetivos comunicativos y la complejidad lingüística y la precisión gramatical (CP) en la producción de un total de 66 aprendices universitarios de español de tercer curso (nivel intermedio bajo). Como anteriormente se explicó, los aprendices participantes exploraron un MV y luego compartieron sus ideas en parejas en *iChat*. A cada transcripción de *iChat* se le asignó el siguiente puntaje:

> 0 = No completaron la tarea: discutieron varias posibilidades, pero nunca se pusieron de acuerdo en cuanto a una solución.

> 1 = Completaron la tarea, pero escogieron la respuesta equivocada (ej. la pareja identificó a Víctor como el responsable cuando en realidad fue Tito).

> 2 = Completaron la tarea y llegaron a la solución correcta.

Los análisis regresivos confirmaron la hipótesis de Pallotti (2009). Los aprendices que cumplieron con los objetivos comunicativos produjeron numerosas cláusulas por unidad comunicativa (i.e. complejidad lingüística) pero también muchos errores. En cambio, los que no completaron la tarea produjeron pocas cláusulas por unidad comunicativa pero pocos errores. Parece ser el caso que, cuando los aprendices se centraron en la comunicación en la L2 (en vez de en la forma), produjeron numerosas proposiciones. Sin embargo, esa producción carecía de precisión gramatical. Por ejemplo, KAB y NNM, dos aprendices participantes que cumplieron el objetivo comunicativo, intercambiaron ideas (ej. mediante el uso de muchas cláusulas), pero al mismo tiempo cometieron muchos errores (ej., "*Hablo con Doña Ana y ella dice que hay *'treasure' en esa isla, creo. Es posible que Angela *fue a buscar el *'treasure' *por que la gente ha robado *ella de *todos *su posesiones y su dinero"), hasta llegar a completar la tarea. En este turno, el cual representa fielmente el tipo de interacción que se produjo, KAB generó unas 8 unidades comunicativas y 7 errores.

Convergencia

Hay evidencia de que los aprendices convergen en la producción de complejidad lingüística durante la CMC, independientemente de las potencialidades del MV. El alineamiento estructural es un estado mental que ocurre cuando dos interlocutores forman representaciones mentales parecidas de estructuras sintácticas o morfosintácticas. La perspectiva teórica de alineamiento estructural plantea que la adquisición se facilita cuando la producción de dos aprendices converge (Pickering y Garrod 2004). La convergencia es el comportamiento observable del alineamiento estructural y ocurre cuando los aprendices se motivan el uno al otro para producir la misma estructura sintáctica o morfosintáctica o una parecida (Pickering y Garrod 2004). Es una estrategia importante para la adquisición, especialmente para los aprendices de niveles de competencia lingüística bajos, porque al converger, el aprendiz puede activar las mismas estructuras para procesar el *input* del interlocutor que para la producción de sus propios enunciados. En cambio, los que tienen competencia lingüística muy alta (ej. los hablantes nativos) han automatizado el procesamiento de una gran variedad de estructuras lingüísticas y por lo tanto suelen converger con menos frecuencia.

Collentine y Collentine (2013) estudiaron los efectos de la convergencia sintáctica de cláusulas nominales de 53 aprendices universitarios de tercer año y de hablantes nativos en las mismas dos tareas en el MV. La comparación de los dos grupos se enfocó en si los aprendices convergen durante la realización de la tarea y si tal convergencia es más común entre los aprendices que entre los hablantes nativos. Los resultados de un análisis de ANOVA mostraron que los aprendices sí utilizan la convergencia sintáctica mientras que los hablantes nativos no. Además, hubo convergencia por parte de los aprendices en el uso de estructuras discursivas utilizadas para conectar evidencia a conclusiones. Los resultados de esta investigación sugieren que los aprendices alinean algunos de los aspectos lingüísticos de sus interacciones y que, según Branigan *et al.* (2010), esto puede ser una estrategia de aprendizaje. Además, las tareas contextualizadas en un MV proveen oportunidades para que los aprendices de una segunda lengua produzcan una sintaxis compleja y desarrollen el uso de estrategias discursivas.

Conclusión y orientaciones al futuro

Como apuntan las investigaciones presentadas en este capítulo, la relación que existe entre las decisiones y las acciones que toman los aprendices durante una tarea contextualizada en un MV es sin duda compleja. El *input* que reciben por haber realizado ciertos movimientos autónomos está relacionado con la producción de CPG generada en la CMC. Los movimientos autónomos resultan en más acceso a más *input* y, por lo tanto, los aprendices que usan más movimientos autónomos producen más complejidad lingüística (aunque existen diferencias individuales). Cuando el *input* contiene más información, los aprendices producen más variedad léxica; cuando la complejidad sintáctica del *input* es baja y hay información relevante a la tarea, la producción tiene más complejidad léxica y el valor informativo de la producción aumenta. Al investigar los efectos de la competencia lingüística lectora en la producción de CPG, los resultados indicaron que los aprendices con mayor comprensión lectora y con habilidades para leer rápidamente mucha información en el MV produjeron un texto con más precisión gramatical. Cuando se evaluó la relación entre la culminación de una tarea y la producción, los aprendices que completaron la tarea (i.e., que encuentran una solución a la tarea) tendieron a producir mucha información a costa de producir errores. El último resultado reveló que los aprendices convergen en cuanto al uso de la sintaxis compleja y de frases discursivas.

¿Cómo se deben diseñar, según esta información, tareas situadas en un MV en las que se use la CMC para completarlas? Empezando por el MV, dicho contexto debe ofrecer muchas opciones que enfaticen la exploración. Además, se le debe dar atención al *input* que los aprendices recibirán; *input* con mucha información relevante a la tarea que contenga poca complejidad sintáctica pero mucha densidad léxica son factores importantes a considerar. Asimismo, hay que tener en cuenta las destrezas que tienen los aprendices antes de empezar la tarea. Deben tener buena comprensión lectora y disposición para leer mucho. El profesor que quiera integrar este tipo de actividad en su clase puede enfatizar la importancia de explorar el MV y de leer cada pista cuidadosamente. La culminación de la tarea es un factor importante que contribuye a la producción de CPG. El profesor quizás no deba esperar precisión gramatical, aunque sí puede anticipar la presencia de cierta complejidad sintáctica cuando los aprendices completan la tarea. Seguramente observará que los aprendices suelen converger en su uso de la sintaxis compleja y de algunas frases discursivas, lo cual parece ser una estrategia de aprendizaje útil.

¿Qué queda por investigar? Las investigaciones presentadas en este capítulo son solo un comienzo en la investigación de la complejidad lingüística en los MVs. Futuras investigaciones podrían explorar los efectos de las potencialidades de otros MVs ya que lo reportado aquí examina lo que hacen los aprendices en un solo MV de una isla con PNPs y objetos con información escrita. Los avances tecnológicos actuales facilitan la integración de audio y video en el diseño de un MV y es posible que el *input* oral afecte de manera distinta la producción. De la misma forma, se podrían diseñar tareas diferentes, es decir, tareas que no involucren el caso de una desaparición y de un asesinato. Otro factor a considerar debe ser el nivel de lengua de los aprendices. Esta investigación se limitó a estudiar a los aprendices universitarios de español como lengua extranjera de tercer curso. Otros podrían explorar lo que hacen los estudiantes de otros niveles y edades. Es posible también que la competencia lingüística general (usando algún examen de competencia lingüística comúnmente aceptado, ej. de ACTFL) produzca perspectivas diferentes sobre los beneficios o limitaciones de las tareas situadas en un MV. En cuanto a los factores que se consideraron en la producción, se usaron medidas asociadas con ABT, a decir, CPG. Sin embargo, esta investigación no tomó en cuenta la fluidez. Tal vez a otros investigadores les interese medirla tomando en cuenta la velocidad y la vacilación que usan los aprendices para expresar sus ideas. Las tecnologías de seguimiento de pantalla (*screen tracking technologies*) podrían mostrar cuánto discurso con interrupciones (i.e., con cortes) producen los aprendices. En general, los MVs son una plataforma con una multitud de aspectos por investigar en cuanto a la adquisición de lenguas y más en concreto en cuanto a la complejidad lingüística, y sin duda esta investigación evolucionará siguiendo la rápida evolución de esta tecnología y el tipo de comunicación que puede mediar.

Obras citadas

Bei, Xiaoyue. 2010. "Exploring Task-Internal and Task-External Readiness: The Effects of Topic Familiarity and Strategic Planning on Topic-Based Task Performance at Different Proficiency Levels." Tesis doctoral no publicada, The Chinese University of Hong Kong.

Branigan, Holly, Martin Pickering, Jamie Pearson y Janet McLean. 2010. "Linguistic alignment between people and computers." *Journal of Pragmatics* 42(9), 2355–2368.

Bui, Gavin. 2014. "Theoretical Framework and Empirical Evidence from Topic Familiarity, Strategic Planning, and Proficiency Levels." En *Processing Perspectives on Task Performance*, editado por Peter Skehan, 63–94. Amsterdam: John Benjamins.

Carrell, Patricia y William Grabe. 2010. "Reading." En *Introduction to Applied Linguistics*, editado por N. Schmitt, 215–31. New York: Routledge.

Collentine, Karina. 2011. "Learner Autonomy in a Task-Based 3D World and Production." *Language Learning & Technology* 15(3): 50–67.

———. 2013. "Using Tracking Technologies to Study the Effects of Linguistic Complexity in CALL Input and SCMC Output." *CALICO Journal: A Festschrift in Honor of Robert Fischer* 30: 46–65.

———. 2016. "The Effect of Reading on Second-Language Learners' Production in Tasks." *Hispania* 99(1): 51–65.

———. En revisión. "Task Completion and its Effects on Linguistic Complexity/Accuracy in a 3D World."

Collentine, Joseph y Karina Collentine. 2013. "A corpus approach to studying structural convergence in task-based Spanish L2 interactions." En *Second Language Interaction in Diverse Educational Contexts*, editado por A. Mackey y K. McDonough, 167–187. New York: John Benjamins.

Kuiken, Folkert, Ineke Vedder y Roger Gilabert. 2010. "Communicative adequacy and linguistic complexity in L2 writing." En *Communicative proficiency and linguistic development: Intersections between SLA and language testing research*, editado por I. Bartning M. Martin y I. Vedder, 81–100. Eurosla, Roma: Eurosla Monographs 1.

Leow, Ronald, Takako Egi, Ana María Nuevo y Tsai Ya-Ya-Chin. 2003. "The roles of textual enhancement and type of linguistic item in adult L2 learners' comprehension and intake." *Applied Language Learning* 13(2): 93–108.

Lightbown, Patsy. 2004. "Commentary: What to Teach? How to Teach?" En *Processing Instruction: Theory, Research, and Commentary*, editado por B. VanPatten, 65–78. Mahwah, NJ: Lawrence Erlbaum.

Long, Michael. 1989. "Task, group, and task-group interactions." *University of Hawaii Working Papers in ESL* 8: 1–26.

―――――. 2015. *Second Language Acquisition and Task-based Language Teaching*. West Sussex, United Kingdom: Wiley & Sons.

Pallotti, Gabrielle. 2009. "CAF: Defining, refining, and differentiating constructs." *Applied Linguistics* 30(4): 590-601.

Pickering, Martin y Simon Garrod. 2004. "Toward a mechanistic psychology of dialogue." *Behavioral and Brain Sciences* 27(2): 169-225.

Robinson, Peter. 2001. "Task complexity, task difficulty, and task production: Exploring interactions in a componential framework." *Applied Linguistics* 22(1): 27-57.

Skehan, Peter. 1996. "A framework for the implementation of task-based instruction." *Applied Linguistics* 17(1): 38-62.

Storch, Naomi y Ali Aldosari. 2012. "Pairing Learners in Pair Work Activity." *Language Teaching Research* 7(1): 31-48.

Watanabe, Yuko y Merrill Swain. 2007. "Effects of Proficiency Differences and Patterns of Pair Interaction on Second Language Learning: Collaborative Dialogue between Adult ESL Learners." *Language Teaching Research* 11(2): 121-42.

Yanguas, Iñigo. 2010. "Oral computer-mediated interaction between L2 learners: It's About Time!" *Language Learning & Technology* 14(3): 72-93.

Agradecimientos

Quisiera agradecerle a Jersus Colmenares su ayuda con la primera versión del manuscrito. Además, quisiera agradecerles a Adriana, a Alisa y a Joe el amor y la paciencia que siempre me han dado.

La Autora

Karina Collentine es profesora titular de lingüística aplicada española y coordinadora del programa de pedagogía de lenguas de la Universidad de Northern Arizona, USA. Sus intereses incluyen el Aprendizaje Basado en Tareas y la tecnología, la comunicación mediada por computador (CMC), y la lingüística aplicada. Recientemente ha publicado sobre las tareas contextualizadas en los mundos virtuales y sobre la producción de complejidad lingüística y precisión gramatical que producen los aprendices del español como segunda lengua en dichas tareas.

Karina Collentine is Associate Professor of Spanish applied linguistics and coordinator of the Language Pedagogy program at Northern Arizona University, USA. Her current research interests include TBLT and technology, computer-mediated communication, and applied linguistics. Her recent publications examine tasks set in virtual worlds and the production of linguistic complexity and accuracy that learners generate in these tasks.

Capítulo 8. Episodios relacionados con la lengua según el tipo de interlocutor en la comunicación mediada por computadores

Mª Camino Bueno-Alastuey, Universidad Pública de Navarra

camino.bueno@unavarra.es

Introducción

Obtener una competencia comunicativa aceptable es el objetivo último que persiguen una gran mayoría de los aprendices de cualquier lengua extranjera. Para lograrla, la retroalimentación durante las interacciones se ha postulado como fundamental puesto que obliga a los aprendices a prestar atención a los desajustes en su propia producción (Schmidt 1990), y puede provocar modificación del *output* (Swain 1995). Estas modificaciones parecen contribuir notablemente a la adquisición de segundas lenguas (Loewen 2005). Desafortunadamente, en muchos de los contextos en los que se aprende un idioma como lengua extranjera, las posibilidades de interacción se ven limitadas a las de la clase presencial (Neri *et al.* 2008). Esto provoca que, en general, el tiempo dedicado a la práctica individual sea muy limitado (Cheon 2003).

La comunicación mediada por computador (CMC) oral y síncrona (OS) se ha utilizado para proporcionar a los aprendices oportunidades para mejorar su competencia comunicativa debido a su similitud con la interacción cara a cara, ya que los alumnos pueden practicar de manera auténtica las destrezas orales que necesitarán en el mundo real (Bueno-Alastuey 2010, 2011; Yanguas 2010). Además, con la utilización de CMC-OS se puede incrementar el tiempo de práctica oral individual dentro y fuera de clase (Bueno-Alastuey 2011).

A pesar de su potencial y su efectividad para el desarrollo oral, tradicionalmente la investigación sobre CMC se ha concentrado en la modalidad escrita tanto para el desarrollo de la competencia intercultural (Vinagre 2016) como para el desarrollo lingüístico (ej. Sauro 2009; Vinagre y Muñoz 2011). En los últimos años, y debido a las posibilidades ofrecidas por los avances en tecnología, se ha comenzado a estudiar la modalidad oral, aunque el foco ha estado en el desarrollo de la competencia intercultural (Chun 2015; Hauck 2010) y muy pocos trabajos han analizado la parte lingüística de las interacciones orales usando CMC-OS (Monteiro 2014; Saito y Akiyama 2016).

La interacción en la adquisición de segundas lenguas

La interacción se ha analizado por las posibilidades que ofrece, a través de la retroalimentación, de hacer el *input* comprensible, de dirigir la atención de los aprendices hacia la forma, y de facilitar la producción de modificaciones en el *output*, las cuales, a su vez, promueven la fluidez y el procesamiento sintáctico y no solo semántico (Swain 1995). A través de la interacción, los aprendices negocian el significado de las expresiones para hacer el *input* y el *output* comprensible (Long 1996). Estas negociaciones centradas en elementos lingüísticos erróneos hacen que los aprendices dirijan su atención hacia la forma, forzándoles a reflexionar sobre sus lagunas en el conocimiento de la lengua.

Este proceso de dirigir la atención a las formas erróneas parece ser el primer paso en el desarrollo de la interlengua (Schmidt 1990), y estos ajustes interaccionales parecen provocar *output* modificado (Swain 1995) cuando los aprendices negocian el significado de las expresiones después de una ruptura en la comunicación (RC) o responden a la retroalimentación negativa (RN) suministrada por otros aprendices. El *output* modificado, a su vez, también ayuda a desarrollar la interlengua al ofrecer a los aprendices oportunidades no solo de dirigir su atención a la forma sino también de comprobar hipótesis. Además, se ha constatado que es el mejor pronosticador del número de respuestas correctas en tests tanto inmediatos como retrasados (Loewen 2005).

Tanto la negociación, es decir, los ajustes realizados por los interlocutores para reparar o evitar las RC (Kenning 2010), como los movimientos de reparación o RN, ajustes en reacción a formas erróneas, pero sin signos de malentendidos o incomprensión, provocan que la atención se dirija a la forma al cambiar el foco de la conversación del significado a la forma mientras los aprendices tratan de reparar sus expresiones (Long y Robinson 1998). Estas partes de la interacción en las que los aprendices enfocan su atención hacia la forma, hablan sobre el lenguaje, o implícita o explícitamente cuestionan su producción, se han denominado Episodios Relacionados con la Lengua (ERL) (*Language Related Episodes*, Swain y Lapkin 1995). Un ERL[1] comienza con un elemento lingüístico problemático, denominado el detonante, que puede ser:

(i) general, cuando no se puede identificar el elemento que ha causado la RC;
(ii) léxico, cuando el error se da en algún elemento léxico;
(iii) morfosintáctico, cuando el elemento corresponde a la morfología o la sintaxis;
(iv) y fonético, cuando el error es de pronunciación.

La reacción a este elemento por parte de uno o más de los hablantes indica que, o bien hay un problema comunicativo (RC) o bien se ha identificado una parte de la expresión como problemática (se produce RN) y se dirige la atención hacia esa parte. Finalmente, el episodio termina con una respuesta que puede incluir *output* modificado o no, dependiendo de si el hablante produce una forma más apropiada o no lo hace (Shekary y Tahririan 2006).

Elemento	Tipo	Ejemplo (datos originales)	Traducción
Detonantes	General	S1: And people/ræn/a lot/ɔə/?" S2: What?	S1: Y la gente corrió un montón o? S2: Qué?
	Léxico	S1: The third salid S2: The third exit S1: exit	S1: La tercera *salid* S2: La tercera salida S1: salida
	Morfosintáctico	S1: If you want playing in the first division S2: If you want to play S1: Yes	S1: Si quieres jugando en la primera división S2: Si quieres jugar S1: Sí

---

[1] Solo los ERL de tipo reactivo (Shekary y Tahririan 2006) se han tomado en cuenta para el análisis.

	Fonético	S1: /mɔːrfeʊs/ S2: I don't know S1: It was a God S2: Oh!./mɔː fɪəs/! S1: Yes./mɔː fɪəs/	S1: /mɔːrfeʊs/ S2: No sé S1: Era un Dios S2: Oh!./mɔː fɪəs/! S1: Sí./mɔː fɪəs/
Output modificado	Negociación	S1: I am just one in my house S2: Do you mean you live alone? S1: No, I am just one children S2: Don't you have any brothers or sisters? S1: Yes, I have no brothers or sisters	S1: Solo soy uno en mi casa S2: Quieres decir que vives solo? S1: No, soy solo un niños S2: No tienes hermanos o hermanas? S1: Sí, no tengo hermanos o hermanas
	RN	S1: When I have 18 years old S2: In english, you say when I am 18 years old	S1: Cuando posea 18 años S2: En inglés se dice cuando tenga 18 años
Output modificado	Reformulación	S1: I have two page S2: Two pages?	S1: Tengo dos página S2: Dos páginas?
	Corrección explicita	S1: People is very angry S2: People are very angry	S1: La gente está^{sing} *muy enfadada S2: La gente está^{plur} muy enfadada
	Elicitación	S1: I like staying with my friends S2: staying? with your friends? S1: meeting my friends? S2: yes, meeting my friends is better	S1: Me gusta quedarme con mis amigos S2: quedarme? con tus amigos? S1: quedar con mis amigos? S2: Sí, quedar con mis amigos es mejor

Tabla 1. Ejemplos de los elementos analizados[2]

---

[2] Definiciones de los elementos en Bueno-Alastuey (2013)

Los ERL y la comunicación oral síncrona mediada por computador

Los ERL se han estudiado en contextos CMC-OS, pero los resultados no han sido concluyentes. Algunas investigaciones han señalado que los detonantes léxicos parecen ser los que más RC y RI producen (Yanguas 2010), mientras otras han descubierto que los ERL fonéticos provocan mayor cantidad de RC y RN que los ERL léxicos y morfosintácticos en interacciones de audio tanto entre hablantes nativos y no nativos (Bueno-Alastuey 2010; Jepson 2005) como entre no nativos usando solo audio (Bueno-Alastuey 2010; Fernández-García y Martínez-Arbelaiz 2003), o audio y video en videoconferencia (Zhao y Angelova 2010). Dada la disparidad en los resultados, el tipo de detonante que provoca más ERL en la CMC-OS merece seguir siendo objeto de estudio.

Los estudios sobre las reacciones a los ERL han mostrado que tanto las negociaciones después de RC (aclaraciones, preguntas, etc.) como las RN (reformulaciones, corrección explícita y elicitación) contribuyen al reconocimiento de las formas erróneas y a producir *output* modificado (Lai y Zhao 2006). Algunos trabajos han mostrado que la distribución de RC y RN está equilibrada en CMC-OS (Kenning 2010), pero otros apuntan a que hay más RC que RN (Bueno-Alastuey 2013). Respecto al tipo de detonantes, se ha señalado que los léxicos y fonéticos provocan más RC y los morfosintácticos más RN con cualquier tipo de interlocutor (nativo y no nativo con la misma lengua materna (L1) o con diferente L1), y que los ERL se resuelven satisfactoriamente más veces si el detonante es morfosintáctico (Bueno-Alastuey 2013).

El tipo de RN también ha sido objeto de estudio, aunque las reformulaciones han sido el tipo más estudiado. Según Ellis y Sheen (2006, 597) "no hay evidencias claras de que las reformulaciones funcionan mejor para la adquisición que otros aspectos de la interacción como los modelos, indicaciones o estrategias de corrección explicita. En realidad, hay evidencias que señalan que los dos últimos son más efectivos que las reformulaciones" (Traducción propia). Esta evidencia apunta a que tanto las elicitaciones como las correcciones explícitas resultan en más *output* modificado (Yang y Lyster 2010) y son más efectivas en post-tests retrasados (Dabaghi 2008). En contextos de CMC-OS el tipo de retroalimentación más usual parece ser la corrección explícita (Bueno-Alastuey 2013), aunque son necesarios más estudios que confirmen esta tendencia.

Finalmente, el *output* modificado aparece como predictor significativo del desarrollo de la L2 (Loewen y Philp 2006), y parece que depende del tipo de detonante, de la reacción, de la percepción del aprendiz, y del marco interaccional. La mayor cantidad de *output* modificado se ha observado después de los detonantes fonéticos y las reacciones relacionadas con ellos (Bitchener 2004; Bueno-Alastuey 2010), seguidas de las provocadas por detonantes léxicos y las reacciones relacionadas con ellos y por último las de los detonantes morfosintácticos (Lyster 2001). El medio también afecta a las modificaciones puesto que se ha observado más *output* modificado en CMC-OS que en la comunicación escrita síncrona mediada por computador (CMC-ES) (Jepson 2005). A pesar de todos los beneficios que ofrece el uso de CMC-OS, la interacción se ha explorado muy poco en este medio, especialmente con relación a la retroalimentación.

La interacción negociada y el tipo de interlocutor

Estudios previos que comparan la interacción entre interlocutores no nativos (non-native speakers, NNS) con las interacciones entre NNS y nativos (native speakers, NS) han revelado que en el primer tipo de emparejamiento se produce más negociación del significado después de RC (Pica *et al.* 1996), aunque parece depender de la L1 de los interlocutores, y mayor cantidad tanto de *input* comprensible (Varonis y Gass 1985) como de oportunidades de producir *output* modificado (Mackey *et al.* 2003). Igualmente se ha señalado que en este tipo de parejas existe mayor (Bueno-Alastuey 2013), o igual cantidad (Mackey *et al.* 2003) de *output* modificado, modificaciones de tipo fonético (Sicola 2009), menos formas lingüísticamente correctas pero en la dirección adecuada (Jenkins 2000) y menor nivel de ansiedad (Satar y Özdener 2008).

Varonis y Gass (1985) explicaron que la cantidad de negociación y de RC dependía de las diferencias existentes entre las L1 de los participantes NNS y que a mayor diferencia más RC y, por tanto, más oportunidades de negociación. Por tanto, los interlocutores con la misma L1 (NNS = L1) suministrarán la menor cantidad de movimientos de negociación. Esto lo confirmó Bueno-Alastuey (2010) al comparar el efecto de diferentes tipos de interlocutores en la pronunciación y corroboró que había más cantidad de RC debida a desviaciones fonéticas, y, por tanto, más reconocimiento de las formas erróneas, y también de *output* modificado en parejas de NNS con diferente L1 (NNS ≠ L1) que en parejas, tanto de NNS y NS, como de la misma L1 (NNS = L1). En un estudio posterior (Bueno-Alastuey 2013), la autora también notó que este tipo de interlocutores (NNS = L1) eran los que menos ERL y *output* modificado producían, mientras los NNS ≠ L1 seguían siendo los que más cantidad de ERL léxicos, fonéticos y morfosintácticos tenían, y además se observaron significativamente más ERL léxicos y morfosintácticos que en las parejas NNS-NS o NNS-NNS = L1. Además, los NNS ≠ L1, fueron el emparejamiento con una mayor cantidad de *output* modificado.

Dada la escasez de trabajos sobre ERL en CMC-OS que demuestra esta revisión del campo, este estudio trata de refrendar los resultados de una investigación previa (Bueno-Alastuey 2010, 2013) utilizando datos recogidos anteriormente que no se analizaron.

El estudio

Hipótesis

Puesto que este estudio trata de corroborar resultados anteriores, basándonos en ellos, se parte de las siguientes hipótesis:

En un contexto de CMC-OS con participantes de una variedad de L1s
(H1) Habrá más cantidad de ERL provocados por detonantes fonéticos que léxicos y morfosintácticos;
(H2) Habrá más cantidad de ERL y más cantidad de cada tipo de ERL (léxico, morfosintáctico y fonético) en las parejas NNS-NNS ≠ L1 que en los otros dos tipos de emparejamiento (NNS-NS y NNS-NNS = L1);
(H3) Habrá más RC que RN en todos los tipos de emparejamiento, y más RC y RN en los emparejamientos NNS-NNS ≠ L1;
(H4) Los detonantes morfosintácticos provocaran más RN, y los léxicos y fonéticos más RC;
(H5) La corrección explícita será la RN más común y la elicitación la menos común en todos los emparejamientos;
(H6) La cantidad de episodios de output modificado en ERL fonéticos y morfosintácticos, pero no léxicos, será mayor en NNS-NNS ≠L1.

Participantes

Los participantes en este estudio fueron 42 parejas: 14 parejas de NNS = L1 (L1 español), 14 parejas de NNS ≠ L1 (español- turco) y 14 parejas de NNS – NS (español-inglés).

Los aprendices españoles eran estudiantes de Inglés como Lengua Extranjera (ILE) con niveles de competencia comunicativa diferentes desde intermedio bajo (A2) a avanzado (C1) en la escala del CEFR. Los estudiantes turcos eran futuros profesores de inglés con nivel de competencia comunicativa avanzado y los estudiantes estadounidenses estudiaban Español como Lengua Extranjera (ELE). Todos los participantes eran estudiantes universitarios de entre 20 y 24 años de edad.

Procedimiento

Las parejas realizaron tres tareas de intercambio de información en inglés usando Skype y grabaron las conversaciones con el programa *PrettyMay Call Recorder for Skype*. Las tareas se llevaron a cabo en la cuarta, la décima y la décimo tercera semana del curso. Los datos que se analizan aquí corresponden a la primera tarea, mientras que en los anteriores estudios (Bueno-Alastuey 2010, 2013) solo se usaron los datos de la segunda tarea. Se dio a todos los alumnos las mismas instrucciones en inglés, sin indicación alguna de que ofrecieran retroalimentación. Los alumnos estaban familiarizados con el uso de ambos programas puesto que todas las actividades orales del curso se realizaron de esta manera.

Los aprendices conectaron con sus parejas durante el tiempo de clase, completaron la tarea y guardaron la conversación en un servidor de la universidad. Como el intercambio más corto en los estudios anteriores (correspondiente a la segunda tarea) fue de 12 minutos, solo los 12 primeros minutos de los nuevos audios (correspondientes a la primera tarea) se analizaron con el propósito de hacer los datos comparables.

Análisis de los datos

Para el análisis de los datos se utilizó la operacionalización de las variables utilizada en el primer estudio (Bueno-Alastuey 2013). Se analizaron (1) el tipo de detonante (general, léxico, morfosintáctico o fonético), (2) reacciones a los ERL (RC o RN), (3) tipo de retroalimentación negativa (reformulación, corrección explícita o elicitación), y (4) tipo de *output* modificado (léxico, morfosintáctico o fonético).

Se realizó un recuento de los episodios y se hallaron los porcentajes para poder comparar: (i) la cantidad y tipo de ERL, (ii) la cantidad de RC y RN como reacción en los ERL, (iii) el tipo de RN, y (iv) el tipo de *output* modificado en cada tipo de pareja. Al igual que en el primer análisis, además del investigador, un evaluador externo analizó un 15% de los datos y se alcanzó un acuerdo entre evaluadores del 93%. Por último, se hallaron las diferencias significativas entre estos factores para compararlos con el análisis anterior. En las tablas del artículo solo aparecen los valores estadísticamente significativos del análisis.

Resultados y discusión

Tipo de detonante de los ERL

Confirmando resultados de anteriores trabajos (Bueno-Alastuey 2010, 2013; Jepson 2005; Yanguas 2010), el número de ERL fue abundante (396 ERL en 12 minutos de interacción) en CMC-OS, e incluso superior al número de ERL (310) que se había obtenido en la segunda conversación de estas mismas parejas (Bueno-Alastuey 2013). Considerando que además un 58% de los ERL terminaron con *output* modificado, se puede considerar que este medio es adecuado y efectivo tanto para la interacción negociada como para que los aprendices tengan la posibilidad de utilizar sus recursos lingüísticos y puedan avanzar en su aprendizaje.

Los ERL fueron más abundantes en las parejas NNS-NNS ≠ L1 que tuvieron 79 ERL más que el grupo de NNS-NNS = L1 y más del doble de ERL (199 frente a 77) que el grupo de NNS-NS. El número de ERL de todos los tipos (excepto el general que fue más abundante en el grupo de NNS-NNS ≠ L1) fue mayor (ver Tabla 2) y además estadísticamente significativo en este tipo de emparejamiento (ver Tabla 3).

Grupos	General	Léxico	Morfosintáctico	Fonético
1. NNS-NNS = L1	52	32	14	22
2. NNS-NNS ≠ L1	22	65	42	70
3. NNS-NS	3	30	14	30
Totales	77	127	70	122

Tabla 2. Tipo de ERL por grupo

Variable	Grupos		Diferencia medias	Error típico	Sig.
ERL Léxicos	2	1	2.368*	.864	.032
		3	2.512*	.864	.022
ERL	2	1	2.093*	.485	.000
Morfosintácticos		3	2.030*	.485	.001
ERL Fonéticos	2	1	3.376*	.655	.000
		3	2.774*	.655	.001

Tabla 3. Valores significativos en la prueba de contraste post-hoc Scheffé
(.05 nivel de significación).

Confirmando investigaciones previas (Fernández-García y Martínez-Arbelaiz 2002) y al igual que en el estudio anterior, los ERL generales fueron menos abundantes que los ERL con un detonante específico (52 frente a 68, 22 frente a 177, y 3 frente a 74 respectivamente), sobre todo en el grupo de NNS-NNS ≠ L1 y el de NNS-NS. Por tanto, se confirma que este medio ofrece a los aprendices oportunidades de prestar atención a sus errores al resaltarlos como detonante del ERL y posibilita un incremento en la conciencia de las lagunas en la interlengua de los aprendices y sus posibilidades de producir *output* modificado.

En cuanto a los detonantes, el número de detonantes léxicos fue mayor que el de fonéticos y morfosintácticos en el grupo de NNS-NNS = L1; igual que el de fonéticos y mayor que el de morfosintácticos en el grupo de NNS-NS; pero ligeramente inferior al de fonéticos, y mayor que el de morfosintácticos en el grupo NNS-NNS ≠ L1. Por tanto, el porcentaje de detonantes léxicos y fonéticos fue bastante similar en todos los emparejamientos, y en todos los casos fue superior al porcentaje de ERL morfosintácticos (los menos abundantes en todos los emparejamientos). Contrariamente a investigaciones previas en CMC-OS (Jepson 2005), videoconferencia (Zhao y Angelova 2010), y al estudio previo con estas parejas (Bueno-Alastuey 2013), los ERL fonéticos no fueron los más abundantes en todas las parejas, solo lo fueron en uno de los emparejamientos (NNS-NNS ≠L1). Por el contrario, en los otros dos emparejamientos los detonantes léxicos fueron más o igual de abundantes que los fonéticos. Estos resultados vuelven a confirmar que los errores o desviaciones fonéticas y léxicas causan la mayoría de los problemas en la comunicación al producir más RC (Jepson 2005; Sicola 2009) y, por tanto, más negociación (Bitchener 2004). Un dato positivo es que al igual que en el estudio anterior, pero al contrario que en investigaciones previas (Yanguas 2010) que han afirmado que los errores morfosintácticos no causan ERL, en este estudio se observaron 70 ERL con un detonante morfosintáctico.

De acuerdo con estos resultados, la primera hipótesis de trabajo que era que habrá más cantidad de ERL provocados por detonantes fonéticos que léxicos y morfosintácticos se confirma únicamente en el grupo de NNS-NNS ≠ L1.

Al igual que en el estudio anterior, el grupo 2 (NNS-NNS ≠ L1) reaccionó a un número significativamente mayor de detonantes de todos los tipos que los otros dos emparejamientos (ver Tabla 3). Esto confirma nuestra segunda hipótesis de trabajo que afirmaba que habrá más cantidad de ERL, y más cantidad de cada tipo de ERL (fonético, morfosintáctico y léxico) en las parejas del grupo 2 (NNS-NNS ≠ L1) que en los otros dos tipos de emparejamiento (NNS-NS y NNS-NNS = L1). Al igual que en el estudio anterior, la explicación más plausible para el mayor número de ERL es el hecho de que los hablantes que tienen una L1 diferente y que no conocen la L1 de sus interlocutores encuentran cualquier desviación fonética o léxica ininteligible, mientras los interlocutores que comparten L1 o conocen la L1 de su interlocutor pueden entender las formas erróneas (fonéticas y léxicas) de sus interlocutores (Major *et al.* 2002). En realidad, varios autores han establecido que el compartir L1 o conocer la L1 del interlocutor es un factor que contribuye a la mejor inteligibilidad de las formas erróneas (Bitchener 2004; Lyster 2001; Mackey *et al.* 2000).

Reacciones en el ERL

Como se puede ver en la Tabla 4, y confirmando los datos del estudio anterior, hubo más casos de RC que de RN en todos los emparejamientos. El mayor porcentaje de RC se dio en el grupo de NNS-NNS = L1 seguido del grupo de NNS-NS y del de NNS-NNS≠ L1 que tuvo un número similar de RC y RN. El grupo de NNS-NNS≠ L1 tuvo casi el doble de RC (96 frente a 50) y cuatro veces más RN (81 frente a 18) que el de NNS-NNS = L1, y más del doble de RC (96 frente a 46) y casi cuatro veces más de RN (81 frente a 28) que el de NNS-NS. Por tanto, esto confirma nuestra tercera hipótesis de trabajo que establecía que habría más RC que RN en todos los tipos de emparejamiento, y más RC y RN en los emparejamientos NNS-NNS ≠ L1.

Grupo	Léxico		Morfosintáctico		Fonético		Total		
	RC	RN	RC	RN	RC	RN	RC	RN	
1. NNS-NNS = L1	29	3	3	11	18	4	50	18	68
2. NNS-NNS ≠ L1	36	29	7	35	53	17	96	81	177
3. NNS-NS	17	13	1	13	28	2	46	28	74
Total							192	127	

Tabla 4. Totales de RC y RN dependiendo del detonante del ERL

Así mismo se confirma que los detonantes léxicos y fonéticos causaron más RC que RN, mientras los detonantes morfosintácticos provocaron más RN. Por tanto, esto confirma nuestra cuarta hipótesis que establecía que los detonantes morfosintácticos provocarían más RN, y los léxicos y fonéticos más RC.

Aunque en el grupo de NNS-NNS ≠ L1 los detonantes léxicos provocaron un número superior de RC, la diferencia no fue significativa estadísticamente. En el grupo de NNS-NNS≠ L1 y el de NNS-NS, el número de RC y RN léxicos fue bastante similar (36 frente a 29, y 17 frente a 13 respectivamente), mientras que en el grupo de NNS-NNS = L1, el número de RC fue muy superior al de RN (29 frente a 3). El grupo de NNS-NNS ≠ L1 presentó una diferencia estadísticamente significativa de solamente RN léxicos y solo respecto al grupo de NNS-NNS =L1 (ver Tabla 5).

Confirmando los datos del estudio previo, los detonantes morfosintácticos produjeron más RN que RC en todos los grupos. En el grupo de NNS-NNS = L1 hubo 11 casos de RN de tipo morfosintáctico, frente a 13 en el grupo de NNS-NS y 35 en el de NNS-NNS ≠ L1. Este último grupo tuvo una diferencia estadísticamente significativa mayor de RN morfosintácticos que los otros dos grupos (ver Tabla 5) y por tanto se puede sugerir que es el que más oportunidades proporcionó de producir *output* modificado.

Los detonantes fonéticos provocaron la mayor cantidad de RC en el grupo de NNS-NNS ≠ L1 y de NNS-NS, pero no en el de NNS-NNS = L1, mientras que el porcentaje de RN fonéticos fue bajo. Confirmando el estudio anterior, el grupo de NNS-NNS ≠ L1 tuvo el número más alto de RC (53) y RN (17) fonéticas, seguido del de NNS-NS (28 y 2 respectivamente) y del de NNS-NNS = L1 (18 y 4). Tanto los casos de RC como los de RN fonéticos fueron estadísticamente significativamente mayores en el grupo de NNS-NNS ≠ L1 que en los otros dos grupos (ver Tabla 5). Estos datos vuelven a enfatizar la importancia de la pronunciación para llevar a cabo interacciones auténticas con éxito y la importancia de que los aprendices de lenguas extranjeras experimenten este tipo de interacciones con hablantes de otras lenguas para comprobar su nivel de inteligibilidad en la lengua extranjera.

Reacción	Tipo de ERL	Grupo		Diferencia medias	Error típico	Sig.
RC	Fonético	2	1	2.447*	.660	.003
			3	1.703*	.660	.046
RN	Léxico	2	1	1.85714*	.4774	.002
	Morfosintáctico	2	1	1.71429*	.4313	.001
			3	1.57143	.4313	.003
	Fonético	2	1	.92857*	.2176	.001
			3	1.07143*	.2176	.000

Tabla 5. Reacciones a los ERL. Valores significativos en la prueba de contraste post-hoc Scheffé (.05 nivel de significación).

La diferencia de RN de todos los tipos proporcionada por el grupo de NNS-NNS≠ L1 confirmaría nuestras conclusiones anteriores (Bueno-Alastuey 2013) respecto a la mayor atención a la forma de los aprendices de lenguas extranjeras respecto a los nativos. Igualmente podría ser que al ser los NNS con diferente L1, futuros profesores de lengua extranjera se sientan más cómodos proporcionando RN que otros tipos de parejas. Finalmente, estos datos corroboran que los nativos tienden a ignorar aquellos errores que no provocan RC al considerar las correcciones como signos de mala educación (Sotillo 2005).

Tipo de retroalimentación negativa

Al igual que en el anterior estudio y confirmando de nuevo estudios previos sobre interacción en parejas (Mackey *et al.* 2003), las reformulaciones no fueron la forma más común de RN en ninguno de los emparejamientos (ver Tabla 6). Así mismo y confirmando la quinta hipótesis de nuestro estudio, la corrección explícita demostró ser la RN más común y la elicitación la menos común en todos los emparejamientos. No hubo diferencias estadísticamente significativas en la cantidad de diferentes RN proporcionadas por las diferentes parejas.

Grupo	Reformulación	Corrección Explícita	Elicitación	Total de RN
1. NNS-NNS = L1	7	8	3	18
2. NNS-NNS ≠ L1	31	48	2	81
3. NNS-NS	11	16	1	28

Tabla 6. Total de muestras por tipo de retroalimentación negativa (RN)

El hecho de que la corrección explícita sea la forma más común de RN parece reforzar los resultados de investigaciones anteriores que han evidenciado que los aprendices se sienten menos amenazados en este medio debido al anonimato que da la falta de imagen (de los Arcos *et al.* 2009) y que los aprendices españoles prefieren formas más explícitas de corrección incluso en medios tan diferentes como la CMC escrita y de audio (Vinagre y Muñoz 2011). Así mismo, es un resultado prometedor puesto que diversas investigaciones han puesto de manifiesto el hecho de que las formas explícitas de corrección parecen ser más efectivas que las implícitas (Varnosfadrani y Basturkmen 2009).

Output modificado

El número de ERL que concluyó con *output* modificado fue superior al de la anterior investigación (55% de los casos frente al 32,5%) (ver Tabla 7). Al igual que en el anterior estudio, la mayor cantidad de *output* modificado ocurrió en los ERL fonéticos (70%), seguidos de los ERL morfosintácticos (63%) y los ERL léxicos (36%). Estos resultados vuelven a confirmar tanto la alta frecuencia de *output* modificado en este medio, como la utilidad de los ERL a la hora de dirigir la atención de los aprendices y sus recursos a la reparación de sus errores (Mackey *et al.* 2000; Sheen 2004)

	Léxico	Morfosintáctico	Fonético	Total
Grupo	N	N	N	N
1. NNS-NNS = L1	21	11	12	44
2. NNS-NNS ≠ L1	13	27	45	85
3. NNS-NS	12	6	28	46
Total	46(36%)	44 (63%)	85 (70%)	175 (32,5%)

Tabla 7. Total de muestras de *output* modificado por tipo de detonante.

Confirmando los datos del estudio anterior, el número de ERL fonéticos y morfosintácticos con *output* modificado fue más elevado en el grupo de NNS-NNS ≠ L1 y la diferencia (ver Tabla 8) estadísticamente significativa entre el grupo de NNS-NNS ≠ L1 y el de NNS-NNS = L1 (M= 2,418, p=. 019) en el caso de los ERL fonéticos, y entre el de NNS-NNS ≠ L1 y el de NNS-NS (M= 1.500, p=. 041) en el caso de los morfosintácticos. Por el contrario, el NNS-NNS = L1 fue el que más *output* modificado produjo después de ERL léxicos (21 frente a 13 frente a12). Estos resultados confirman nuestra última hipótesis que postulaba que el número de episodios de *output* modificado en ERL fonéticos y morfosintácticos, pero no léxicos, sería mayor en el grupo de NNS-NNS ≠L1.

Variable	Grupos		Diferencia medias	Error típico	Sig.
OutModMorfosint.	2	3	1.500*	.569	.041
OutModFonético	2	1	2.418*	.815	.019

Tabla 8. *Output* modificado. Valores significativos en la prueba de contraste post-hoc Scheffé (nivel .05)

Estos resultados vuelven a incidir en el hecho de que el emparejamiento entre NNS≠ L1 parece ser el más fructífero tanto para la identificación de formas erróneas como para la producción de *output* modificado morfosintáctico y fonético.

Conclusión

Tal y como se postulaba en el anterior estudio, el uso de CMC-OS en la clase se confirma como beneficioso debido a la gran cantidad de ERL que se producen. Igualmente, el tipo de pareja afecta a la cantidad y tipo de ERL, a los detonantes, a las reacciones al ERL y al *output* modificado que se produce. A pesar de estos resultados tan positivos, es importante tener en cuenta las limitaciones de este estudio. Por una parte, el tipo de tareas era del mismo tipo y, por tanto, los resultados deberían corroborarse con los de otros tipos de tareas. Igualmente, se debería replicar el estudio con diferentes tipos de interlocutores, con diferente perfil, por ejemplo, nativos que no conozcan la L1 de sus interlocutores u otros estudiantes de inglés que no se estén preparando para ser futuros profesores y tengan diferentes L1. También sería interesante comprobar si el *output* modificado corresponde a respuestas a RC o a RN y a sus diferentes tipos.

Este estudio partía de seis hipótesis de trabajo. De las seis hipótesis, cinco se han confirmado y la sexta solo parcialmente en un tipo de emparejamiento (NNS-NNS≠ L1). En primer lugar, no se corrobora que haya más cantidad de ERL provocados por detonantes fonéticos que léxicos y morfosintácticos excepto en el grupo de NNS-NNS≠ L1. En los otros tipos de emparejamientos los detonantes léxicos son más abundantes.

Las parejas de NNS-NNS ≠L1 volvieron a experimentar significativamente más ERL que las otras parejas. Contrariamente al estudio anterior, las parejas de NNS-NNS= L1 mostraron un número similar de ERL a las parejas de NNS-NS, por tanto no aparecen como las que menos ERL y posibilidades de dirigir la atención a las formas erróneas proporcionan. En todos los emparejamientos hay más RC que RN, y los detonantes morfosintácticos provocan más RN, y los léxicos y fonéticos más RC. La corrección explícita vuelve a aparecer como la forma de RN más común.

El emparejamiento entre NNS-NNS≠L1 mostró una cantidad significativamente mayor de RN, y de reformulaciones y correcciones explícitas con cualquier tipo de detonante, y más *output* modificado en ERL morfosintácticos y fonéticos, pero no léxicos. Por tanto, se confirma como el tipo de emparejamiento que más posibles beneficios lingüísticos puede proporcionar.

De estos resultados podemos concluir que el emparejamiento más típico en las clases de lengua extranjera (NNS-NNS= L1) no es el más propicio para la adquisición de lenguas, al menos en las tareas de intercambio de información. Estos resultados vuelven a poner en evidencia el hecho de que los hablantes nativos no son tampoco los que presentan más ocasiones de prestar atención a la forma y de modificar el *output*. Los emparejamientos entre NNS ≠ L1 se vuelven a confirmar como los más convenientes para la producción de negociación, con la ventaja añadida de que pueden ayudar a mitigar la ansiedad que hablar con nativos parece provocar (Satar y Özdener 2008).

Obras citadas

Bitchener, John. 2004. "The Relationship between the Negotiation of Meaning and Language Learning: A Longitudinal Study" *Language Awareness* 13(2): 81–95.

Bueno-Alastuey, M. Camino. 2010. "Synchronous Voice Computer Mediated Communication: Effects on Pronunciation" *CALICO Journal* 28(1): 1–20.

———. 2011. "Perceived Benefits and Drawbacks of Synchronous Voice-based Computer-mediated Communication in the Foreign Language Classroom" *Computer Assisted Language Learning* 24(5): 419–432.

———. 2013. "Interactional Feedback in Synchronous Voice-based Computer Mediated Communication: Effect of dyad" *System* 41(3): 543–559.

Cheon, Heesok. 2003. "The Viability of Computer Mediated Communication in the Korean Secondary EFL Classroom" *Asian EFL Journal* 5(1).

Chun, Dorothy M. 2015. "Language and Culture Learning in Higher Education Via Telecollaboration" *Pedagogies: An International Journal* 10(1): 5–21.

Dabaghi, Azizollah. 2008. "A Comparison of the Effect of Explicit and Implicit Corrective Feedback on Learners' Performance" *Journal of Applied Sciences* 8(1): 1–13.

de los Arcos, Beatriz., Coleman, James. y Hampel, Regina. 2009. "Learners' Anxiety in Audiographic Conferences: A Discursive Psychology Approach to Emotion Talk" *ReCALL* 21(1): 3–17.

Ellis, Rod y Younghee Sheen. 2006. "Re-Examining the Role of Recasts in Second Language Acquisition." *Studies in Second Language Acquisition* 28(4): 575–600.

Fernández-García, Marisol y Martínez-Arbelaiz, Asunción. 2002. "Negotiation of Meaning in Nonnative-Nonnative Speaker Synchronous Discussions" *CALICO Journal* 19(2): 279–294.

———. 2003. "Learner's Interactions: A Comparison of Oral and Computer-Assisted Written Conversations" *ReCALL* 15(1): 113–136.

Gass, Susan y Evangeline Varonis. 1989. "Incorporated Repairs in NNS Discourse". En *The Dynamic Interlanguage,* editado por Miriam Eisenstein, 71–86. Plenum, New York.

Hauck, Mirjam. 2010. "Telecollaboration: At the Interface between Multimodal and Intercultural Communicative Competence." En *Telecollaboration 2.0:*

Language, Literacies and Intercultural Learning in the 21st Century, editado por by Sarah Guth y Francesca Helm, 219–244. Bern, Peter Lang.

Jenkins, Jennifer. 2000. *The Phonology of English as an International Language.* Oxford University Press, Oxford.

Jepson, Kevin. 2005. "Conversations and Negotiated Interaction in Text and Voice Chatrooms." *Language Learning & Technology* 9(3): 79–98.

Kenning, Marie-Madeleine. 2010. "Collaborative Scaffolding in Online Task-Based Voice Interactions between Advanced Learners" *ReCALL* 22(2): 135–151

Lai, Chun y Yong Zhao. 2006. "Noticing and Text-Based Chatting" *Language Learning & Technology* 10(3): 102–120.

Loewen, Shawn. 2005. "Incidental Focus on Form and Second Language Learning" *Studies in Second Language Acquisition* 27(3): 361–386.

Loewen, Shawn y Jenefer Philp. 2006. "Recasts in the Adult L2 Classroom: Characteristics, Explicitness and Effectiveness" *Modern Language Journal* 90(4): 536–556.

Long, Michael. 1996. "The Role of the Linguistic Environment in Second Language Acquisition". En *Handbook of Language Acquisition, Second Language Acquisition,* editado por William C. Ritchie y Tej K. Bhatia, 413–468. Academic Press, New York.

Long, Michael y Peter Robinson. 1998. "Focus on Form: Theory, Research, and Practice". En *Focus on Form in Classroom Second Language Acquisition.* editado por Catherine Doughty y Jessica Williams, 15–41. Cambridge University Press, New York.

Lyster, Roy. 2001. "Negotiation of Form, Recasts, and Explicit Correction in Relation to Error Types and Learner Repair in Immersion Classrooms" *Language Learning* 48(2): 183–218.

Mackey, Alison, Susan Gass y Kim McDonough. 2000. "How Do Learners Perceive Interactional Feedback" *Studies in Second Language Acquisition* 22(4): 471–497.

Mackey, Alison, Oliver, Rhonda y Leeman, Jennifer. 2003. "Interactional Input and the Incorporation of Feedback: An Exploration of NS-NNS and NNS-NNS Adult and Child Dyads" *Language Learning* 53(1): 35–66.

Major, Roy, Susan Fitzmaurice, Ferenc Bunta y Chandrika Balasubramanian. 2002. "The Effects of Non-Native Accents on Listening Comprehension: Implications for ESL Assessment" *TESOL Quarterly* 36(2) 173–190.

Monteiro, Katia. 2014. "An Experimental Study of Corrective Feedback during Video-Conferencing" *Language Learning & Technology* 18(3): 56–79.

Neri, Ambra, Ornella Mich, Matteo Gerosa y Diego Giuliani. 2008. "The Effectiveness of Computer Assisted Pronunciation Training for Foreign Language Learning by Children" *Computer Assisted Language Learning* 21(5): 393–408.

Pica, Teresa, Felicia Lincoln-Porter, Diana Paninos y Julian Linnell. 1996. "Language Learners" Interaction: How Does It Address the Input, Output, and Feedback Needs of L2 Learners?" *TESOL Quarterly* 30(1): 59–84.

Saito, Kazuya y Yuka Akiyama. 2016, "Video-Based Interaction, Negotiation for Comprehensibility, and Second Language Speech Learning: A Longitudinal Study." *Language Learning*. doi: 10.1111/lang.12184

Sauro, Shannon. 2009. "Computer-Mediated Corrective Feedback and the Development of L2 Grammar." *Language Learning & Technology* 13(1): 96–120

Satar, Müge y Nesrin Özdener. 2008. "The Effects of Synchronous CMC on Speaking Proficiency and Anxiety: Text versus Voice Chat" *The Modern Language Journal* 92(4): 595–613.

Schmidt, Richard. 1990. "The Role of Consciousness in Second Language Learning" *Applied Linguistics* 11(2): 129–158.

Sheen, Young. 2004. "Corrective Feedback and Learner Uptake in Communicative Classrooms across Instructional Settings" *Language Teaching Research* 8(3): 263–300.

Shekary, M y M.H. Tahririan. 2006. "Negotiation of Meaning and Noticing in Text-Based Online Chat" *The Modern Language Journal* 90(4): 557–573.

Sicola, Laura. 2009. *No, They Won't Just Sound like Each Other: NNS-NNS Negotiated Interaction and Attention to Phonological Form on Targeted L2 Pronunciation Tasks.* Peter Lang Publishing, Bern.

Sotillo, Susana. 2005. "Corrective Feedback via Instant Messenger Learning Activities in NS-NNS Dyads." *CALICO Journal* 22(3):467–496

Swain, Merrill. 1995. "Three Functions of Output in Second Language Learning". En *Principles and Practice in Applied Linguistics,* editado por Guy Cook y Barbara Seidhofer, 125–144. Oxford University Press, Oxford.

Swain, Merrill y Sharon Lapkin. 1995. "Problems in Output and the Cognitive Processes They Generate: A Step towards Second Language Learning." *Applied Linguistics* 16(3): 371–391.

Varnosfadrani, Azizollah y Helen Basturkmen. 2009. "The Effectiveness of Implicit and Explicit Error Correction on Learners' Performance." *System* 37(1): 82–98.

Varonis, Evangeline y Gass, Susan. 1985. "Non-Native/Non-Native Conversations: A Model for Negotiation of Meaning." *Applied Linguistics* 6(1): 71–90.

Vinagre, Margarita. 2016. "Promoting Intercultural Competence in Culture and Language Studies: Outcomes of an International Collaborative Project". En *Technology-Enhanced Language Learning for Specialized Domains: Practical Applications and Mobility*, editado por Elena Martín Monje, Izaskun Elorza y Blanca García Riaza, 37–52. London; New York: Routledge.

Vinagre, Margarita y Beatriz Munoz. 2011. "Computer-Mediated Corrective Feedback and Language Accuracy in Telecollaborative Exchanges." *Language Learning & Technology* 15(1): 72–103.

Williams, Jessica. 1999. "Learner-Generated Attention to Form." *Language Learning* 49(4): 583–625.

Yang, Yingli y Roy Lyster. 2010. "Effects of Form-Focused Practice and Feedback on Chinese EFL Learners' acquisition of Regular and Irregular Past Tense Forms." *Studies in Second Language Acquisition* 32(2): 235–263.

Yanguas, Iñigo. 2010. "Oral Computer-Mediated Interaction between L2 Learners: It's About Time!" *Language Learning & Technology* 14(3): 72–93.

Zhao, Ying y Maria Angelova. 2010. "Negotiation of Meaning between Non-Native Speakers in Text-Based Chat and Videoconferencing" *US-China Educational Review* 7(5): 12–26.

La Autora

Mª Camino Bueno-Alastuey es profesora titular en la Universidad Pública de Navarra, España. Imparte cursos de grado y postgrado de metodología de la enseñanza del inglés relacionados con el uso de la tecnología para la enseñanza y aprendizaje de lenguas extranjeras, así como cursos de inglés para fines específicos. Su investigación se centra en el aprendizaje de lenguas asistido por computador, en particular en el diseño e implementación de entornos híbridos, plataformas virtuales de aprendizaje y comunicación oral sincrónica mediada por computador. Ha publicado en revistas académicas nacionales e internacionales.

Mª Camino Bueno-Alastuey is Associate Professor at the Public University of Navarra, Spain. She teaches English teaching methodology courses related to ICT for learning and teaching foreign languages, and courses on English for Specific Purposes. Her research focuses on computer-assisted language learning, especially in blended learning design and implementation, the use of virtual learning platforms and synchronous voice-based computer-mediated communication. She has published nationally and internationally on these topics.

Capítulo 9. Dinámicas de colaboración eficaz en la comunicación mediada por computador: Estudio de un caso de profesores en formación a distancia

Margarita Vinagre, Universidad Autónoma de Madrid

margarita.vinagre@uam.es

Introducción

La integración de intercambios virtuales de colaboración en el aula de lengua extranjera ha crecido de manera exponencial en los últimos veinte años. Estos intercambios pueden definirse como una actividad centrada en el alumno que involucra a estudiantes de distintas instituciones y que, a través de la colaboración con compañeros en tareas o proyectos, pretende conseguir ciertos objetivos de formación o aprendizaje. Cuando estos intercambios se realizan a nivel internacional, los estudiantes pertenecen a culturas y países diversos y el fin de la colaboración es la mejora de la lengua extranjera y la competencia intercultural (Belz 2004). Estudios llevados a cabo sobre los posibles beneficios que puede reportar esta actividad sugieren que puede favorecer el desarrollo de la competencia lingüística de los participantes (Sauro 2009; Vinagre y Muñoz 2011), de la competencia intercultural (Liaw 2006; Vinagre 2014; Vogt 2006), de la autonomía del aprendiz (Fuchs *et al.* 2012), de aspectos pragmáticos a través de las relaciones sociales entre los participantes (Kinginger 2000) y de competencias múltiples (Guth y Helm 2011; Kress 2003). Otros autores (Vinagre 2015, 2016a) han sugerido que también pueden favorecer la mejora de otras competencias instrumentales e interpersonales necesarias para la colaboración virtual.

A la luz de estos beneficios no es de extrañar el gran interés suscitado entre un número creciente de profesores que desean incorporar estos intercambios de colaboración virtual a sus clases. Sin embargo, implementarlos no es tarea fácil debido a su complejidad, ya que integran diversos tipos de comunicación virtual y contextos educativos, así como compañeros, herramientas tecnológicas y enfoques pedagógicos muy variados (Vinagre 2010). Por estos motivos, los profesores deben desarrollar competencias y conocimientos específicos si desean incorporarlos al aula de manera eficaz.

La colaboración virtual en la formación de profesores

Un número importante de estudios se ha centrado en investigar cuál es el mejor modo de formar a profesores para que desarrollen aquellas competencias y conocimientos específicos que requiere la implementación de proyectos de colaboración virtual. Esta actividad novedosa de aprendizaje se rige por principios constructivistas que enfatizan la importancia de la interacción social para la construcción del conocimiento compartido, y las tecnologías se consideran como herramientas de mediación en la comunicación. Por estos motivos, algunos autores (Stickler y Hampel 2007), sugieren que los profesores deben involucrarse en proyectos de colaboración virtual a fin de adquirir experiencia sobre qué requiere y qué conlleva esta actividad (véase también el Capítulo 10 en este volumen).

Otros estudios (Guichon 2009; Hauck y Wernecke 2013), mencionan la importancia de realizar prácticas docentes exploratorias para promover el paso de la teoría a la práctica. La finalidad, en cualquier caso, consiste en facilitar que los profesores entiendan el valor pedagógico de la colaboración virtual y motivarles para que transfieran este conocimiento al aula (Dooly 2009). Esta preparación para el aprendizaje colaborativo virtual supone, sin duda, un reto para los profesores (tanto formadores como en formación) dada la educación, por lo general competitiva e individualista, que se suele recibir en las instituciones docentes. A fin de facilitar este proceso, es esencial descubrir qué tipos de dinámicas deben desarrollar los profesores para facilitar los comportamientos que requiere una colaboración virtual exitosa.

Dinámicas de interacción y cortesía en entornos virtuales
de aprendizaje experiencial

La formación en estos entornos colaborativos 'experienciales' requiere la participación activa, la discusión y negociación y la reflexión de los participantes (Vinagre 2015). Se espera que trabajen en grupos y aporten sus ideas, ofrezcan retroalimentación y reflexionen de manera crítica sobre las contribuciones propias y ajenas a fin de alcanzar el consenso (O'Dowd y Ware 2009). Estas acciones (mostrar desacuerdo, ofrecer retroalimentación, expresar ciertas opiniones o pedir algo al compañero) son actos que amenazan la imagen del otro en una situación comunicativa de distancia social grande (los participantes no se conocen) y en la que no siempre hay señales paralingüísticas. Además, en estos entornos es esencial que los participantes desarrollen confianza y respeto mutuo hacia los demás miembros del grupo y sientan que pertenecen a una misma comunidad de aprendizaje (Morand y Ocker 2003). Para lograr este fin, al tiempo que se minimiza la amenaza a la imagen del otro, algunos autores (Lam 2011; Li 2012; Vinagre 2008) sugieren el uso de la cortesía lingüística como estrategia fundamental de la interacción social[1]. Brown y Levinson (1978, 1987) y Watts (2003) definen la cortesía como el conjunto de estrategias conversacionales destinadas a evitar o mitigar las tensiones que aparecen cuando los objetivos del hablante entran en conflicto con los del destinatario. Según estos autores, la imagen pública que los miembros de una sociedad tienen y reclaman para sí mismos está formada por dos aspectos relacionados: la imagen negativa (libre para la acción y libre de imposición) y la imagen positiva (el deseo de ser apreciado).

Según Brown y Levinson (1978, 1987) un hablante tiene cinco opciones para minimizar la amenaza a la imagen pública del interlocutor: (1) emplear estrategias de cortesía abierta y sin acción reparadora (*dame agua*), (2) estrategias con acción reparadora, con cortesía positiva (*¿me das agua?*), (3) estrategias con acción reparadora, con cortesía negativa (*¿me podrías dar agua?*), (4) estrategias encubiertas (*tengo sed*) o (5) evitar realizar el acto que amenaza la imagen del otro.

A fin de averiguar cuáles son las dinámicas y comportamientos (también lingüísticos) que facilitan la colaboración virtual en entornos de formación experiencial, en este capítulo se presenta el estudio de un caso que investiga, mediante un análisis orientado al proceso, la interacción de un grupo de tres profesoras cuya colaboración virtual fue eficaz. Con esta investigación se intenta dar respuesta a dos preguntas de investigación:

---

[1] Para más información sobre el desarrollo de aspectos pragmáticos en la CMC véase el Capítulo 11 en este volumen.

1. ¿Qué dinámicas o comportamientos en la interacción favorecieron una colaboración virtual exitosa?
2. ¿Qué estrategias de cortesía lingüística emplearon las participantes en la interacción a fin de facilitar la colaboración?

Metodología

Participantes

Las profesoras participantes se matricularon en el curso titulado Intercambios interculturales de colaboración en entornos virtuales, como componente optativo del Máster en Tecnologías y Aprendizaje de Lenguas ofrecido por una universidad a distancia en España. Las tres eran trabajadoras en activo y enseñaban en dos países distintos. Su nivel de experiencia con la tecnología era similar y no tenían experiencia previa con la colaboración virtual, aunque habían usado ciertas herramientas con anterioridad (blogs, wikis, Skype, Hangouts y Google+). El curso fue impartido por dos profesores, de los cuales una es la autora de este estudio.

Tareas para la colaboración virtual

Durante dos meses las participantes llevaron a cabo una serie de tareas colaborativas en una wiki. Este tipo de tarea requiere no solo que las participantes intercambien y comparen información sino también que negocien y lleguen a un acuerdo a fin de producir una conclusión o producto final de manera conjunta. Estas tareas incluían la revisión de artículos sobre colaboración virtual, el análisis crítico de ejemplos de intercambios virtuales auténticos y el diseño grupal de directrices y herramientas de evaluación para la implementación de un proyecto hipotético de colaboración virtual. Véase la descripción de tareas en la Tabla 1.

Además de estas tareas, las participantes cumplimentaron un cuestionario fin de curso diseñado como herramienta de reflexión y autoevaluación que permitiría obtener información sobre sus percepciones con respecto a lo aprendido durante el curso. El cuestionario incluía una pregunta abierta y 12 preguntas en una escala de Likert del 1 al 5 (donde 1=completamente en desacuerdo; 5=completamente de acuerdo).

	Unidad	Tareas
1	Introducción al Aprendizaje Colaborativo Asistido por Computador (ACAC) o telecolaboración	Estudia y discute con tus compañeros en el foro los aspectos relevantes sobre el ACAC presentados en los recursos. (pre-tarea)
2	Modelos of telecolaboración	Compara, análiza y evalúa críticamente los datos y ejemplos de proyectos de colaboración virtual que encontrarás en la plataforma. (pre-tarea)
3	Experimentando la telecolaboración (Página 1 de la wiki)	Individualmente: Selecciona, lee, sube a la wiki, resume y revisa un artículo sobre el ACAC. En grupo: Comenta y discute con tus compañeros todos los artículos en la página wiki del grupo y decidid de forma conjunta y consensuada posibles aplicaciones del ACAC en vuestra clase de lengua extranjera.
4	Organización de un proyecto telecolaborativo (Página 2 de la wiki)	Decide con tus compañeros de grupo cómo organizar un intercambio de telecolaboración hipotético. Debéis incluir directrices, actividades y herramientas TIC que emplearéis y justificar vuestras decisiones.
5	Desarrollo de herramientas para la evaluación del proyecto telecolaborativo (Página 3 de la wiki)	Diseñad una herramienta que os permita evaluar distintos aspectos del proyecto telecolaborativo (i.e. un portafolio, diario de aprendizaje, cuestionario, rúbricas, etc.)

Tabla 1. Descripción de tareas

Selección del caso para el análisis

Debido a la naturaleza exploratoria de esta investigación se decidió llevar a cabo el estudio de un caso que fue seleccionado mediante un muestreo intencional. El criterio de selección en este método no probabilístico fue el grado de éxito en la colaboración reflejado por las participantes en el cuestionario de fin de curso ya que el propósito era ver qué comportamientos y acciones promueven esta colaboración. Más concretamente, se seleccionó el grupo cuyos miembros obtuvieron la media más alta (un 5 sobre 5) en la pregunta número 6 ('Como profesor telecolaborativo, ¿has conseguido mantener relaciones de trabajo colaborativo exitosas con los miembros del grupo durante el curso?'), una pregunta en una escala de Likert del 1 al 5 (donde 1=completamente en desacuerdo; 5=completamente de acuerdo). Además, la pregunta abierta número 13 ('Por favor explica en detalle tu experiencia como profesor telecolaborativo en este curso'), también nos aportó una visión de las percepciones de los miembros del grupo con respecto a la experiencia colaborativa y los miembros del grupo seleccionado calificaron su experiencia colaborativa como muy positiva.

Recopilación y análisis de datos

A fin de poder recopilar los datos necesarios para dar respuesta a las preguntas de investigación, enviamos un mensaje a las profesoras participantes pidiéndoles permiso para usar el contenido de sus páginas wiki con fines de investigación. Una vez obtenido, recopilamos el contenido de las tres páginas wiki y sus correspondientes comentarios de discusión. Véase Figura 1.

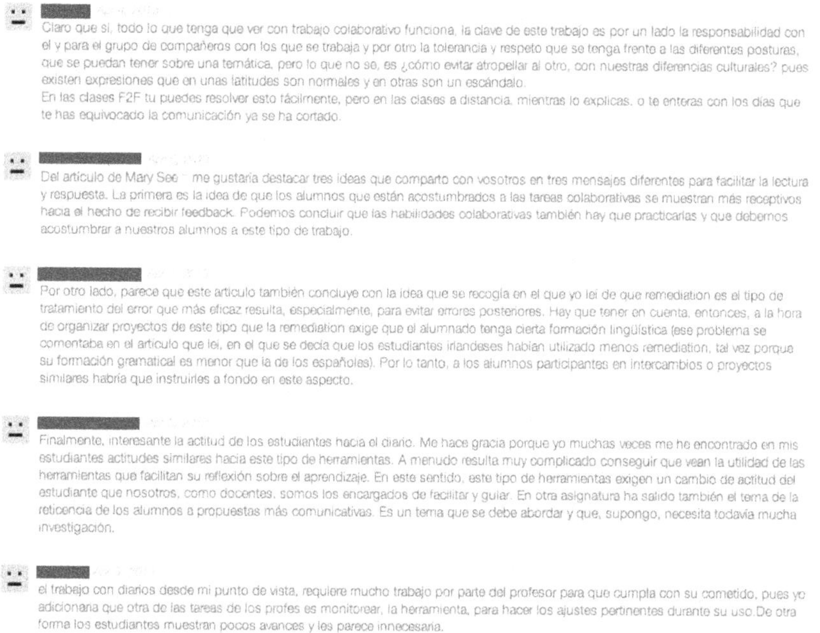

Figura 1. Pantallazo de comentarios de discusión en la página wiki

Para responder a la primera pregunta de investigación (¿Qué dinámicas o comportamientos en la interacción favorecieron una colaboración virtual exitosa?) decidimos empezar por analizar la participación e interacción de las profesoras en el grupo. La participación puede observarse fácilmente en una wiki y como sugieren Swan *et al.* (2006), el seguimiento de la participación puede llevarse a cabo contando el número, la regularidad y la longitud de las contribuciones siempre que se preste especial cuidado a no contabilizar comentarios superficiales (p. 48). En este estudio hemos empleado las siguientes medidas de participación: a) número de revisiones a la página wiki, b) contribución de cada estudiante a la actividad, c) número de comentarios enviados por cada profesora y d) temporización de las contribuciones. Aunque estos indicadores cuantitativos son superficiales, permiten saber si todos los miembros participan de manera homogénea y constante en las tareas o si hay alguno rezagado o que se aprovecha del esfuerzo de los demás. Los resultados de un análisis parcial de estos datos pueden encontrarse en Vinagre (2016b).

En cuanto al análisis de la interacción, en primer lugar, llevamos a cabo un análisis del contenido de las páginas de discusión (comentarios) siguiendo una versión modificada de la propuesta de Judd *et al.* (2010)[2] para el etiquetado de la interacción colaborativa virtual (véase Tabla 2). Esta propuesta permite el etiquetado de comportamientos individuales y sociales, cognitivos y organizativos y además refleja los cinco criterios descritos por Johnson y Johnson (1996) como esenciales en situaciones de aprendizaje colaborativo: planificación, contribución, búsqueda de contribuciones, reflexión y monitorización e interacción social.

Un comentario se etiquetó dentro de una categoría si todo o parte encajaba con la descripción y todos los comentarios se clasificaron en al menos una de las categorías arriba mencionadas. Cada comentario fue etiquetado por la autora y una investigadora externa que trabajaron juntas para acordar el procedimiento de etiquetado y etiquetar las transcripciones. El nivel de acuerdo entre las investigadoras fue alto (coeficiente de fiabilidad interna de 0,87).

---

[2] Publicada en Vinagre (2015) y reproducida aquí con permiso de © British Educational Research Association.

Categoría	Descripción
Respuesta	Un comentario en respuesta a un comentario previo
Colaboración	Un comentario que muestra que el autor estaba intentado desarrollar un entendimiento compartido de algún aspecto del contenido de la página. Comentarios que ofrecen explicaciones o desarrollan ideas, que buscan las contribuciones de otros y la retroalimentación. Comentarios de reflexión y monitorización. Búsqueda de consenso
Organización	Un comentario que muestra que el autor intenta organizar la tarea o el trabajo entre los compañeros. Comentarios que inician actividades, establecen el reparto de tareas y fechas límites
Contenido	Un comentario sobre contenido fáctico o relevante para la página wiki. Comentarios que suponen una contribución y ofrecen retroalimentación. Comentarios en los que se comparte conocimiento
Edición	Un comentario sobre algún aspecto de la edición o formateo de la página wiki
Individual	Un comentario dirigido solo a un miembro del grupo
Grupal	Un comentario dirigido al grupo en general

Tabla 2. Clasificación para el etiquetado de la interacción virtual
(modificada de Judd *et al.* 2010)

Para contestar a la segunda pregunta de investigación (¿Qué estrategias de cortesía lingüística emplearon las participantes en la interacción a fin de facilitar la colaboración?) analizamos la interacción telecolaborativa a fin de etiquetar las estrategias de cortesía empleadas por las profesoras. El etiquetado se realizó siguiendo la clasificación de estrategias de cortesía positiva y negativa que proponen Brown y Levinson (1978, 1987). Las tablas 3 y 4 muestran la clasificación de las estrategias ejemplificadas con datos de las participantes. Solo se ilustran aquellas estrategias para las que se encontraron muestras en este estudio.

Estrategia	Ejemplo
(C+1): Darse cuenta, atender al oyente (sus intereses, necesidades, deseos)	Si estáis de acuerdo, podríamos colocar en ella también el cuadro que hizo Gloria con la comparación de los tres proyectos. Porque en Colombia, país de Gloria, hay muchos centros educativos que son bien de chicos o bien de chicas.
(C+2): Exagerar (interés, aprobación, comprensión hacia el oyente)	En cuanto a lo de la rúbrica y el cuestionario me parece fabuloso Me parece super, tu idea
(C+3): Intensificar el interés hacia el oyente	Me encantaría escuchar vuestras ideas Me gustaría conocer qué habéis aprendido vosotras
(C+4): Usar marcadores de pertenencia al grupo	Compañeras Hola a todas
(C+5): Buscar el acuerdo	A ver qué pensáis vosotras porque supongo que habrá que llegar a un consenso Ahora solo queda que nos pongamos de acuerdo sobre el cuestionario ¿Qué os parece?
(C+6): Evitar el desacuerdo	Si les parece lo hacemos así o si prefieren lo cambiamos. Si no lo véis bien, lo dejamos como está.
(C+7): Asumir, presuponer, enfatizar puntos en común	Como docentes debemos acostumbrar a nuestros alumnos... A mí los portfolios también me gustan.
(C+8): Bromear	
(C+9): Enfatizar o presuponer que el hablante conoce y se preocupa por los deseos del oyente	Gloria, tú estás en Colombia, ¿verdad? He visto que hay siete horas de diferencia.
(C+10): Ofrecer, prometer	Me compromento a enviar este miércoles mis aportaciones. Voy a mirar las herramientas que habéis dejado.

(C+11): Ser optimista	Y espero que con esto ya terminemos
(C+12): Incluir a ambos hablante y oyente en la actividad	¿Qué os parece si nos repartimos las preguntas, vamos planteando nuestras conclusiones y las comentamos entre todas? Se me ocurre que podemos ir poniendo aquí nuestras propias reflexiones.
(C+13): Ofrecer (o pedir) explicaciones	Necesito leer un poco más sobre las distintas opciones y, así, formarme una opinión. Creo que ahora el análisis de resultados se ve mejor con los cuestionarios que se pueden realizar en Google Drive Forms.
(C+14): Asumir o enfatizar reciprocidad	He dejado mis opiniones anteriores en la página principal de las Conclusiones en la wiki. Ahora falta que incluyáis las vuestras. Acabo de crear una rúbrica para la evaluación. Os la pongo en la página "Herramienta de evaluación" en un archivo, para que la descarguéis y la modifiquéis a vuestro gusto.
(C+15): Dar regalos al oyente (bienes, comprensión, empatía, cooperación)	Muchas gracias, de verdad que fue un excelente trabajo. Gracias por tener en cuenta estas pequeñas cosas de distinción cultural.

Tabla 3. Clasificación de las estrategias de cortesía positiva. C+=cortesía positiva

Estrategia	Ejemplo
(C-1): Ser convencionalmente indirecto	Me decantaría por herramientas menos exigentes para el alumno. Yo evaluaría más las contribuciones en sí.
(C-2): Preguntar, emplear cercas semánticas (*hedges*)	Supongo que también habría que crear un cuestionario. Lo único es que quizás sería bueno que el ejemplo estuviera relacionado con chicos que están involucrados en este tipo de proyectos.
(C-3): Ser pesimista	
(C-4): Minimizar la imposición	

(C-5): Ofrecer deferencia	
(C-6): Disculparse	Primero me disculpo por no haber comentado antes. Siento haberme alargado tanto.
(C-7): Impersonalizar al hablante y oyente	
(C-8): Aludir al acto amenazante de la imagen como regla general	
(C-9): Nominalizar	
(C-10): Hacer constar la petición como si estuviera incurriendo en una deuda	

Tabla 4. Clasificación de las estrategias de cortesía negativa. C- = cortesía negativa

Al igual que hicimos con los comentarios, el análisis de las estrategias de cortesía fue realizado por la autora y una investigadora externa que trabajaron juntas para acordar, en primer lugar, el procedimiento de etiquetado y realizar posteriormente el etiquetado de la interacción colaborativa. El nivel de acuerdo entre las investigadoras fue alto, con un coeficiente de fiabilidad interna de 0,83.

Resultados y discusión

Participación

Las profesoras realizaron 56 revisiones a las páginas wiki y contribuyeron un total de 327 líneas (*lines/sentences*) a las páginas wiki (véase Judd *et al.* 2010). Además, enviaron un total de 97 comentarios a las páginas de discusión de la wiki. La Tabla 5 muestra un resumen de la actividad del grupo (los nombres de las participantes se han cambiado para mantener el anonimato).

	Gloria	Emma	María	TOTAL
Revisiones a las páginas wiki	22	11	23	56
Contribución (Nº de líneas de texto en la página wiki)	149	125	53	327
Comentarios de discusión	29	30	38	97
Palabras por comentario de discusión	1352	1920	2738	6010
Media de palabras por comentario	46,62	64	72	182,62

Tabla 5. Resumen de la actividad de los miembros del grupo en la wiki

Como ya se mencionó, aunque estos resúmenes no son indicativos necesariamente del éxito del grupo, ni reflejan la calidad del contenido de las contribuciones, sí sirven para ofrecernos una idea general del nivel de participación de los miembros del grupo al tiempo que señalan comportamientos colaborativos más o menos eficaces. En este grupo María fue la que envió más comentarios (38), escribió comentarios más largos (72 palabras por mensaje) e hizo más revisiones a la página wiki (23) aunque sus contribuciones fueron más cortas (53 líneas). Sus compañeras realizaron menos revisiones a la página web (Gloria 22 y Emma 11) pero escribieron contribuciones más largas (Gloria 149 líneas y Emma 125). En general, las tres profesoras escribieron un número de mensajes similar y aunque Gloria escribió los mensajes más cortos (con una media de 46,62 palabras por mensaje), compensó escribiendo las contribuciones más largas (149).

Temporización de las contribuciones

Una vez analizada la secuenciación de la actividad en las revisiones a la página wiki y en los comentarios de las páginas de discusión, observamos que las participantes comenzaron a enviarse mensajes la primera semana y continuaron intercambiando comentarios de manera regular durante las ocho semanas que duraron las tareas. La actividad aumentó en la sexta y séptima semana lo que indica un nivel de actividad más intenso tres semanas antes de la fecha final de entrega de las tareas. En cuanto a las revisiones a las páginas wiki, en general las participantes fueron constantes y realizaron más revisiones al principio (10 revisiones en la primera semana, 15 en la cuarta) y hacia el final (13 revisiones en la séptima semana y 8 en la octava).

Interacción

El etiquetado del contenido de los comentarios según la propuesta de Judd *et al.* (2010) reveló que el grupo en general alcanzó el porcentaje más alto en la categoría 'colaboración' (compartir información y conocimiento, buscar retroalimentación, responder a comentarios previos, buscar consenso) con un total de 88 muestras (el 30,8% del total de muestras analizadas), seguido de 'comentarios dirigidos a todo el grupo' con un total de 70 muestras (24,5%) y 'comentarios en respuesta a comentarios previos' (47 muestras, 16,4%). Al mismo tiempo las tres profesoras también contribuyeron de manera notable a la creación del 'contenido' de las páginas wiki con un total de 46 muestras (16,1%). Véase la Figura 2.

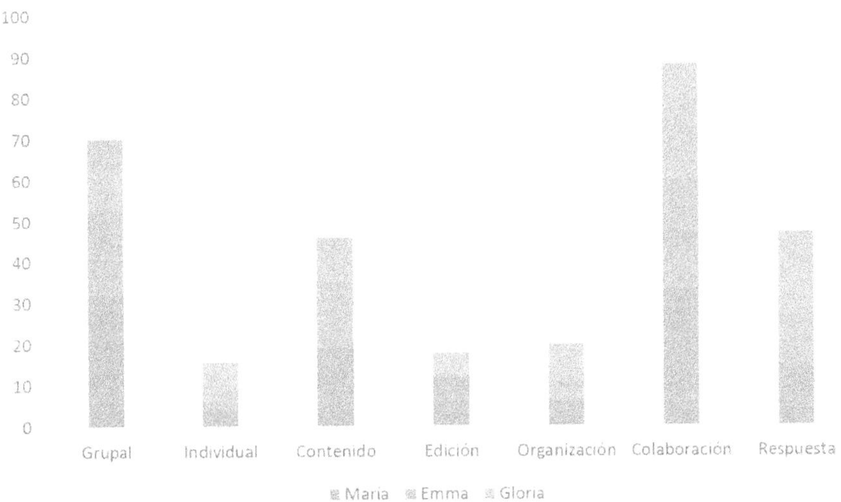

Figura 2. Total de muestras en cada una de las siete categorías
y desglose por participante

Estos resultados indican que la mayoría de los comentarios solían dirigirse al grupo e iban destinados a buscar las contribuciones de las compañeras, la retroalimentación, la reflexión y el consenso (colaboración). Al mismo tiempo las profesoras también tuvieron en cuenta los comentarios de las demás ya que un número importante de las muestras se escribieron en respuesta a comentarios previos de las compañeras. Las profesoras también dedicaron un número importante de comentarios a compartir conocimientos e información y a ofrecer explicaciones (contenido). Por último, y en menor medida, también organizaron y editaron el trabajo. Al respecto véase también el Capítulo 2 de este volumen.

Calidad de las contribuciones

El análisis de la calidad del contenido de las tareas reveló que las participantes, además de desarrollar conocimiento base, también mejoraron su comprensión sobre las dificultades que conlleva implementar proyectos de colaboración virtual. Esto puede observarse en sus comentarios los cuales, además de incorporar su propia experiencia, a menudo eran reflexivos y en ocasiones presentaban una actitud crítica sobre distintos aspectos sobre los que habían leído e investigado:

> "Me parece interesante la actitud de los estudiantes hacia el diario. Me hace gracia porque yo muchas veces me he encontrado en mis estudiantes actitudes similares hacia este tipo de herramientas. A menudo resulta muy complicado conseguir que vean la utilidad de las herramientas que facilitan su reflexión sobre el aprendizaje. En este sentido, este tipo de herramientas exigen un cambio de actitud del estudiante que nosotros, como docentes, somos los encargados de facilitar y guiar" (Emma, 10 abril)

Aunque no se asignaron roles a las participantes para facilitar que los cambiasen según necesitaran (Strijbos *et al.* 2004) observamos que las participantes adoptaron un liderazgo compartido. Se turnaron para iniciar y organizar las tareas y también facilitaron la planificación mediante sugerencias sobre cómo estructurar las páginas wiki. También compartieron conocimientos y experiencias personales y fueron muy proactivas:

> "Yo creo que en este tipo de intercambios colaborativos, evaluaría más las contribuciones en sí, la manera de trabajar, que la exactitud lingüística, mediante cuestionarios y alguna rúbrica. Los alumnos sabrían, por medio de esa rúbrica, los aspectos que se evaluarían, donde de alguna manera también se viera reflejado el esfuerzo realizado por expresarse en la lengua extranjera" (María, 11 mayo)

En sus comentarios puede observarse que estas tres profesoras se esforzaron por colaborar y facilitar la colaboración entre ellas:

> "¿Qué os parece si vamos pensando cómo podemos organizarnos para hacer la página de conclusiones? Sé que nos queda mucho por discutir todavía pero se me ocurre que podríamos organizar fechas y forma de trabajar para debatir, consensuar (si procede) y redactar las conclusiones" (Emma, 17 abril)

Por último, sus comentarios con las compañeras eran positivos y alentadores, además de ser muy apreciativas del esfuerzo común llevado a cabo:

> "[...] en cuanto a lenguaje y explicaciones creo que quedó muy bien nuestro cuestionario, muchas gracias, de verdad que fue un excelente trabajo, y gracias por tener en cuenta estas pequeñas cosas de distinción usadas en Colombia" (Gloria, 21 mayo)

A modo de resumen, podríamos afirmar que las profesoras en este grupo mantuvieron la colaboración durante los dos meses y parecieron disfrutar trabajando juntas. Fueron excepcionalmente constantes, realizando aportaciones todas las semanas de manera regular, extensivamente y dentro de las fechas estipuladas. Sus contribuciones se centraron sobre todo en compartir, alabar, organizar y buscar el consenso. También revisaron la wiki consistentemente y la versión final de las páginas wiki muestra conciencia crítica y reflexión sobre distintos aspectos de su experiencia en la colaboración virtual.

Cortesía en la interacción

El análisis de las estrategias de cortesía lingüística empleadas por las profesoras en la interacción reveló que emplearon un uso mayoritario de estrategias de cortesía positiva con un total de 360 frente a 47 muestras de cortesía negativa. No se encontraron en el corpus muestras de estrategias encubiertas. Según Brown y Levinson (1987), la presencia de estas estrategias satisface la imagen negativa del interlocutor mucho más que si se emplearan estrategias de cortesía negativa. Una explicación plausible para el bajo número de estrategias de cortesía negativa encontradas es que su uso puede dar lugar a ambigüedades y se corre el peligro de que el significado que se desea transmitir se pierda o malinterprete. En este estudio las participantes prefirieron ser más claras, decantándose por la 'máxima de modo' de Grice (1975), según la cual un hablante debe ser tan claro, conciso y ordenado como le sea posible (p. 46).

Tampoco se encontraron muestras de estrategias directas, que son aquellas que se realizan de manera directa y sin ambigüedades. En este caso, es posible que las participantes las hayan considerado maleducadas o chocantes, en definitiva, poco conducentes al establecimiento de una interacción cercana y amistosa, esencial para la colaboración en un entorno virtual (véase Vinagre 2008).

Dentro de la cortesía positiva, las estrategias más numerosas fueron aquellas que tienen como finalidad enfatizar los puntos de vista, ideas o experiencias que hablante y oyente tienen en común a fin de crear cohesión de grupo, solidaridad y amistad (i.e. estrategias C+1 a C+8). Se encontraron un total de 173 muestras en estas categorías, lo que supone el 42,5% del total de estrategias de cortesía encontradas en el estudio. Dentro de estas, la más numerosa con diferencia fue la búsqueda de acuerdo (C+5=94, 23% del total), seguida de mostrar interés por el oyente (C+1=25, 6,1% del total). Según Brown y Levinson (1978), estas estrategias se emplean como extensiones metafóricas de intimidad para implicar que se comparten ideas, puntos de vista y experiencias incluso entre extraños que se perciben, para promover la interacción, como si se conociesen (p. 103). En segundo lugar, con un total de 148 muestras (37,7% del total), se encontraron aquellas estrategias de cortesía positiva cuya finalidad consiste en transmitir reciprocidad y cooperación entre los participantes (i.e. estrategias C+9 a C+14). Entre estas, la más numerosa fue incluir al hablante y oyente en la actividad (C+12=88, 21,6% del total) y en menor medida, ofrecer explicaciones (C+13= 46, 11,3%). Por último, se empleó la estrategia C+15, cuya finalidad consiste en intentar satisfacer los deseos del compañero, en 39 ocasiones, un 9,5% del total de estrategias de cortesía encontradas en este estudio.

Al igual que han sugerido estudios previos (Bretag 2006; Morand y Ocker 2003; Trávniková 2012; Vinagre 2008), la presencia de abundantes estrategias de cortesía positiva, destinadas a enfatizar puntos de vista y experiencias comunes, fomenta el establecimiento de interacciones amistosas y solidarias entre los miembros del grupo. Esta relación de cercanía facilita la reciprocidad y el trabajo colaborativo.

En cuanto a la cortesía negativa, además de emplearse en menos ocasiones, también se encontró una variedad menor de estrategias. La estrategia que se empleó en un mayor número de ocasiones fue ser convencionalmente indirecto (C-1=32, 7,8% del total), seguido de pedir disculpas (C-6=11, 2,7%) y hacer preguntas o emplear cercas semánticas (C-2=4, 0,9%). La mayoría de estas muestras de cortesía se encontraron asociadas a aquellos comentarios en los que se ofrecía retroalimentación a las compañeras. Estos resultados coinciden con los mencionados por Nobarany y Booth (2015) quienes señalan que los participantes en su estudio emplearon sobre todo cortesía negativa para mitigar o suavizar la retroalimentación ofrecida a los compañeros sobre todo cuando esta podía entenderse como una crítica.

Los hallazgos de este estudio sugieren que las profesoras emplearon mayoritariamente aquellas estrategias de cortesía que favorecen el desarrollo de una interacción caracterizada por el establecimiento de relaciones cercanas, íntimas y amistosas como base para fomentar la reciprocidad y cooperación entre iguales. Según algunos autores, este tipo de comportamientos caracteriza el movimiento hacia la creación de un tercer espacio entendido como una nueva área de negociación, significado y representación que facilita el encuentro crítico con los demás (Soja 1996). Gutiérrez y Stone (2000) lo definen como un espacio discursivo en el que posiciones alternativas y en algunos casos opuestas pueden convertir el conflicto y las diferencias en zonas ricas para la colaboración (p. 157). Como ya comentamos anteriormente, las negociaciones propias del proceso colaborativo (i.e. solicitar información, compartir conocimientos y experiencias, exigir y ofrecer retroalimentación, reflexionar de forma crítica sobre las contribuciones propias y ajenas y llegar a un consenso) pueden producir tensiones y conflicto en la interacción, ya que constituyen amenazas para la imagen del compañero. Sin embargo, en este tercer espacio creado mediante el uso de dinámicas y comportamientos lingüísticos específicos, estas negociaciones se transforman en oportunidades para mejorar la comunicación y el aprendizaje. Este tercer espacio actuaría como un andamiaje, un modo de ver conexiones con los demás que fortalece a los participantes (Benzie 2005, 4).

Conclusiones

Este estudio presenta una serie de limitaciones que deben ser tenidas en cuenta. El pequeño tamaño de la muestra analizada significa que no es posible extrapolar los resultados obtenidos a cualquier contexto. En investigaciones futuras pretendemos examinar una mayor cantidad de muestras que incluyan a profesores de lenguas y culturas diversas y comparar los resultados obtenidos a fin de obtener conclusiones más generalizables. Otro aspecto que no se ha tratado aquí y que queda pendiente para futuros estudios, es descubrir cómo afectan las variables edad y género a la construcción de la interacción y su impacto en la colaboración virtual. Aunque podría ser interesante investigar la variable profesión para contrastar los resultados de este estudio con los de grupos de estudiantes que no sean profesores, hay que tener en cuenta que el hecho de que sean profesores no siempre garantiza una colaboración virtual eficaz (véase Vinagre 2015).

A pesar de estas limitaciones, los resultados de este estudio son reveladores. Las participantes que colaboraron de manera más exitosa desarrollaron una serie de dinámicas de trabajo específicas que se caracterizaron por dar prioridad a promover la interacción social antes que la realización de la tarea. Esta interacción se caracterizó por una participación constante, el ofrecimiento de respuestas prontas, discusiones grupales regulares, contribuciones relevantes dentro de plazo y un gran compromiso con la tarea (responsabilidad compartida). A su vez, los comportamientos lingüísticos reflejados en la interacción muestran que las profesoras emplearon sobre todo estrategias de cortesía positiva que facilitaron el desarrollo de relaciones cercanas y amistosas enfatizando la reciprocidad y la confianza mutua como fundamento del trabajo colaborativo.

Por último, estas dinámicas y comportamientos parecen facilitar el desarrollo de un tercer espacio en el que conocimientos e ideas diversas se discuten en la conversación a fin de cuestionarlas y reformarlas, alcanzando así nuevos entendimientos y formas alternativas de aprendizaje (Moje *et al.* 2004). En futuros estudios sería interesante investigar el papel que este tercer espacio juega en la negociación intercultural entre profesores de diversos países y culturas que participan en este tipo de proyectos.

Obras citadas

Belz, Julie. 2004. "Telecollaborative Language Study: A Personal Overview of Praxis and Research". *Selected Papers from the NFLRC Symposium.* Descargado de: http://nflrc.hawaii.edu/networks/NW44/belz.htm

Benzie, Helen. 2005. "Emailing in a 'Third Space': Enhancing Intercultural Communication". *Proceedings of the Language and Academic Skills in Higher Education Conference, Critiquing and Reflecting.* Canberra: LAS Profession and Practice.

Bretag, Tracey. 2006. "Developing 'Third Space' Interculturality Using Computer-Mediated Communication". *Journal of Computer-Mediated Communication*, 11: 981–1011.

Brown, Penelope y Stephen Levinson. 1978; 1987. *Politeness. Some Universals in Language Use.* Cambridge: Cambridge University Press.

Dooly, Melinda. 2009. "New Competencies in a New Era? Examining the Impact of a Teacher Training Project". *ReCALL* 21(3): 352–369.

Fuchs, Carolin, Mirjam Hauck y Andreas Müller-Hartmann. 2012. "Promoting Learner Autonomy through Multiliteracy Skills Development in Cross-institutional Exchanges". *Language Learning & Technology* 16(3): 82–102.

Grice, Herbert. 1975. "Logic and Conversation". En *Syntax and Semantics: Speech Acts,* editado por Peter Cole y Jerry L. Morgan, 41–58. Nueva York: Academic Press.

Guichon, Nicolas. 2009. "Training Future Language Teachers to Develop Online Tutors' Competence through Reflective Analysis". *ReCALL* 21(2): 166–185.

Guth, Sarah y Francesca Helm. 2011. "Developing Multiliteracies in ELT through Telecollaboration. *ELT Journal* 66(1): 42–51.

Gutierrez, Cris y Lynda Stone. 2000. "Synchronic and Diachronic Dimensions of Social Practice: An Emerging Methodology for Cultural Historical Perspectives on Literacy Research. En *Vygotskian Perspectives on Literacy Research: Constructing Meaning through Collaborative Research,* editado por Carol D. Lee y Peter Smagorinsky, 150–164. Cambridge: Cambridge University Press.

Hauck, Mirjam y Sylvia Warnecke. 2013. "Designing CALL Materials for Social Presence. En *Contemporary Computer-Assisted Language Learning,* editado por Michael Thomas, Hayo Reinders y Mark Warschauer, 95–115. Continuum: London y Nueva York.

Johnson, David y Roger. Johnson. 2004. "Cooperation and the Use of Technology". En *Handbook of Research on Educational Communications and Technology*, editado por David Jonassen, 785–811. Mahwah, NJ: Lawrence Erlbaum.

Judd, Terry, Gregor Kennedy y Simon Cropper. 2010. "Using Wikis for Collaborative Learning: Assessing Collaboration through Contribution". *Australasian Journal of Educational Technology* 26(3): 341–354.

Kinginger, Celeste. 2000. "Learning the Pragmatics of Solidarity in the Networked Foreign Language Classroom". En *Second and Foreign Language Learning through Classroom Interaction*, editado por Joan Kelly Hall y Lorrie Stoops Verplaetse, 23–46. Mahwah, NJ: Erlbaum.

Kress, Gunther. 2003. *Literacy in the New Media Age*. London: Routledge.

Lakoff, Robin. 1973. "The Logic of Politeness". *Papers from the Ninth Regional Meeting of the Chicago Linguistic Society*, 292–305. Chicago: Chicago Linguistic Society.

Lam, Christopher. 2011. "Linguistic Politeness in Student-Team Emails: Its Impact on Trust Between Leaders and Members". *IEE Transactions on Professional Communication* 50(4): 360–375.

Li, Mimi. 2012. "Politeness Strategies in Wiki-mediated Communication of EFL Collaborative Writing Tasks. *The IALLT Journal* 42(2): 1–25.

Liaw, Meei Ling. 2006. "E-learning and the Development of Intercultural Competence, *Language Learning & Technology* 10(3): 49–65.

Moje, Elizabeth, Kathryn Mcintosh, Katherine Kramer, Lindsay Ellis, Rosario Carrillo y Tehani Collazo. 2004. "Working Toward Third Space in Content Area Literacy: An Examination of Everyday Funds of Knowledge and Discourse". *Reading Research Quarterly* 39(1): 38–70.

Morand, David A. y Rosalie J. Ocker. 2003. "Politeness Theory and Computer-mediated Communication: A Sociolinguistic Approach to Analyzing Relational Messages". *Proceedings of the 36th Hawaii International Conference on System Sciences*. Descargado de: https://www.computer.org/csdl/proceedings/hicss/2003/1874/01/187410017b.pdf

Nobarany, Syavash y Kellogg Booth. 2015. "Use of Politeness Strategies in Signed Open Peer Review". *Journal of the Association for Information Science and Technology* 66(5): 1048–1064.

O'Dowd, Robert y Paige Ware. 2009. "Critical Issues in Telecollaborative Task Design". *Computer Assisted Language Learning* 22, 2, 173–188.

Sauro, Shannon. 2009. "Computer-mediated Corrective Feedback and the Development of L2 Grammar". *Language Learning & Technology* 13(1): 96–120.

Soja, Edward W. 1996. *Thirdspace: Journeys to Los Angeles and Other Real-and-Imagined Places*. Cambridge, Mass.: Blackwell.

Stickler, Ursula y Regine Hampel. 2007. "Designing Online Tutor Training for Language Courses: A Case Study". *Open Learning* 22(1): 75–85

Strijbos, Jan-Willem, Rob L Martens y Wim M.J. Jochems. 2004. "Designing for Interaction: Six Steps to Designing Computer-supported Group-based Learning". *Computers & Education* 42(4): 403–424.

Swan, Karen, Jia Shen y Starr Roxane Hiltz. 2006. "Assessment and Collaboration in Online Learning". *Journal of Asynchronous Learning Networks* 10(1): 45–62.

Trávníková, Petra. 2013. "Building Rapport in an Online Community via Positive Politeness Strategies". *Discourse & Interaction,* 67–83.

Vinagre, Margarita. 2008. "Politeness Strategies in Collaborative E-mail Exchanges". *Computers & Education* 50: 1022–1036.

———. 2010. *Teoría y Práctica del Aprendizaje Colaborativo Asistido por Ordenador*. Madrid: Síntesis.

———. 2014. "El desarrollo de la competencia intercultural en los intercambios telecolaborativos". *RED - Revista de Educación a Distancia,* 41: 1–22.

———. 2015. "Training Teachers for Virtual Collaboration: A Case Study". *British Journal of Educational Technology* 47(4): 787–802. DOI: 10.1111/bjet.12363.

———. 2016a. "Developing Key Competences for Life-long Learning in Online Collaboration: Teaching ICT in English as a Medium of Instruction". En *Handbook of Research on Foreign Language Education in the Digital Age*, editado por Penny Wang y Lisa Winstead, 170–187. Hershey: IGI Global. DOI: 10.4018/978-1-5225-0177-0.ch008.

———. 2016b. "Developing Teachers' Telecollaborative Competences in Online Experiential Learning". Special Issue: Innovation in Language Learning and Teaching. *System 64:* 34–45. DOI: 10.1016/j.system.2016.12.002.

Vinagre, Margarita y Beatriz Muñoz. 2011. "Computer-mediated Corrective Feedback and Language Accuracy in Telecollaborative Exchanges". *Language Learning & Technology* 15(1): 72–103.

Watts, Richard. 2003. *Politeness*. Cambridge: Cambridge University Press.

Vogt, Karin. 2006. "Can you Measure Attitudinal Factors in Intercultural Communication? Tracing the Development of Attitudes in E-mail Projects". *ReCALL* 18(2): 153–173.

Reconocimientos

La investigación llevada a cabo en este estudio ha sido subvencionada por el Ministerio de Economía y Competitividad (MINECO) dentro del proyecto REDTELCOM/TELNETCOM (EDU2014-54673R).

Capítulo 10. '¡Flipo con tus clases!': La formación de profesorado en la didáctica de lenguas a través de clases invertidas y telecolaboración

Melinda Dooly, Universidad Autónoma de Barcelona
melindaann.dooly@uab.cat

Introducción

Hace más de una década Jung (2005) subrayó la importancia de ver la educación y la tecnología como las dos caras de la misma moneda, defendiendo así la premisa de que la tecnología y la educación deben estar totalmente integradas. A la vez, el autor destacaba los desafíos que los cambios sociales actuales conllevan para los educadores. "Los avances modernos de las tecnologías innovadoras han proporcionado nuevas posibilidades (...) al mismo tiempo han creado más exigencias para los docentes que deben aprender a utilizar estas nuevas tecnologías en la enseñanza" (Jung 2005, 94. Traducción propia). Hay poca discusión hoy en día de que el incremento del uso de Internet y otros medios de comunicación social digitalizados en la vida cotidiana de todo el mundo ha llevado a una mayor aceptación de dicha tecnología en la educación, y en particular en la enseñanza y aprendizaje de lenguas. En gran medida esto puede ser debido a la aceptación y aplicación creciente de enfoques comunicativos (*Communicative Language Teaching* o *CLT*) en el aula y al aumento de las oportunidades (sobre todo a través de la Comunicación Mediada por Computador o CMC) para que el alumnado pueda utilizar la lengua meta con "un público auténtico" y para propósitos similares a los de la vida real. Además, en los últimos años, con el creciente reconocimiento de que CLT es un paradigma que se ha interpretado e implementado de muchas maneras diferentes (y a veces de maneras contrapuestas), ha surgido el término Enseñanza de Lenguas Orientada a la Comunicación (ELOC) (*Communication Oriented Language Teaching*, Littlewood 2014). Esta terminología introduce la perspectiva de que la comunicación en la didáctica de lenguas extranjeras es fundamental, pero a la vez también contempla "la ecología educativa" (Barron 2006) en el diseño de tareas y actividades eficaces, incluyendo las capacidades del alumnado para intervenir en diferentes eventos comunicativos y el andamiaje que es necesario para apoyar sus esfuerzos.

Esta perspectiva encaja con mucha de la literatura publicada sobre las prácticas de la didáctica de lenguas orientadas a la CMC, donde se ve una tendencia a enmarcarlas dentro de los paradigmas pedagógicos del socio-constructivismo, es decir, el aprendizaje siempre está situado dentro de un proceso social y dinámico; así el énfasis recae en la interacción (eventos comunicativos) como elemento fundamental para aprender. Este marco teórico es especialmente frecuente en los artículos publicados sobre la telecolaboración y la didáctica de las lenguas, en particular sobre las lenguas extranjeras (Dooly 2015). En este capítulo se entiende la telecolaboración como el proceso de comunicar y trabajar junto con otras personas o grupos de diferentes lugares a través de herramientas en línea o digitales (por ejemplo, ordenadores, tabletas, móviles) para co-producir un producto (*output*) deseado. En la educación en general, la telecolaboración combina todos estos componentes con un enfoque en el aprendizaje, la interacción social, el diálogo, el intercambio cultural y la comunicación, siendo todos aspectos especialmente importantes en la enseñanza de lenguas.

A pesar de los avances considerables de los últimos años en el uso de la telecolaboración en clases de lenguas (Vinagre 2015), los estudios muestran que todavía no es posible afirmar que la tecnología se ha integrado plenamente en la didáctica de las lenguas (Hubbard 2008; Koehler y Mishra 2009). Igualmente, a pesar de que los centros de enseñanza (tanto primaria como secundaria y universitaria) están cada vez más equipados tecnológicamente y de manera más integral en la vida académica, aún predomina el uso "mecánico" de la tecnología en vez de su uso de una manera comunicativa y creativa para incentivar el pensamiento crítico y el aprendizaje más autónomo. Por ejemplo, las prácticas más documentadas en el uso de la tecnología ponen el énfasis en las competencias receptivas (escuchar, leer), como son las actividades de buscar información, ejercicios repetitivos de vocabulario o leer/escuchar textos adaptados para luego seleccionar las respuestas correctas a una serie de preguntas. Hay menos casos de producción de la lengua meta y en muchos de ellos, la producción está limitada a modelos muy concretos del producto final (*output*), con límites establecidos principalmente por el profesor y no por la situación comunicativa en la que se encuentran los alumnos (BECTA 2008).

Es posible argumentar que esto es debido a la falta de formación de los profesores acerca de cómo crear las condiciones óptimas de aprendizaje en entornos de CMC. Gestionar un proceso de aprendizaje que abarque estas nuevas fronteras y que promueva la comunicación con el mundo exterior al aula puede resultar complicado y a veces un poco desalentador, aún más para los docentes que no han experimentado por ellos mismos este tipo de entorno de aprendizaje. Como destaca Vinagre (2015), hay un creciente interés por parte de profesores de lenguas extranjeras en integrar prácticas que utilizan la CMC en sus clases, pero muchos profesores no se encuentran preparados para los retos que plantea (véase también el Capítulo 9 de este volumen).

La construcción de conocimiento compartido en el aula de L2

Hay un tema central que la didáctica de la lengua extranjera debe tener en consideración dada la situación actual de interconexión del mundo de hoy. Hace falta reconocer que lo que constituye el hecho de "saber" está íntimamente relacionado con la construcción de conocimiento a partir de múltiples experiencias de muchas personas, todas ellas compartiendo, creando e interactuando para "entender" un fenómeno (Downes 2010), lo que también se conoce como conocimiento distribuido socialmente. Se pueden dar como ejemplos los grupos de un foro que se integran de manera espontánea para discutir y explorar conjuntamente como superar los niveles más avanzados en algún videojuego, o una comunidad "twitter" creada por geólogos para promover la conciencia crítica del público general sobre cuestiones ambientales actuales. Entonces ¿cómo hace el profesor de lengua extranjera para integrar este tipo de conocimiento en sus propias clases?

Se puede argumentar que el primer paso, a pesar de parecer una contradicción, es reconocer que se tienen que diseñar las intervenciones en el aula desde una perspectiva que ponga al alumnado y no a la tecnología como eje central. Si bien esto puede parecer una paradoja, cuando un profesor quiere aprovechar la CMC en sus prácticas, es importante resaltar que el énfasis radica en ser capaz de utilizar eficazmente todas las herramientas disponibles para la CMC a fin de promover la colaboración y desarrollo del conocimiento compartido. Esto implica incorporar el uso de la CMC para que sea realmente una parte integral de un proceso de aprendizaje transformador y no solamente intentar hacer más lúdicas las prácticas didácticas recicladas de ciclos típicos como: "presentar, repetir, practicar y producir".

La situación en la cual se encuentran actualmente los profesores de lenguas extranjeras supone una posición ideal para apoyar al alumnado en la adquisición de habilidades clave para el siglo XXI. Profundizando aún más en el argumento, dos de las competencias citadas más frecuentemente en cuanto al perfil de los trabajos del futuro son 1) la capacidad de comunicarse con individuos en un mundo interconectado y a la vez muy diverso y 2) la capacidad de colaborar en la co-construcción del conocimiento generado por múltiples personas (Sternberg 2010). El hecho de que una de las revistas de negocios más reconocidas mundialmente (*Forbes*) publique sobre "*crowdfunding*" (recaudar fondos a través de contribuciones individuales por Internet) o el creciente volumen de industrias que forman parte de la denominada "*sharing economy*" (la economía compartida) como son "Airbnb" o "Uber" refuerza este argumento acerca de las competencias necesarias para el futuro inmediato. Por tanto, es un razonamiento sólido proponer que el papel del profesor de lenguas debe incluir ayudar a sus alumnos a estar mejor preparados para hacer frente a las condiciones de trabajo más predecibles cuando comienzan su vida profesional, incluyendo el uso de la CMC de manera eficaz y no solamente para actividades lúdicas o sociales.

Implicaciones pedagógicas en la clase de lenguas

Un elemento clave que está empezando a ser más relevante en el diseño de entornos de aprendizaje de lenguas a través de la CMC es el aprendizaje colaborativo. Las competencias interpersonales son esenciales para el tipo de interacción que tiene lugar a través de la CMC, puesto que el aprendizaje se realiza en grupos de trabajo que fomentan la interacción social. La cooperación y la colaboración son fundamentales no solo para aprender una lengua, sino también para aprender empatía, auto-respeto y respeto a los demás y para saber solucionar conflictos (Huber y Breen 2007). Además, no cabe duda que saber colaborar "digitalmente" con otros será una competencia exigida para el futuro inmediato;

ya se destaca esta competencia en perfiles del "empleado del futuro" en revistas y otras publicaciones relevantes del mundo de negocios y finanzas.

Entonces ¿qué tiene que saber el profesor de lenguas para utilizar un entorno CMC que fomente no solamente el aprendizaje lingüístico del alumnado sino también la mejora de las competencias interpersonales y la capacidad de colaborar con otros incluso cuando se encuentran en otras partes del mundo? En primer lugar, es necesario saber cómo puede utilizarse eficazmente la CMC de manera que proporcione a los alumnos oportunidades para "hacerse dueños" del proceso de aprendizaje (promocionar la autonomía) a la vez que aprenden a utilizar las herramientas necesarias para colaborar en la co-construcción del conocimiento generado por múltiples personas. Segundo, hace falta diseñar las secuencias de las tareas desde una perspectiva bifocal según la cual la lengua meta sea a la vez objeto de estudio e instrumento para la construcción de otros conocimientos (incluyendo la adquisición de conocimientos interdisciplinares).

El hecho de que se integre la CMC en la secuencia de tareas implica que existe la posibilidad de añadir la comunicación "real" a la realización de la tarea. Ello hace que este enfoque se distancie bastante de propuestas didácticas basadas en la consecución de unos objetivos lingüísticos predefinidos (como suele suceder en los capítulos de los libros de texto). No obstante, ello no significa que los objetivos de aprendizaje de la lengua no estén establecidos. El profesor debe partir de un objetivo tangible (aquello que se quiere conseguir como producto final) pero también de un objetivo didáctico (aquello que se quiere aprender). Igualmente, la planificación debería incluir suficiente "elasticidad" para incorporar las oportunidades de aprendizaje que surjan, fruto de las necesidades auténticas de los alumnos, las cuales, a menudo, solo se ponen de relieve cuando ellos interactúan para llevar a cabo las tareas y actividades propuestas en el entorno de la CMC. Es decir, la planificación debe estar orientada a la comunicación, pero no "dictada" por los planes (véase ELOC, Littlewood 2014).

¿Cómo se pueden integrar estos conceptos en la formación del profesorado?

El estudio del caso descrito en adelante trata de un intercambio telecolaborativo entre dos facultades de educación, una en España y la otra en los EE. UU. Los dos profesores han utilizado la CMC como parte de su práctica docente desde 2001, sobre todo para fomentar las prácticas telecolaborativas entre sus alumnos. La iteración actual (versión 14), fue diseñada para integrar plenamente el uso de la CMC como parte del proceso de aprendizaje, a la vez que se utilizaron las herramientas tecnológicas, no solamente para la comunicación entre los alumnos de las dos clases, sino para agregar una tercera "ecología educativa" (Barron 2006) que consistió en una clase invertida (*flipped classroom*). Es decir, se distribuyeron las lecturas de las clases a través de recursos digitales para que los alumnos "asistieran" a las "clases magistrales" antes de asistir a las clases presenciales. De este modo, los alumnos estaban informados de antemano de los conceptos principales de la asignatura y ya habían participado en la co-construcción de conocimiento con sus grupos telecolaborativos antes de entrar en la clase presencial (destacando así de manera positiva el proceso del conocimiento socialmente distribuido). De esta manera, la configuración del programa educativo de los futuros profesores no solamente les exponía al uso constructivo de la CMC, también era imprescindible que desarrollasen su propia autonomía y poder tomar conciencia del concepto de la cognición socialmente distribuida para reproducirlo en el futuro con sus propios alumnos.

Como Vinagre (2010) subraya, a menudo los profesores se sienten reacios a integrar el uso de la CMC para promocionar el aprendizaje (tele)colaborativo o bien temen que no sabrán apoyar efectivamente a sus alumnos en su propio proceso de aprendizaje a través de la CMC. Por supuesto, planificar un proyecto telecolaborativo requiere de antemano una minuciosa planificación. Se precisa encontrar la mejor manera de agrupar al alumnado para que los grupos sean lo más productivos posibles (dentro del aula y a través de la CMC). De hecho, una pregunta frecuente por parte de los profesores nuevos en la telecolaboración es cuál es la mejor manera de agrupar a los estudiantes para la interacción en línea. No hay una respuesta estándar para esta pregunta, dado que el diseño de todas las tareas está supeditado al contexto en el que se llevan a cabo las actividades. Por ejemplo, es raro encontrar clases que tengan exactamente el mismo número de alumnos por lo que la agrupación debe tener en cuenta el tamaño de las clases, de modo que se les pueda agrupar para que sea factible realizar el intercambio entre ambas. Idealmente, esto nunca debería ser una relación de uno a dos (una persona en una institución y dos personas en la otra). Sin embargo, si son inevitables grupos de uno a dos, los profesores deben tener siempre un plan B (por ejemplo, pedir a los dos miembros de la clase con un compañero menos de intercambio llevar a cabo una tarea diferente (como sería hacer una investigación en línea) para compartir los resultados después con otros grupos.

Aunque no hay una respuesta estándar sobre la mejor manera de formar grupos telecolaborativos, una clave para la planificación de este tipo de interacción es pensar cómo uno diseñaría una tarea similar en el aula presencial. En la mayoría de los casos (podría decirse incluso en todos los casos) si se pueden configurar los grupos de manera efectiva para trabajar (sea en parejas o en grupo pequeños) en una clase presencial, el mismo diseño de la tarea se puede transferir al entorno virtual, con una planificación muy cuidadosa y siempre con mucho apoyo (soportes visuales, instrucciones muy claras sobre cómo llevar a cabo el trabajo, recursos lingüísticos disponibles, etc.). El diseño del trabajo en grupo debe asegurar que haya comunicación (en parejas o en pequeños grupos). No obstante, para los principiantes, la interacción de uno-a-uno en la lengua meta puede ser intimidante. Se puede aliviar esta presión trabajando entre parejas en cuyo caso, las instrucciones deben incluir un reparto equitativo de las tareas comunicativas a realizar.

También es necesario planificar qué tipo de andamiaje se proporcionará: pactar los resultados que se esperan, dar instrucciones orales y por escrito muy claras, y al principio del intercambio negociar los pasos a seguir para ejecutar el proyecto. Además, es importante reflexionar acerca de cuáles son las formas lingüísticas básicas necesarias para cumplir con los objetivos de las tareas, etc. En este estudio, las instrucciones completas estaban disponibles para los estudiantes en un blog, con los pasos descritos en detalle y los alumnos podían consultarlas en cualquier momento. Las instrucciones se complementaron con un calendario que incluía las tareas, los materiales y las actividades invertidas, al igual que instrucciones muy detalladas sobre las expectativas de las reuniones grupales en línea. También se publicó una lista y un calendario de los productos/resultados esperados en cada actividad (*output*).

Por último, hace falta recapacitar sobre si los alumnos saben trabajar de manera colaborativa o si es necesario enseñarles a hacerlo. Las dificultades pueden surgir debido a la complejidad cognitiva de las actividades de colaboración, así como la falta de familiaridad con las nuevas interacciones sociales necesarias para llevarlas a cabo, tales como dificultades a la hora de articular la actividad conjunta (sobre todo si se trata de colaborar en una lengua extranjera). Si los estudiantes no están acostumbrados al trabajo colaborativo, lo mejor es ir introduciendo diferentes niveles de colaboración durante el intercambio telecolaborativo y tomarse un tiempo para "entrenarlos" en cómo colaborar. Esto incluye discutir y negociar las reglas de comportamiento de los grupos de trabajo y elaborar los criterios (descripciones) de comportamiento colaborativo (estas descripciones se utilizan en las evaluaciones formativas y finales). También se debe discutir lo que significa colaborar y por qué es importante para ellos. En resumen, los mismos principios que se aplican al crear un entorno de aprendizaje colaborativo en un aula presencial son aplicables a los entornos telecolaborativos. El aprendizaje colaborativo ha sido el foco de mucha investigación desde los años 80. Por ser breve, se hace referencia aquí a algunas de las obras más importantes (ej. Bruffee 1999; Johnson y Johnson 1991; Johnson, Johnson y Smith 1991).

El aprendizaje colaborativo y las clases invertidas tienen un nexo en la necesidad de que los estudiantes desarrollen su autonomía. Es absolutamente esencial que los estudiantes sean conscientes de su propia responsabilidad en el desempeño de sus funciones en el aprendizaje colaborativo, así como del compromiso de interactuar con los materiales para la clase invertida. En el caso descrito aquí, se utilizaba una amplia variedad de modalidades de evaluación (autoevaluación, heteroevaluación realizada por un compañero (*peer asssessment*) o por el profesor, coevaluación) y de herramientas para evaluar (rúbricas, *exit slips*,[1] preguntas por pares o grupos, resúmenes de lecciones, etc.). Todas ellas ayudaron a proporcionar una mayor percepción del progreso de los alumnos y a otorgar mayor validez a las notas finales. La evaluación incluía, además, retroalimentación de personas fuera de las propias clases (heteroevaluación realizada por los compañeros de la otra universidad y por los dos profesores del intercambio e incluso por profesores expertos en la implementación de proyectos telecolaborativos).

Una forma de hacer que los estudiantes sean conscientes de la importancia de ser responsable de su proceso de aprendizaje es el uso de un contrato didáctico. En este caso, se utilizaron los mismos criterios en el contrato que los empleados para

---

[1] Son respuestas escritas de los estudiantes a una pregunta planteada por el profesor al final de la clase.

elaborar las rúbricas de evaluación entre pares y la autoevaluación. La Figura 1 muestra un ejemplo del contrato y en la Figura 2 se puede ver un fragmento de una rúbrica basada en los mismos criterios.

Esta lista representa las actitudes y comportamientos necesarios y esperados para el éxito de las clases invertidas. El estudiante debe:

• Mantenerse al día sobre la programación de las actividades, tanto dentro del aula como fuera de clase.
• Estar dispuesto a aceptar la responsabilidad de prepararse los materiales con diligencia antes de venir a la clase (ver los vídeos, hacer la lectura de los textos, explorar los recursos digitales asignados, etc.).
• Asegurarse de realizar a fondo las tareas preparatorias para la clase (no hacerlas superficialmente).
• Estar abierto a probar y explorar nuevos paradigmas pedagógicos que no son familiares.
• Estar dispuesto a sentirse incomodo en situaciones que puedan surgir durante nuevos procesos de enseñanza y aprendizaje con los que no esté familiarizado.
• Ser honesto en la autoevaluación, la evaluación de los compañeros y del profesor.

Figura 1. Contrato didáctico

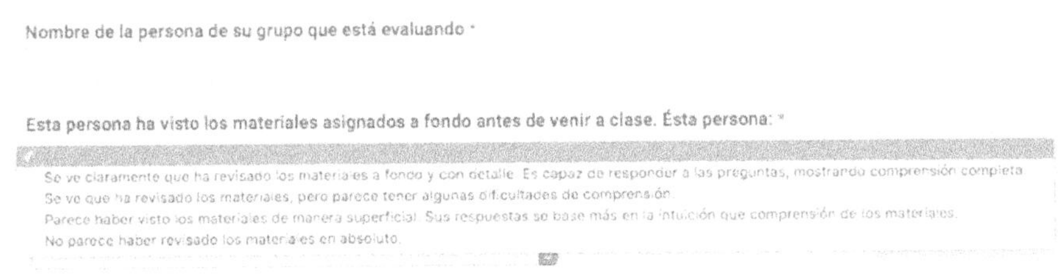

Figura 2. Rúbrica digital de evaluación basada en criterios del contrato

El uso de herramientas de evaluación cuidadosamente planificadas dentro de las tareas a realizar durante la fase de implementación del proyecto ayudó a prevenir problemas dentro del grupo de trabajo, a detectar dificultades individuales e incluso sirvió como 'entrenamiento' para que los estudiantes supieran aplicarlas en un futuro a la realización de tareas de colaboración entre individuos en su lugar de trabajo o en la comunidad. Por lo tanto, la evaluación del intercambio tenía el triple propósito de guiar y medir el progreso a la vez que preparar a los futuros profesores para implementar una evaluación continua en sus clases.

En una clase invertida, como los estudiantes ya han visualizado lo que conlleva el contenido teórico de la clase, se libera el tiempo de la clase presencial para llevar a cabo discusiones y más actividades empíricas. Los materiales para la clase invertida, juntamente con las discusiones entre los grupos telecolaborativos constituyeron la base principal del proceso de aprendizaje. De esta manera, se replica el tipo de interacción que encontrarán en el futuro como profesionales en el cual, como ya se ha comentado, hace falta colaborar en la co-construcción del conocimiento generado por múltiples personas (Sternberg 2010), muchas veces a distancia.

En paralelo, el diseño de las actividades llevadas a cabo en la clase presencial era tal que no era posible participar en las actividades sin haber llevado a cabo las tareas previas (esto permitía promover aún más el desarrollo de la autonomía del alumnado). En el diseño de las actividades telecolaborativas se esperaba de los futuros profesores que se sumergieran en situaciones comunicativas en línea que promovieran el aprendizaje (tanto del contenido como de la lengua meta) y la reflexión para así luego transferir los nuevos conocimientos a contextos similares con sus alumnos.

De este modo la tecnología y la CMC desempeñaron un papel clave (a) en el estudio individual a través de la interacción con los materiales de las clases invertidas, (b) en la telecolaboración con sus compañeros en línea en la cual entraba en juego tanto la reflexión sobre los materiales de las clases invertidas como la preparación de actividades para llevar a la clase basadas en dichos materiales y (c) como objeto de estudio para la enseñanza y el aprendizaje de lenguas, ya que los programas de las dos clases incluían la exploración de recursos tecnológicos para promover el aprendizaje de la lengua extranjera y la investigación sobre cómo incorporar el uso de la CMC en la didáctica de las lenguas extranjeras.

Guión de una reunión telecolaborativa

Los grupos de estudiantes de University of Illinois Urbana-Champaign (UIUC) y la Universidad Autónoma de Barcelona (UAB) se reunieron telecolaborativamente nueve veces durante un periodo de 10 semanas. Los grupos estaban formados por cinco o seis personas, con dos o tres de cada universidad. Se formaron los grupos según su disponibilidad horaria, ya que se reunían fuera del horario de las clases.

En la siguiente lista se describen algunos de los temas de las reuniones telecolaborativas:

- Conocer a los miembros del grupo (basado en la elaboración y visualización de "cortometrajes" de presentación personal previos).
- Explorar conjuntamente los recursos para la telecolaboración.
- Discutir el papel de la tecnología en la didáctica de la lengua extranjera.
- Tomar conciencia de la importancia de la edad, los estilos de aprendizaje y los niveles de conocimiento de la lengua meta en el diseño de los proyectos.
- Relacionar los contextos de los proyectos con la teoría presentada a través de los materiales para la clase invertida (i.e., ELOC, estudios de casos, etc.)
- Explorar conjuntamente los recursos para apoyar la telecolaboración.
- Explorar y analizar de manera crítica proyectos telecolaborativos.

Se trataron los temas arriba mencionados semanalmente en las reuniones telecolaborativas de los grupos. Las reuniones se consideraron un componente de la clase invertida ya que cada reunión se llevó a cabo antes de las clases presenciales y el trabajo grupal fue diseñado expresamente para avanzar en la comprensión del contenido de dichas clases (ver Figura 3). Con el fin de proporcionar diversidad y también para exponer a los estudiantes a diferentes maneras de configurar tareas en entornos CMC, las instrucciones de cada reunión y las tareas fueron diferentes cada semana. Igualmente, los instructores presentaron diferentes herramientas tecnológicas para la realización de las tareas y así exponer a los futuros profesores a más herramientas que luego podrían integrar en sus propias prácticas docentes.

Uno de los descubrimientos fundamentales de los profesores en este estudio es que no hay herramientas particulares que sean más apropiadas que otras para la CMC. Más bien lo contrario; hay un número incontable de herramientas que se pueden utilizar y esta lista evoluciona continuamente. Los profesores deben saber encontrar la herramienta que mejor se adapte a la tarea que tienen en mente en lugar de diseñar una tarea en torno a una herramienta (aunque algunas adaptaciones de la tarea pueden ser necesarias de acuerdo con las características de la herramienta, por supuesto). Esta integración de la tecnología en la educación implica que con una mayor exposición de los estudiantes a diferentes herramientas (no importa cuáles) desarrollan una mayor confianza a la hora de manejar la tecnología en general y de adaptar su enseñanza a las herramientas que tienen a mano.

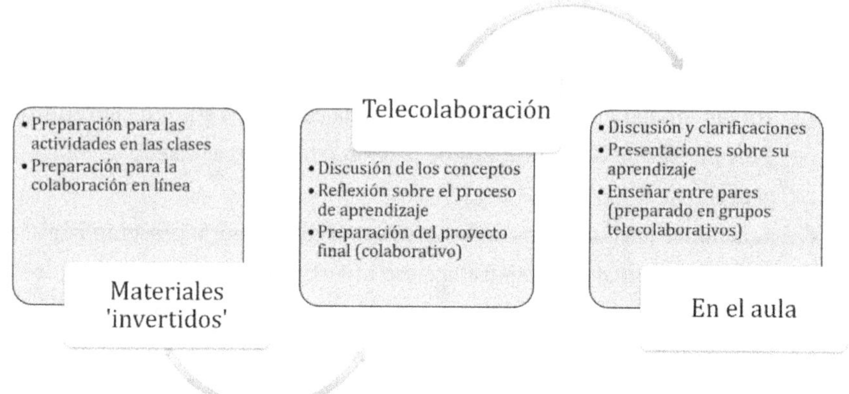

Figura 3. Integración de las clases invertidas, la telecolaboración y las clases presenciales

Debido a los límites en la extensión de este capítulo, no es posible explicar el diseño de todas las tareas grupales en línea; sin embargo, para ilustrar la forma en que estas actividades pueden ser diseñadas, a continuación se ofrece un guión de una reunión en línea que ilustra cómo estas reuniones se integran con las actividades de la clase presencial.

Ejemplo: Una reunión en línea para preparar materiales docentes.

- Primero se presenta una descripción sobre la tarea final del grupo: Crear materiales para una "mini-clase" a realizarse en la próxima clase presencial sobre un tema asignado (en este caso, se trataba de enumerar los estilos de aprendizaje y discutir cómo tenerlos en consideración al diseñar un proyecto telecolaborativo).
- Individualmente, cada miembro del grupo tiene que realizar tareas preliminares: Leer un texto diferente al de los compañeros sobre el mismo tema y hacer un resumen de los puntos clave del texto.

- En la reunión en línea, todos los estudiantes trabajan colaborativamente para preparar los materiales y las estrategias de enseñanza para participar en las clases presenciales. Esto consiste en:

  (1) describir y discutir los principales puntos de los textos leídos y a continuación,

  (2) seleccionar una serie de puntos clave de las listas individuales para preparar la "mini-clase",

  (3) pensar en grupo qué estrategias docentes usar para enseñar el tema de una manera participativa en la clase presencial.

En la clase presencial (cada grupo en su universidad) los dos grupos llevan a cabo sus "mini-clases" sobre los temas elegidos. Después de la clase, los grupos evalúan e informan a sus compañeros de la reunión en línea (de manera asíncrona en un foro) sobre cómo funcionó la intervención presencial y recomiendan al menos un punto de mejora en las estrategias de las prácticas docentes utilizadas, así como un punto fuerte de las prácticas implementadas. Esta actividad de reflexión se lleva a la siguiente reunión presencial del grupo que consiste en discutir cómo mejorar sus materiales. También se formulan preguntas para los otros grupos sobre los temas presentados que se responden en la siguiente clase presencial.

Conclusión

Tal como se ve en la Figura 3, lo esencial de esta actividad CMC de formación docente de lenguas extranjeras yace en la integración de todos los diferentes aspectos de la enseñanza: (1) el uso de la tecnología para el trabajo individual (clase invertida); (2) el uso de la tecnología para el trabajo en grupo (el aprendizaje dialógico, la co-construcción del conocimiento, la exploración y profundización de los conceptos) y (3) el trabajo presencial en clase (el trabajo empírico, las discusiones, la clarificación de conceptos, la demostración de las competencias adquiridas por los docentes en formación). La convergencia de temas (ej. la tecnología, el uso de la CMC) y contenido específico de la didáctica de la lengua extranjera (ej. teoría y casos empíricos), vía diferentes dominios de interacción (digital, presencial), ayudó a los participantes a aplicar el 'pensamiento conceptual' a los conceptos cotidianos de sus prácticas y poder así considerarlos más explícitos para una mejor reflexión.

Existe una necesidad clara de un cambio en la formación del profesorado de lenguas extranjeras que incorpore las ideas sobre cómo se construye el conocimiento hoy en día. Hace falta ofrecer a los futuros docentes oportunidades de verdadera colaboración a través del uso de la CMC, destinada a ampliar su conocimiento y el de los demás con el fin de saber extrapolar este conocimiento a otros contextos. La posibilidad de entrar en discusiones profundas y dialógicas con personas de intereses afines, fuera de las presiones del aula, puede ayudar al futuro profesor a cuestionar, reflexionar y ratificar los fundamentos conceptuales de la didáctica de la lengua extranjera. Al tener que hacer explícitas sus perspectivas sobre las estrategias educativas a sus compañeros de grupo, los profesores en formación deben mostrar dominio no solamente del contenido disciplinar sino también de diferentes competencias comunicativas, muchas de ellas sumamente relevantes para el siglo XXI. Estas competencias, a su vez, se transmitirán a sus alumnos de lenguas en un futuro próximo.

Obras citadas

Barron, Brigid. 2006. "Interest and Self-Sustained Learning as Catalysts of Development: A Learning Ecologies Perspective. *Human Development* 49: 193–224.

BECTA (British Educational Communications and Technology Agency). 2008. *Web 2.0 Technologies for Learning at KS3 and KS4: Learners' Use of Web 2.0 Technologies in and out of School.* London: BECTA. Descargado de: http://www.ttrb3.org.uk/wp-content/uploads/2012/11/web2_learnersuse_report2-summary.pdf

Bruffee, Kenneth.A. 1999. *Collaborative Learning: Higher Education, Interdependence, and the Authority of Knowledge. 2nd ed.* Baltimore: Johns Hopkins University Press.

Dooly, Melinda. 2015. "It Takes Research to Build a Community: Ongoing Challenges for Scholars in Digitally-Supported Communicative Language Teaching." *CALICO Journal* 32(1): 172–194.

Downes, Stephen. 2010. "Learning Networks and Connective Knowledge." En *Collective Intelligence and E-learning 2.0: Implications of Web-based Communities and Networking,* editado por H. H. Yang y S. C.-Y. Yuen, 1-26. Hershey, PA: IGI Global.

Huber, Mary Taylor y Molly Breen. 2007. *Integrative Learning: Putting the Pieces Together Again*. Stanford, CA: Carnegie Institute for the Advancement of Teaching. Descargado de: https://files.eric.ed.gov/fulltext/ED498962.pdf

Hubbard, Philip. 2008. "CALL and The Future of Language Teacher Education." *CALICO Journal* 25(2): 175-88.

Hutchings, Charles. 2008. *Great Expectations of ICT. Findings from Second Phase of Research, Briefing Paper*. .

Johnson, David. W. y Roger. T. Johnson. 1991. *Learning Together and Alone*. Englewood Cliffs, N.J.: Prentice Hall.

Johnson, David. W., Roger. T., Johnson y Karl A. Smith. 1991. *Cooperative Learning: Increasing College Faculty Instructional Productivity*. ASHE-ERIC Higher Education Report, No. 4. Washington, D.C.: George Washington University.

Jung, Insung. 2005. "ICT-Pedagogy Integration in Teacher Training: Application Cases Worldwide." *Educational Technology and Society* 8(2): 94-101.

Koehler, Matthew J. y Mishra Punya. 2009. "What is Technological Pedagogical Content Knowledge?" *Contemporary Issues in Technology and Teacher Education* 9(1). Descargado de: http://www.citejournal.org/vol9/iss1/general/article1.cfm

Littlewood, William. 2014. "Communication-Oriented Language Teaching: Where Are We Now? Where Do We Go from Here?" *Language Teaching* 47(3): 349–362. DOI: http://dx.doi.org/10.1017/S0261444812000134

Sternberg, Robert J. 2010. "Foreword." En *New Science of Learning: Cognition, Computers and Collaboration in Education*, editado por M. S. Khine y I. M. Saleh, v–ix. New York, Dordrecht, Heidelberg, & London: Springer.

Vinagre, Margarita. 2010. *Teoría y Práctica del Aprendizaje Colaborativo Asistido por Ordenador*. Madrid: Síntesis.

———. 2015. "Training Teachers for Virtual Collaboration: A Case Study." *British Journal of Educational Technology* 47(4): 787–802. DOI: 10.1111/bjet.12363.

La Autora

Melinda Dooly es profesora e investigadora *Serra Hunter* en la Facultad de Educación de la Universidad Autónoma de Barcelona, España, donde enseña metodología de lenguas extranjeras y métodos de investigación en educación. Su investigación más reciente se ha enfocado en el aprendizaje de lenguas a través de proyectos mediados por tecnologías en la formación de profesores. Otro de sus áreas de investigación es el aprendizaje de lenguas mediante la colaboración virtual con aprendices jóvenes.

Melinda Dooly holds a Serra Hunter fellowship as teacher and researcher at the Education Faculty of the Autonomous University of Barcelona, Spain, where she teaches English as a foreign language methodology and educational research methods courses. Her recent research has focused on technology-enhanced project-based language learning in teacher preparation. Another area of her research is telecollaborative language learning with young learners.

Capítulo 11. El desarrollo pragmático en una segunda lengua a través de la comunicación mediada por computador: Una visión panorámica

Marta González-Lloret, University of Hawai'i at Manoa

marta@hawaii.edu

Introducción

En este mundo globalizado en que vivimos donde cada vez más personas establecen relaciones, llevan a cabo negocios y se comunican en su vida diaria con personas de otras culturas y lenguas, la competencia pragmática es una habilidad esencial. Especialmente porque los errores pragmáticos ponen en peligro la comunicación más que los errores fonéticos, léxicos o gramaticales (Bardovi-Harlig y Dörnyei 1998) y pueden llevar a la frustración de los hablantes e incluso a una seria ruptura de las relaciones (Taguchi y Sykes 2013).

La comunicación mediada por computador (CMC) se ha convertido en la principal forma de comunicación personal, profesional y comercial, siendo las conversaciones de texto las más frecuentes (Herring 2010). En algunos lugares del mundo es la única forma de comunicarse y hacer negocios a distancia. Por ejemplo, en octubre de 2012 Facebook alcanzó un billón de usuarios que lo usan mayormente para comunicación personal, aunque según estadísticas de *Pew Internet & American Life Project*, en 2014, el 58% de los usuarios de Facebook lo usa también para conectar con colegas de trabajo (el 71% lo usa diariamente y el 45% lo usa varias veces al día). Una de las áreas donde podemos ver el dominio que la CMC está ganando y la importancia que la pragmática tiene en la comunicación es la acción de buscar empleo. Según el *Pew Internet & American Life Project*, el 79% de los adultos en busca de trabajo usa recursos en línea y herramientas móviles, y el 34% afirma que estas son las herramientas más importantes (Smith 2015). Si esta es una tendencia en alza, es extremadamente importante entender cuáles son las normas sociopragmáticas y pragmalingüísticas asociadas con este acto digital ya que un error pragmático puede tener consecuencias desastrosas. Un correo electrónico solicitando un empleo es el primer contacto con el posible empleador y una falta de cortesía, un registro indebido, un acto de habla demasiado directo o un saludo o despedida inadecuados pueden suponer el rechazo inmediato de la solicitud y por consiguiente del candidato.

Dada la importancia que la CMC tiene para la comunicación en el ámbito tanto profesional como personal, y ya que mucha de esta comunicación se realiza en una lengua diferente a nuestra L1, es esencial entender el papel que la pragmática de una segunda lengua (L2[1]) tiene en la CMC y saber si es posible desarrollar esa habilidad pragmática a través de diferentes tecnologías para comunicarnos efectivamente con otros en la L2. Este capítulo da una visión panorámica de lo que sabemos sobre la pragmática en la CMC y presenta la investigación existente sobre el desarrollo pragmático en la L2 a través de tecnologías.

La pragmática en la comunicación mediada por computador

Antes de hablar del desarrollo pragmático en una L2 a través de la tecnología y de los estudios realizados sobre este tema, es importante definir qué es la pragmática. La pragmática estudia el significado de lo comunicado por el hablante y lo interpretado por el oyente (verbalmente, no verbalmente y a través del silencio), considerando cómo está organizado el mensaje, cuál es el contexto en el que se produce la comunicación, quiénes son los hablantes, cuál es su relación, etc. Según la definición de David Crystal, la pragmática es "el estudio de la lengua desde el punto de vista de los usuarios, especialmente de las elecciones que hacen, las limitaciones que encuentran al usar la lengua para interactuar y los efectos que su uso tiene en otros participantes del acto comunicativo" (Crystal 1997, 301, traducción propia). Para tener competencia pragmática necesitamos tener competencia pragmalingüística (saber y poder usar apropiadamente las formas del

---

[1] Es importante señalar que en este capítulo se usa el término 'segunda lengua' para referirse a cualquier otra lengua aprendida después de la(s) lengua(s) materna(s), con plena conciencia de que la mayoría de los hablantes del mundo se comunican en su tercera o cuarta lengua cuando realizan este tipo de interacciones.

lenguaje necesarias) y sociopragmática (usar la lengua de forma apropiada según el contexto social). En este capítulo 'competencia pragmática' se usa para incluir ambas competencias.

El campo de la pragmática de la CMC, también conocido como ciberpragmática (Yus 2001), trata los mismos temas de la pragmática presencial y se está desarrollando rápidamente como campo autónomo de estudio, propiciado por la expansión de la tecnología en nuestra vida diaria. Los temas de estudio reflejan los temas de la pragmática tradicional: estudios de cortesía o descortesía (ej. Mancera Rueda 2015), la producción de diferentes actos de habla en la CMC como por ejemplo secuencias de inicio y cierre (ej. Bou-French 2011), consejos (ej. Kouper 2010), creación de identidad (ej. Yus 2014), coherencia (ej. Bou-Franch *et al.* 2012), creación de humor y juegos con el lenguaje (ej. Lazaraton 2014), así como estudios descriptivos de la interacción pragmática mediada por diferentes tecnologías como los mensajes en teléfono móvil (ej. Spagnolli 2012), el email (ej. Yus 2001), los fórums (ej. Nishimura 2008), las redes sociales (ej. Locher 2014), el *chat* textual (ej. Blyth 2012) y la interacción por video (ej. Jenks y Firth 2013). Ver más ejemplos de este tipo de investigación en Herring *et al.* (2013).

Una de las características más sobresalientes del discurso mediado por computador es la diferencia en la estructura y en la forma en la que los interactuantes toman turnos de habla (*turn taking sequence*, Sacks, Schegloff y Jefferson 1974). En las interacciones asincrónicas, como las que se establecen por correo electrónico, la discontinuidad de los turnos y la separación de los pares adyacentes (*adjacency pairs*, Sacks et al. 1974) es más obvia, pero la coherencia todavía existe (ej. Herring 1999) y se logra en gran parte por medio de técnicas relacionadas con la pragmática como el uso de invitaciones a dar respuesta, indexicalidad, relevancia y recursos de cortesía. Las interacciones sincrónicas, aunque parecen caóticas (Herring 1999), tienen una estructura identificable en la que los pares adyacentes los son de forma virtual (Schönfeldt y Golato 2003), es decir no tienen que estar inmediatamente juntos en el discurso sino que pueden estar interrumpidos por otras secuencias. Esa separación se acrecienta cuantos más participantes hay en la interacción (Beisswenger 2008). A pesar de estas diferencias, los usuarios no tienen problemas de comunicación y se adaptan fácilmente al medio de interacción. Adaptan los turnos haciéndolos más cortos para mantener los pares lo más cerca posible (Tudini 2010), usan diferentes recursos para mantener la interacción como señalar su presencia con frecuencia, y añaden recursos para compensar la falta de lenguaje no verbal por medio de emoticones, ortografía particular, elongación de las palabras, etc. (González-Lloret 2015).

La pragmática de la segunda lengua mediada por computador

Los primeros estudios de interacción mediada por computador que incluían participantes multilingües se realizaron a mediados de los años 90 y en su mayor parte eran contrastivos, describiendo las diferencias que existían entre la interacción oral cara a cara y la interacción mediada por computador. Estos estudios de carácter descriptivo nos informan sobre las prácticas sociopragmáticas y pragmalingüísticas que existen en la CMC aunque no nos informan sobre cómo se adquieren esas prácticas, lo que veremos en el siguiente apartado. Uno de los primeros investigadores en estudiar la pragmática de estudiantes de lengua en este entorno fue Dorothy Chun. Chun (1994) analizó el discurso producido por estudiantes de alemán en un *chat*. Sus resultados demostraron que los estudiantes llevaban a cabo varios actos de habla (hacer preguntas, pedir clarificación, saludar) que no hacían en el aula de clase. Desde entonces hasta ahora el campo ha evolucionado, sobre todo en la variedad de herramientas de mediación comunicativa que se han estudiado. Aunque se continúa estudiando las interacciones de texto como el email (Bou-French 2013) y el *chat* (Vandergriff 2014), también han aparecido estudios de comunicación oral (ej. Jenks 2014), por videoconferencia (Tercedor Cabrero 2013), ambientes virtuales (Pojanapunya y Jaroenkitboworn 2011) e incluso en los videojuegos (Piirainen-Marsh y Tainio 2014). Todos estos estudios demuestran la riqueza pragmática y de socialización que ocurre en cada uno de estos entornos donde las personas que interactúan necesitan adherirse a unas normas sociopragmáticas y pragmalingüísticas específicas del medio para poder comunicarse y ser aceptados como integrantes de esa comunidad de hablantes.

En cuanto a los temas relacionados con la pragmática más estudiados se encuentran las descripciones del sistema de turnos en la CMC y otros recursos usados durante la interacción (ej. Chun 1994; González-Lloret 2008; 2011; Tercedor Cabrero 2013; Tudini 2010). Varias de las investigaciones se centran en actos de habla específicos como aperturas y cierres de la conversación (ej. Gonzales, 2013; Pojanapunya y Jaroenkitboworn 2011), llamadas y contestaciones (ej. Jenks y Brandt 2013), consejos (ej. Tsai y Kinginger 2014), y peticiones (ej. Bou-French 2013). Temas relacionados con la cortesía incluyen las relaciones de familiaridad y poder (ej. Piirainen-Marsh y Tainio 2014; Vinagre, 2008), el lenguaje directo/indirecto (ej. Biesenbach-Lucas 2007), el grado de formalidad (ej. Bou-French 2013) y el uso de mitigadores. También existen estudios de reparaciones de la conversación (ej. Brandt y Jenks 2013), intersubjetividad y afiliación (ej. Darhowwer 2002) y transferencia pragmática (ej. Abrams 2013).

En general no es fácil resumir los resultados de estos estudios porque abarcan un gran abanico de temas y herramientas, pero sí podemos extraer resultados relevantes para la enseñanza de la pragmática en el aula de segundas lenguas. La mayoría de estos estudios demuestra que los estudiantes son hablantes competentes, capaces de reconocer reglas pragmáticas y producir actos de habla interaccionalmente apropiados (ej. Chun 1994; González-Lloret 2008). La competencia sociopragmática de los estudiantes se refleja también en el uso de las secuencias en interacciones sincrónicas. A pesar de que muchas de estas interacciones parecen caóticas a primera vista, los estudiantes son capaces de producir turnos de forma adecuada, las secuencias son tan elaboradas como las de los hablantes nativos, usan recursos muy similares para mantener la conversación y son capaces de organizar la estructura de la interacción y desarrollar y mantener nuevos temas (ej. González- Lloret 2009; Tercedor Cabrero 2013; Tudini 2010). Es interesante también que los estudiantes tienden a ignorar los problemas lingüísticos en favor de mantener la interacción social. Es decir, en lugar de entrar en discusión o negociación sobre la lengua tratan de establecer una orientación mutua y una convergencia con el hablante, para lo que emplean un trabajo interaccional complejo, altamente organizado y colaborativo (ej. Jenks y Brandt 2013; Tsai y Kinginger 2014; Vandergriff, 2013).

Frente a los estudios anteriores que sugieren que los estudiantes parecen entender las reglas sociopragmáticas y son capaces de utilizar recursos lingüísticos para mantener una interacción, otros estudios muestran que estas interacciones no son siempre pragmáticamente adecuadas (igual que no lo son siempre en entornos presenciales) y pueden llevar a la ruptura de una conversación, la creación de estereotipos e incluso el rechazo a estudiar esa lengua. Hartford y Bardovi-Harlig (1996) encontraron numerosos errores pragmáticos en los mensajes de emails de estudiantes de L2 principalmente debido al uso inapropiado de mitigadores y a la falta de atención al estatus del receptor. También Bloch (2002) y Biesenbach-Lucas y Weasenforth (2002) encontraron que las estrategias de los aprendices de L2 para hacer peticiones y dar excusas eran inapropiadas a nivel de cortesía y distribución de poder. En estos estudios, los aprendices usaron menos modificadores internos (y solo sintácticos) para hacer peticiones y más lenguaje fático, pero menos explícito y más ambiguo con más estrategias inapropiadas para este medio, lo que les puede hacer parecer menos efectivos y menos corteses. Del mismo modo, Vandergriff (2014) encontró en sus estudios de *chat* que los estudiantes usan muchos más emoticones que los hablantes nativos (en lugar de otras estrategias) para mitigar desacuerdo junto a actos que amenazan la imagen positiva, y para mostrar actos que no son socialmente los preferidos.

Finalmente, los estudios de Gonzales (2013) y Pojanapunya y Jaroenkitboworn (2011), indican que los aprendices de lengua ven las conversaciones mediadas por computador como lugares reales de interacción, incluso cuando atienden a las actividades como tareas propias de la clase de lengua. Estos estudios de secuencias de cierre de la conversación en *Livemocha* y *Second Life* respectivamente, descubrieron que los estudiantes tratan las despedidas en estos medios con el mismo cuidado y usando recursos para mantener la imagen propios de la comunicación cara a cara, incluso cuando en estos medios no hacerlo no hubiera tenido ningún tipo de consecuencia comunicativa (gracias a la anonimidad y el uso de avatares en estos medios). El hecho de que este fenómeno se produzca en entornos mediados por computador sugiere la importancia que las normas sociopragmáticas tienen en la comunicación, independientemente del contexto y destacando lo común de la CMC.

Parece claro entonces que los estudiantes son capaces de aplicar normas sociopragmáticas cuando interactúan en una L2 en entornos mediados por computador (de una forma más o menos correcta) pero ¿es posible que el uso de las tecnologías ayude al desarrollo de la competencia sociopragmática de una L2?

Desarrollo de la competencia pragmática en la L2 mediada por tecnología

Al igual que en los estudios de uso mencionados anteriormente, los estudios de desarrollo de la competencia pragmática mediada por tecnologías incluyen una variedad de entornos tecnológicos y temas relacionados con la pragmática y demuestran la importancia de llevar a cabo un análisis longitudinal para poder observar el desarrollo de la competencia pragmática.

El estudio de cómo se desarrolla la pragmática de una segunda lengua se ha realizado tanto en contextos naturales como en contextos educacionales, es decir, en el aula de la clase de segundas lenguas (SL) o lenguas extranjeras (FL) (ver Martínez-Flor 2012; Taguchi 2012 para una revisión de este campo). En este capítulo se presenta un tercer contexto para el desarrollo de la pragmática: aquel que está mediado de alguna forma por tecnologías. Si bien es verdad que el aprendizaje de la pragmática de una L2 mediante herramientas tecnológicas puede realizarse tanto en un contexto natural (alguien que aprende a escribir correos electrónicos como parte de un trabajo en su L2) como dentro de una institución educativa (los estudiantes de L2 examinando en clase fórums en la lengua objeto para aprender normas de cortesía), lo que define el contexto es el espacio que se crea para tener una interacción auténtica y significativa con sus normas y prácticas de habla.

Los primeros estudios de adquisición de competencia pragmática se enfocan en el uso del *chat* entre estudiantes o con hablantes más expertos de la L2 para investigar el desarrollo de la direccionalidad (*addressivity*), es decir, el cambio que se produce en la forma en que se dirigen entre sí dos o más interlocutores (el uso de pronombres formales o informales, así como otras formas de cortesía, familiaridad, deferencia, etc.) (ej. Belz y Kinginger 2003; González-Lloret 2008; Kim y Brown 2014). Estos estudios revelan que este medio de interacción es un excelente vehículo para el desarrollo de la direccionalidad, pero que este desarrollo no se produce al mismo ritmo para todos los participantes. Además, el desarrollo depende de la cantidad y calidad de la interacción, si los estudiantes reciben retroalimentación *(feedback)*, del nivel lingüístico de los estudiantes, sus creencias personales, etc. Los estudios coinciden en que es necesaria una interacción continuada, que contenga retroalimentación específica. Además, los aprendices deben darse cuenta de esta retroalimentación y estar dispuestos a incorporarla en la interacción.

También se ha investigado la efectividad del *chat* para desarrollar el uso de varios actos de habla. Por ejemplo, Gonzales (2013) investigó despedidas en *Livemocha*, un ambiente virtual donde los estudiantes interactuaron con varios hablantes remotamente durante un semestre y Abrams (2013) usó un *chat* en el que los estudiantes de alemán (L1 inglés) interactuaron entre ellos durante un semestre para explorar secuencias de inicio. González-Lloret (2011) explora la evolución de las respuestas al relato de problemas personales y Sykes (2005) los rechazos a invitaciones. Estas investigaciones apuntan a que las secuencias que producen los aprendices se hacen más sofisticadas con el tiempo, pasan de incluir lenguaje formulaico a secuencias más elaboradas que se asemejan más al lenguaje usado por hablantes competentes de la lengua (Gonzales 2013; González-Lloret 2011) y esto sucede incluso cuando la interacción se produce entre estudiantes (Abrams 2013; Sykes 2005).

Los estudios que se han enfocado en el correo electrónico como herramienta de desarrollo pragmático han estudiado el aprendizaje de partículas terminales en japonés (Kakegawa 2009) y las peticiones formales asimétricas en inglés (Chen 2006). El estudio de Kakegawa (2009) demuestra que el uso de este medio puede ayudar a la adquisición pragmalingüística de las partículas finales. Por su parte el estudio de Chen (2006) demuestra la evolución (durante dos años y medio) en la construcción de peticiones formales vía correo electrónico de una estudiante a sus profesores universitarios. El estudio muestra un cambio en las peticiones de más simples, sin mitigación y enfocadas en el hablante, a más complejas con más mitigadores y estrategias, y de correos más extensos a menos extensos y con menos detalles personales.

En una exploración de los blogs como herramienta para el desarrollo pragmático, Takamiya e Ishihara (2012) investigaron la evolución de tres estudiantes estadounidenses al volver de estudiar en Japón a través de sus reflexiones e interacciones con otros hablantes en un blog sobre la producción de varios actos de habla (halagos, respuestas a los halagos, dar gracias, peticiones y rechazos). Sus datos reflejan una trayectoria complicada, en especial para una de las estudiantes en el acto de rechazar. Según las autoras, a través de su blog (la instrucción en clase y la reflexión) esta estudiante aprendió las normas sociopragmáticas de rechazar en japonés y demostró su capacidad de entenderlas y aplicarlas en discusiones explícitas y en *role-plays*.

En una exploración de ambientes virtuales, Sykes (2008) diseñó un entorno virtual para que estudiantes de español como L2 practicaran pragmática, en particular las disculpas como acto de habla. Sykes descubrió que los estudiantes de español después de interactuar con el medio (con los avatares del juego) mejoraron sus estrategias de disculpas, cambiando de estrategias orientadas al hablante a estrategias orientadas al oyente (la forma más correcta), aunque no mejoraron el uso de mitigadores externos. Interesante en este estudio fue que los estudiantes declararon que sí habían notado una mejora en su uso de las disculpas, lo cual apunta a la eficacia de este tipo de entornos virtuales para incrementar su confianza a la hora de producir actos de habla que pueden suponer una amenaza a la imagen y por tanto difíciles de realizar. Sykes (2012) menciona la dimensión de autenticidad y de contextualización que estos entornos virtuales ofrecen a los estudiantes para desarrollar su sistema pragmático. También señala la importancia que la retroalimentación tiene para el éxito de los ambientes virtuales. Estos entornos virtuales ofrecen y fomentan la posibilidad de cometer errores para recibir una retroalimentación sistemática e individualizada que propicie el aprendizaje. Esto también se aplica a los juegos colaborativos, y en especial a los que implican una conexión con la realidad (Holden y Sykes 2012).

Dentro del campo del desarrollo de la competencia pragmática por estudiantes de lenguas es importante destacar los estudios de desarrollo de interculturalidad. Esta línea de investigación estudia las tecnologías, metodologías de implementación y la efectividad de proyectos telecolaborativos (entre estudiantes en diferentes instituciones aprendiendo la lengua y cultura del otro) para desarrollar la competencia intercultural. Esta competencia intercultural permite a los aprendices de una lengua interactuar dentro de las normas socioculturales de la L2 a la vez que reflexionan sobre las normas sociopragmáticas y pragmalingüísticas de la cultura propia. Estos estudios se han realizado usando diferentes tecnologías asincrónicas, la mayoría usando *chat* y correo electrónico, pero también blogs (Elola y Oskoz 2008), wikis (Vinagre 2016) y espacios virtuales (Canto *et al.* 2014). Para saber más sobre el tema se recomienda leer Belz y Thorne (2006), Chun (2011), Dooly y O'Dowd (2012), Gurth y Helm (2010) y O'Dowd (2014).

Si regresamos a la pregunta que formulamos anteriormente: "¿es posible que el uso de las tecnologías ayude al desarrollo de la competencia sociopragmática de una L2?" los estudios anteriores apuntan a una respuesta positiva; podemos concluir que la CMC ofrece múltiples posibilidades para el desarrollo de la pragmática de la segunda lengua. Esto es especialmente relevante en aquellos lugares donde la interacción con hablantes de la L2 no es viable cara a cara y es principalmente a través de la tecnología que los estudiantes pueden estar expuestos a una interacción auténtica, normas sociopragmáticas y suficiente *input* pragmalingüístico. Los estudios demuestran que a través de la tecnología los estudiantes pueden aprender tanto las normas sociopragmáticas como pragmalingüísticas, especialmente en interacciones mantenidas que incluyen retroalimentación específica sobre los elementos pragmáticos. Aunque el desarrollo pragmático no se desarrolla al mismo ritmo para todos los estudiantes, los estudios muestran que la CMC propicia un lenguaje pragmáticamente más complejo y sofisticado con mayor uso de mitigadores y estrategias de interacción y proporciona entornos y oportunidades para incrementar la confianza de los estudiantes en su producción escrita.

Dado que la competencia pragmática se puede entonces desarrollar a través de la CMC, el siguiente paso sería ver cómo incluirla en el aula de L2. En su rol más simple, la mayoría de las tecnologías mencionadas hasta este momento se pueden usar como modelo lingüístico y sociopragmático de uso. Los estudiantes pueden leer blogs, escuchar *podcasts*, analizar intercambios telecolaborativos por correo electrónico o *chat* y, de forma más o menos colaborativa y con más o menos apoyo del profesor, llegar a las normas sociopragmáticas contenidas en estos textos (ej. Blattner y Fiori 2011).

Dada la limitación de espacio en este capítulo, remito al lector a los varios volúmenes dedicados a recursos y guías para profesores para la implementación de diferentes aspectos de la pragmática (ej. Houck y Tatsuki 2011; Isihara y Cohen 2010), los recursos en línea de CARLA, en la universidad de Minnesota (http://carla.umn.edu) y en español Bernardo (2013), Miquel (2004) y Reyes (2007) entre otros.

El futuro del campo

Es importante mencionar que este capítulo se ha enfocado en la pragmática de la L2 adquirida mediante tecnologías, pero otra intersección importante está en las posibilidades que nuevas tecnologías ofrecen para el estudio de la adquisición de la pragmática. Tecnologías como las herramientas de concordancia y los corpus de L2 permiten estudiar grandes cantidades de texto de una forma más eficaz (Urzua 2012). Las tecnologías nos permiten coleccionar datos en situaciones de intimidad a las que es difícil llegar de otra forma (como los fórums en línea de grupos de apoyo), y permiten agregar grandes cantidades de datos interactivos de forma fácil (a través de los *chats*, ambientes virtuales o videojuegos). Todas estas herramientas están transformando sin duda la forma de estudiar la pragmática y a medida que las herramientas cambien, la metodología de los estudios de pragmática cambiará con ellas.

El desarrollo y extensión de nuevas tecnologías traerá también nuevas formas de interactuar y con ello nuevas normas ciberpragmáticas que aprender tanto en la L1 como en la L2, así como la necesidad de investigar sobre cómo facilitar la adquisición de estas nuevas normas.

En conclusión, el uso de tecnologías para el aprendizaje de la L2 no solo es ya parte integral de muchas instituciones, sino que, como han mostrado los estudios presentados en este capítulo y los capítulos que componen este volumen, puede ser eficaz para el desarrollo de la competencia comunicativa, incluyendo la competencia pragmática, especialmente cuando su integración está diseñada para maximizar las oportunidades para la adquisición de la L2.

Obras citadas

Abrams, Zsuzsanna. 2013. "Say What?! L2 Sociopragmatic Competence in CMC: Skill Transfer and Development." *CALICO Journal* 30(3): 423–45. doi:10.11139/cj.30.3.423.445.

Bardovi-Harlig, Kathleen y Zoltan Dörnyei. 1998. "Do Language Learners Recognize Pragmatic Violations? Pragmatic versus Grammatical Awareness in Intructed L2 Learning." *TESOL Quarterly* 32: 232–62.

Beisswenger, Michael. 2008. "Situated Chat Analysis as a Window to the User's Perspective: Aspects of Temporal and Sequential Organization." *Language@Internet* 5, Article 6. Descargado de: http://languageatinternet.org/articles/2008/1532

Belz, Julie A. y Celeste Kinginger. 2003. "Discourse Options and the Development of Pragmatic Competence by Classroom Learners of German: The Case of Address Forms." *Language Learning* 53(4): 591.

Belz, Julie A. y Steve Thorne, eds. 2006. *Internet-Mediated Intercultural Foreign Language Education*. Boston, MA: Heinle and Heinle.

Bernardo Vila, Natalia. 2013. "La Pragmática a Través de los Libros de Texto. Expresión, Interacción y Mediación Orales en el Aula ELE. Sugerencias para una Adecuada Aproximación a la Misma." *RedELE*. Descargado de: https://www.mecd.gob.es/dam/jcr:5089e1a1-4c40-4c68-9ea3-5ba9a4789a91/2013-esp-14-ixencuentro-05bernardo-pdf.pdf

Biesenbach-Lucas, Sigrun. 2007. "Students Writing Emails to Faculty: An Examination of E-Politeness among Native and Non-Native Speakers of English." *Language Learning & Technology* 11(2): 59–81.

Biesenbach-Lucas, Sigrun y Donald Weasenforth. 2002. "Virtual Office Hours: Negotiation Strategies in Electronic Conferencing." *Computer Assisted Language Learning* 15(2): 147–65. doi:10.1076/call.15.2.147.8193.

Blattner, Geraldine y Melisa Fiori. 2011. "Virtual Social Network Communities: An Investigation of Language Learners' Development of Sociopragmatic Awareness and Multiliteracy Skills." *CALICO Journal* 29(1): 24–43.

Bloch, Joel. 2002. "Student/teacher Interaction via Email: The Social Context of Internet Discourse." *Journal of Second Language Writing* 11(2): 117–34. doi:10.1016/S1060-3743(02)00064-4.

Blyth, Carl S. 2012. "Pragmatics of Chat." En *The Encyclopedia of Applied Linguistics*, editado por Carol A. Chapelle. Oxford, UK: Blackwell Publishing Ltd. http://doi.wiley.com/10.1002/9781405198431.wbeal0940

Bou-Franch, Patricia. 2011. "Openings and Closings in Spanish Email Conversations." *Journal of Pragmatics* 43(6): 1772–85. doi: 10.1016/j.pragma.2010.11.002.

Bou-Franch, Patricia. 2013. "EFL Email Writing: A Focus on Pragmatic Transfer." In *La Adquisición de una segunda lengua en el nuevo espacio europeo de educación superior*, editado por B. Clavel y N. Estevez, 39–55. Valencia: Universitat de Valencia.

Bou-Franch, Patricia, Nuria Lorenzo-Dus y Pilar Garcés-Conejos Blitvich. 2012. "Social Interaction in YouTube Text-Based Polylogues: A Study of Coherence." *Journal of Computer-Mediated Communication* 17(4): 501–21. doi:10.1111/j.1083-6101.2012.01579.x.

Brandt, Adam y Christopher Jenks. 2013 "Computer-Mediated Spoken Interaction: Aspects of Trouble in Multi-Party Chat Rooms." *Language@Internet* 10.

Descargado de:

http://www.languageatinternet.org/articles/2013/Brandt/

Canto, Silvia, Rick de Graff y Kristi Jauregui. 2014. "Collaborative Tasks for Negotiation of Intercultural Meaning in Virtual Worlds and Video-Web Communication." En *Technology-Mediated TBLT: Researching Technology and Tasks*, editado por Marta González-Lloret y Lourdes Ortega, 183–212. Amsterdam; Philadelphia: John Benjamins Publishing Company.

Chen, Chi-Fen E. 2006. "The Development of E-Mail Literacy: From Writing to Peers to Writing to Authority Figures." *Language Learning & Technology* 10(2): 35–55.

Chun, Dorothy M. 1994. "Using Computer Networking to Facilitate the Acquisition of Interactive Competence." *System* 22(1): 17–31. doi: 10.1016/0346-251X(94)90037-X.

———. 2011. "Developing Intercultural Communicative Competence through Online Exchanges." *CALICO Journal* 28(2): 392–419.

Crystal, David. 1997. *The Cambridge Encyclopedia of Language (2nd Ed)*. New York: Cambridge University Press.

Darhower, Mark Anthony. 2002. "Interactional Features of Synchronous Computer-Mediated Communication in the Intermediate L2 Class: A Sociocultural Case Study." *CALICO Journal* 19(2): 249–77.

Dooly, Melinda Ann y Robert O'Dowd, eds. 2012. *Researching Online Foreign Language Interaction and Exchange: Theories, Methods and Challenges*. Bern; New York: Peter Lang.

Elola, Idoia y Ana Oskoz. 2008. "Blogging: Fostering Intercultural Competence Development in Foreign Language and Study Abroad Contexts." *Foreign Language Annals* 41(3): 454–77. doi:10.1111/j.1944-9720.2008.tb03307.x.

Gonzales, Adrienne M. 2013. "Development of Politeness Strategies in Participatory Online Environments." En *Technology in Interlanguage Pragmatics Research and Teaching*, editado por Naoko Taguchi and Julie M. Sykes, 101–20. Language Learning & Language Teaching, 36. Amsterdam: John Benjamins Publishing Company.

González-Lloret, Marta. 2008. "Computer-Mediated Learning of L2 Pragmatics." En *Investigating Pragmatics in Foreign Language Learning, Teaching and Testing*, editado por Eva Alcón Soler y Alicia Martinez-Flor, 114–32. Clevedon, UK: Multilingual Matters.

———. 2009. "CA for Computer-Mediated Interaction in the Spanish L2 Classroom." En *Talk-in-Interaction: Multilingual Perspectives*, editado por Hanhn Nguyen y Gabrielle Kasper, 281–316. Honolulu, HI: NFLRC and University of Hawaii Press.

———. 2011. "Conversation Analysis of Computer-Mediated Communication." *CALICO Journal* 28(2): 308–25.

———. 2015. "Conversation Analysis in Computer-Assisted Language Learning." *CALICO Journal* 32(3): 569–94. doi:10.1558/cj.v32i3.27568.

Hartford, Beverly S. y Kathleen Bardovi-Harlig. 1996. "'At Your Earliest Convenience:' A Study of Written Student Requests to Faculty." En *Pragmatics and Language Learning*, editado por Lawrence F. Bouton, 55–69. Monograph Series. University of Illinois at Urbana-Champaign.

Herring, Susan. 1999. "Interactional Coherence in CMC." *Journal of Computer-Mediated Communication* 4(4). Descargado de: https://doi.org/10.1111/j.1083-6101.1999.tb00106.x

———. 2010. "Computer-Mediated Conversation: Introduction and Overview." *Language @ Internet* 7. http://www.languageatinternet.org/ articles/2010/2801

Herring, Susan C., Dieter Stein y Tuija Virtanen, eds. 2013. *Pragmatics of Computer-Mediated Communication*. Handbooks of Pragmatics, ed. Wolfram Bublitz; vol. 9. Berlin: de Gruyter Mouton.

Holden, Chris y Julie M. Sykes. 2012. "Mentira: Prototyping Language-Based Locative Gameplay." En *Mobile Media Learning: Amazing Uses of Mobile Devices for Teaching and Learning*, editado por S Dikkers, J. Martin y B. Coulter, 111–31. Pittsburg, PN: ETC Press.

Houck, Nöel y Donna H. Tatsuki, eds. 2011. *Pragmatics: Teaching Natural Conversation*. TESOL Classroom Practice Series. Alexandria, VA: Teachers of English.

Ishihara, Noriko y Andrew D. Cohen. 2010. *Teaching and Learning Pragmatics: Where Language and Culture Meet*, 1. ed. Longman Applied Linguistics. Harlow, England: Pearson Longman.

Jenks, Christopher. 2014. *Social Interaction in Second Language Chat Rooms*. Studies in Social Interaction. Edinburgh: Edinburgh University Press.

Jenks, Christopher Joseph y Adam Brandt. 2013. "Managing Mutual Orientation in the Absence of Physical Copresence: Multiparty Voice-Based Chat Room

Interaction." *Discourse Processes* 50(4): 227–48. doi: 10.1080/0163853X.2013.777561.

Jenks, Christopher y Alan Firth. 2013. "Interaction in Synchronous Voice-Based Computer-Mediated Communication." En *Pragmatics of Computer-Mediated Communication*, editado por Susan C. Herring, Dieter Stein, Tuija Virtanen y Wolfram Bublitz, 209–34. Berlin: de Gruyter Mouton.

Kakegawa, Tomomi. 2009. "Development of the Use of Japanese Sentence-Final Particles through Email Correspondence." En *Pragmatic Competence*, editado por Naoko Taguchi, 301–34. Berlin; New York: Mouton de Gruyter.

Kim, Eun Young A. y Lucien Brown. 2014. "Negotiating Pragmatic Competence in Computer Mediated Communication: The Case of Korean Address Terms." *CALICO Journal* 31(3): 264–84. doi: 10.11139/cj.31.3.264-284.

Kouper, Inna. 2010. "The Pragmatics of Peer Advice in a LiveJournal Community." *Language@Internet* 7: article 1. Descargado de: http://www.languageatinternet.org/articles/2010/2464

Lazaraton, Anne. 2014. "Aaaaack! The Active Voice Was Used! Language Play, Technology, and Repair in the Daily Kos Weblog." *Journal of Pragmatics* 64: 102–16. doi: 10.1016/j.pragma.2014.02.002.foling-36-10-2012.pdf

Locher, Miriam. 2014. "Electronic Discourse." En *Pragmatics of Discourse*, editado por Klaus P. Schneider y Anne Barron. Boston: De Gruyter Mouton.

Mancera Rueda, Ana. 2015. "Los estudios sobre (des)cortesía y actividades de imagen en las redes sociales: Notas para un estado de la cuestión." *Textos en Proceso* 1 (1): 50–70. doi: 10.17710/tep.2015.1.1.3man

Martínez-Flor, Alicia. 2012. "Classroom Research on Pragmatics." En *The Encyclopedia of Applied Linguistics*, editado por Carol Chapelle. Hoboken, NJ, USA: John Wiley & Sons, Inc. Disponible en: http://doi.org/10.1002/9781405198431.wbeal0133.

Miquel López, Lourdes. 2004. "Lengua y cultura desde una perspectiva pragmática. Algunos ejemplos aplicados al Español." *redELE: Revista Electrónica de Didáctica ELE* 2. Descargado de: https://www.mecd.gob.es/dam/ jcr:08eb8c8d-f0a2-464c-9613-6efde28c3da1/2004-redele-2-11miquel-pdf.pdf

Nishimura, Yukiko. 2008. "Japanese BBS Websites as Online Communities: (Im)politeness Perspectives." *Language@Internet* 5: article 3. Descargado

de: http://www.languageatinternet.org/articles/2008/1520/
nishimura.pdf

O'Dowd, Robert. 2014. "Intercultural Communicative Competence through
Telecollaboration." En *The Routledge Handbook of Language and
Intercultural Communication*, editado por Jane Jackson, 340–56. London:
Routledge.

Piirainen-Marsh, Arja y Lisa Tainio. 2014. "Asymmetries of Knowledge and
Epistemic Change in Social Gaming Interaction: The Modern Language
Journal." *The Modern Language Journal* 98(4): 1022–38. doi:
10.1111/modl.12153.

Pojanapunya, Punjaporn y Kandaporn Jaroenkitboworn. 2011. "How to Say 'Good-
Bye' in Second Life". *Journal of Pragmatics* 43(14): 3591–3602. doi:
10.1016/j.pragma.2011.08.010.

Reyes, Graciela. 2007. *El Abecé de la Pragmática*. 7. ed. Cuadernos de lengua
española, 23. Madrid: Arco Libros.

Sacks, H.E., Emanuel Schegloff y Gail Jefferson. 1974. "A simplest systematic for
the organization of turn-taking for conversation". *Language* 50. 696–735.

Schönfeldt, Juliane y Andrea Golato. 2003. "Repair in Chats: A Conversation
Analytic Approach." *Research on Language and Social Interaction* 36(3): 241–
84.

Spagnolli, Anna. 2012. "Pragmatics of Short Message Service." En *The Encyclopedia
of Applied Linguistics*, editado por Carol A. Chapelle. Oxford, UK: Blackwell
Publishing Ltd.
http://doi.wiley.com/10.1002/9781405198431.wbeal0943.

Sykes, Julie M. 2005. "Synchronous CMC and Pragmatic Development: Effects of
Oral and Written Chat." *CALICO Journal* 22(3): 399–431.

———. 2008. A Dynamic Approach to Social Interaction: Synthetic Immersive
Environments & Spanish Pragmatics. University of Minnesota PhD
dissertation.
http://search.proquest.com/docview/304582040?accountid=27140.

———. 2012. "Synthetic Immersive Environments and Second Language
Pragmatic Development." En *The Encyclopedia of Applied Linguistics*,
editado por Carol A. Chapelle. Oxford, UK: Blackwell Publishing Ltd.
http://doi.wiley.com/10.1002/9781405198431.wbeal1136.

Taguchi, Naoko. 2012. "Teaching Pragmatics." En *The Encyclopedia of Applied Linguistics*, editado por Carol A. Chapelle. Oxford, UK: Blackwell Publishing Ltd. http://doi.wiley.com/10.1002/9781405198431.wbeal1172.

Taguchi, Naoko y Julie M. Sykes. 2013. "Introduction: Technology in Interlanguage Pragmatics Research and Teaching." En *Technology in Interlanguage Pragmatics Research and Teaching*, editado por Naoko Taguchi y Julie M. Sykes, 1–15. Amsterdam: John Benjamins Publishing Company.

Takamiya, Yumi y Noriko Ishihara. 2013. "Blogging: Crosscultural Interaction for Pragmatic Development." En *Technology in Interlanguage Pragmatics Research and Teaching*, editado por Naoko Taguchi y Julie M. Sykes, 185–214. Amsterdam: John Benjamins Publishing Company.

Tercedor Cabrero, Marta. 2013. "Developing Interactional Competence Through Video-Based Computer-Mediated Conversations: Beginning Learners of Spanish." PhD dissertation, University of Iowa. Descargable de: http://ir.uiowa.edu/etd/4918/.

Guth, Sarah y Francesca Helm. eds. 2010. *Telecollaboration 2.0: Language, Literacies and Intercultural Learning in the 21st Century*, Bern ; New York: Peter Lang.

Tsai, Mei-Hsing y Celeste Kinginger. 2014. "Giving and Receiving Advice in Computer-Mediated Peer Response Activities." *CALICO Journal* 32(1): 82–112.

Tudini, Vicenza. 2010. *Online Second Language Acquisition. Conversation Analysis of Online Chat.* London, New York: Continuum.

Urzúa, Alfredo. 2013. "Pronominal Choice and Self-Positioning Strategies in Second Language Academic Writing: A Pragmatic Analysis Using Learner Corpora Data." En *Technology in Interlanguage Pragmatics Research and Teaching*, editado por Naoko Taguchi y Julie M. Sykes, 121–52. Amsterdam: John Benjamins Publishing Company.

Vandergriff, Ilona. 2013a. "'My Major Is English, Believe It or Not:)' — Participant Orientations in Nonnative/ Native Text Chat." *CALICO Journal* 30 (3): 393–409. doi: 10.11139/cj.30.3.393-409.

———. 2014. "A Pragmatic Investigation of Emoticon Use in Nonnative /Native Speaker Text Chat." *Language@Internet* 11, Article 4. Descargado de: http://www.languageatinternet.org/articles/2014/vandergriff.

Vinagre, Margarita. 2008. "Politeness Strategies in Collaborative E-mail Exchanges". *Computers & Education* 50(3): 1022-1036. doi: 10.1016/j.compedu.2006.10.002

———. 2016. "Promoting Intercultural Competence in Culture and Language Studies: Outcomes of an International Collaborative Project". En *Technological Advances in Specialized Linguistic Domains: Practical Applications and Mobility,* editado por Elena Martín-Monje, Idoia Elorza y Blanca García Riaza, 37-52. London: Routledge.

Yus, Francisco. 2001. *Ciberpragmática. El uso del lenguaje en Internet.* Barcelona, Spain: Ariel.

———. 2014. "El discurso de las identidades en línea: El caso de Facebook." *Discurso y Sociedad* 8(3): 398–426.

Capítulo 12. Direcciones de investigación de la CMT para el aprendizaje y enseñanza de lenguas extranjeras y segundas lenguas

Lourdes Ortega, Universidad de Georgetown
lourdes.ortega@georgetown.edu

Introducción

La educación de lenguas extranjeras se ha visto en una coyuntura de transformación y renovación desde que la nueva era de Internet en los años noventa dio paso a la presente situación de la Comunicación Mediada por Tecnologías (CMT), es decir, comunicación a través de computadores, tabletas, y teléfonos móviles. Aunque Internet es el primer foro que viene a la mente cuando se piensa en CMT, la telefonía móvil parece haberles ganado la carrera a los computadores, al menos por el momento. Actualmente el 95% de la población mundial (unos 7 billones de personas) viven en áreas con cobertura básica móvil celular de 2G, pero más de la mitad de la población mundial (unos 3,9 billones de personas) sigue todavía sin acceso a Internet por computador o usando banda ancha (ITU 2016). Es más, la distribución de Internet en el seno de la familia es dispar, y depende directamente del nivel económico de los países: así, tienen Internet el 84% de familias en Europa, el 40% en países en vía de desarrollo, y solo el 15% en África (ITU 2016). Estas cifras indican que hoy en día la mayoría de los estudiantes, jóvenes o adultos, en Europa y Norte América al menos, tienen algún tipo de experiencia con la CMT en el ámbito personal. Puede que no sea exagerado especular que muchos de ellos se comunican a través de conexiones de telefonía móvil e Internet con otras personas separadas en espacio y/o tiempo tanto o más que lo hacen con personas cara a cara, en el aquí y ahora de la proximidad física e inmediación temporal. Ante tal uso extendido e intenso de la tecnología, la enseñanza de lenguas tiene mucho que ganar si explota las nuevas realidades digitales y virtuales en el aula. Pero la CMT debe ser puesta al servicio de propósitos educativos y no viceversa. Para ello es necesario investigar rigurosamente cómo las nuevas tecnologías transforman los procesos de aprendizaje lingüístico y qué beneficios se obtienen de ellas más allá de lo que ya es posible conseguir por medios tradicionales.

Este capítulo cierra el presente volumen con un esbozo de cuatro áreas que se atisban como importantes para que en el futuro el campo de la investigación de la CMT para lenguas continúe desarrollándose y avanzando el paisaje teórico y práctico de la adquisición de lenguas extranjeras y segundas en contextos de instrucción.

Los beneficios de la CMT para la enseñanza de lenguas

Una importante cuestión para el futuro del campo es decidir cuáles son los aspectos prioritarios que deben investigarse para lo cual la pregunta clave es: ¿Qué beneficios se obtienen al mediatizar la enseñanza de lenguas con CMT? Puede ser de utilidad dividirlos en tres categorías: aprendizaje de la lengua (incluyendo tanto aspectos lingüísticos como socioculturales), aprendizaje digital, y mejoras en lo afectivo.

La mayoría de los estudios se han centrado en demostrar las ganancias desde la perspectiva lingüística. En el presente volumen, también es este el enfoque predominante. Los beneficios lingüísticos incluyen el aprendizaje de objetivos tales como vocabulario, pronunciación o gramática. Estudios de este tipo se incluyen en el presente volumen, como el Capítulo 7 de Collentine sobre la complejidad lingüística y el 8 de Bueno-Alastuey sobre los episodios relacionados con la lengua (llamados ERLs en el campo de adquisición de segundas lenguas) durante la interacción virtual. El interés en demostrar ganancias lingüísticas se extiende asimismo a estudios que documentan los beneficios que la CMT puede reportar en el desarrollo de destrezas como la expresión oral, abordada en los capítulos 4 de Sevilla Pavón y Gimeno Sanz y 5 de Jordano de la Torre y Rodríguez Arancón, y menos frecuentemente al ámbito de la expresión escrita en lengua segunda, algo que en este volumen se examina en los capítulos 2 de Oskoz y Elola y 3 de Pérez Cañado. Desde los inicios de la investigación en este campo, se reconoció también el tremendo potencial que la CMT brinda para el aprendizaje sociocultural, entendido como un área que cubre amplias dimensiones de la lengua y su conexión con la comunicación, la cultura y lo social. Las competencias complejas de índole sociolingüístico, pragmático, discursivo, interaccional y transcultural son difíciles de fomentar en el aula, y particularmente si se trata de contextos de lengua extranjera. La tecnología se presenta como una solución única para potenciar este tipo de aprendizaje más global. Como consecuencia, se ha visto un gran crecimiento en los estudios que aspiran a documentar estos beneficios, sobre todo los relacionados con el desarrollo a través de la CMT de la competencia sociolingüística y pragmática (Capítulo 11 de González-Lloret en este volumen), y con la conciencia transcultural o intercultural (Capítulo 6 de Jauregi y Canto, 9 de Vinagre y 10 de Dooly).

Pero las ventajas educativas del uso de la CMT en la enseñanza de lenguas no se limitan a lo lingüístico y sociocultural. Se extienden también al aprendizaje de competencias digitales. Sin embargo, ha sido muy poco común recoger datos empíricos sobre las destrezas digitales que los aprendices de hecho ya traen al aula y las nuevas que desarrollan a través de actividades de lengua con la CMT. Por ejemplo, muchos estudiantes aprenden a negociar el complejo proceso de creación y publicación de sus ideas y escritos en foros de Internet gracias a actividades que llevan a cabo por primera vez en la clase de lenguas y algunos de ellos aprenden a combinar texto, audio y vídeo gracias a productos multimedia que crean a raíz de una actividad de lengua. Dooly en el capítulo 10 señala la necesidad imperiosa de adquirir competencias digitales en un mundo que está altamente globalizado. Esta importancia hace esencial que en el futuro se incorporen explícitamente en los diseños de estudio las destrezas digitales que deben adquirir los estudiantes. Ello ofrecería a los investigadores de tecnologías aplicadas a la enseñanza de lenguas la oportunidad de contribuir a los hallazgos en este campo con resonancia educativa general, más allá del impacto que puedan tener en el campo de la enseñanza de lenguas en sí. En contextos donde a la enseñanza de lenguas se le da un valor social escaso, como en los Estados Unidos, sería muy útil poder demostrar que hay destrezas digitales pujantes que pueden ser adquiridas o refinadas en el aula de lenguas y que confieren a los alumnos habilidades transferibles a otros ámbitos de su vida.

En el discurso habitual de alabanza de la tecnología al servicio del aprendizaje de lenguas lo afectivo ocupa un lugar central. En el ámbito educativo, entre los elementos que impactan lo afectivo positivamente se suelen destacar cinco:

motivación, autenticidad, elección, creatividad, y comunidad (Ito et al. 2013). De ellos, la motivación y la autenticidad son quizás los más mencionados cuando se habla de las ventajas afectivas que conlleva el uso de la CMT para el aprendizaje de lenguas. Específicamente, se asume que los estudiantes se sienten considerablemente más motivados a practicar y aprender la lengua meta con el uso de tecnologías porque les ponen en contacto inmediato con una lengua que es auténtica y con oportunidades de uso que son activas, individualizadas y creativas. Asimismo, se dice que, en los mejores casos, el uso de la CMT es motivador por el intenso sentido de autenticidad lingüística y personal que aporta, es decir, por involucrar a los estudiantes de lenguas en su propio proceso de aprendizaje, guiándolos a participar en discusiones y colaboraciones, y abriéndoles las puertas a una riqueza de información multimodal nunca antes encontrada en los materiales y formatos de actividad tradicionales. Los beneficios afectivos del uso de CMT corresponderían al área de lo que se conoce como diferencias individuales en la investigación de adquisición de segundas lenguas (Chapelle 2004). Sin embargo, estos estudios son escasísimos en el ámbito de la CMT y son raramente guiados por teorías apropiadas. Por ejemplo, Ortega y González-Lloret (2016) hacen notar que los investigadores de CMT para lenguas no parecen recurrir a ninguna de las teorías de motivación que circulan en el campo de la lingüística aplicada. Extremadamente sorprendente es en este sentido que la teoría predominante del Sistema Motivacional del Yo, tan prolífica en la investigación de los últimos quince años (Boo, Dörnyei y Ryan 2015), no se haya explorado en contextos tecnológicos. Esto no significa, no obstante, que se adopten ciegamente teorías externas, puesto que los beneficios motivacionales de la CMT necesitarían ser estudiados también teniendo en cuenta que la adopción y aceptación de cualquier tecnología nueva depende, en parte, de su utilidad y facilidad de uso (Šumak, Heričko & Pušnik 2011). La ansiedad durante el aprendizaje de lenguas usando la CMT ha empezado a ser investigada empíricamente (ej. Grant, Huang, y Pasfield-Neofitou 2014; McNeil 2014; Melchor-Couto 2017), y parece estar relacionada con la motivación y con la autenticidad en un ciclo de influencias muy complejo que podría clarificarse con la ayuda de teorías relevantes. Asimismo, la autenticidad lingüística que brinda la CMT también ha sido una de las ventajas más alabadas en relación sobre todo con sentimientos de alta euforia en los aprendices después de haber completado proyectos y actividades de lengua con el soporte de nuevas tecnologías. Y sin duda el acceso a usos de lengua que son auténticos reporta beneficios importantes que son a la vez motivacionales y lingüísticos. Pero hasta ahora, ha habido poca atención entre los investigadores de CMT a ilustrar empíricamente qué constituye autenticidad en ámbitos digitales y mundos virtuales, desde el punto de vista de los estudiantes de lengua.

En última instancia, es tal la letanía de beneficios afectivos de la CMT consistentemente repetida por investigadores y educadores, que la mejora de índole afectiva debería ser integralmente investigada en todos nuestros estudios. Es previsible que la relación compleja entre motivación, autenticidad, y ansiedad sea el área de interés empírico más fructífera para el futuro en este respecto.

La investigación en contextos de educación primaria y secundaria

Como Vinagre y González-Lloret hacen notar en sus comentarios introductorios en el capítulo 1, hasta ahora la investigación de la CMT para las lenguas se ha concentrado habitualmente en contextos de educación universitaria. Es imperativo que estudios futuros abarquen los contextos de primaria y secundaria con mucha más sistematicidad.

Butler (2014) ofrece un ejemplo excelente de la calidad de aprendizaje que se puede llegar a alcanzar cuando las promesas más sofisticadas de la CMT se integran en el aula infantil de lengua extranjera. Esta investigadora reclutó 82 niños de 11 o 12 años que estaban estudiando inglés como lengua extranjera en tres clases de la misma escuela primaria en Japón. El proyecto innovador consistió en poner a los niños a cargo de desarrollar, en grupos de 5 o 6 miembros, un juego de computador que les enseñara vocabulario de inglés de manera eficiente y sin perder el elemento lúdico que caracteriza la gamificación. Las propuestas para el juego fueron esbozadas en grupos que trabajaron juntos durante cuatro lecciones de 45 minutos cada una, facilitadas por la investigadora, el maestro en cada clase, dos expertos en la producción de materiales de inglés como lengua extranjera, y un diseñador profesional de juegos digitales. A pesar de su temprana edad, los niños fueron capaces de discutir qué elementos son más atractivos en los juegos digitales al gusto de su edad, qué estrategias de aprendizaje de vocabulario son útiles a su edad y nivel de inglés y también fueron responsables de presentar cada propuesta de juego propia y evaluar las de los demás grupos. Los beneficios demostrados en este estudio fueron poderosos y relacionados con las ventajas de la CMT que siempre son alabadas: la motivación y el aprendizaje de lengua activo, reflexivo y colaborativo. Los beneficios en el ámbito del aprendizaje digital no fueron examinados, lo cual es una lástima, dada la sofisticación y novedad del proyecto.

Otro estudio ejemplar en un contexto de escuela primaria es el de Kirsch y Bes Izuel (2016). El proyecto se desarrolló en Luxemburgo, y consistió en la evaluación del uso de una aplicación del iPad para editar textos orales (iTEO) por estudiantes que estaban aprendiendo alemán o francés a la edad de 6 y 7 años, como es la norma en este país multilingüe. La aplicación (creada por un equipo universitario) permite grabar, oírse a uno mismo y editar el texto (borrando, reordenando) para mejorarlo. También se pueden insertar fotos tomadas con la cámara del iPad, que ayudan a visualizar e ilustrar el discurso propio transcrito y manipulado. A pesar de la implicación de destrezas metalingüísticas, la aplicación iTEO está diseñada para ser de uso fácil para edades tan tempranas como los 3 años. En cuanto a los usos pedagógicos de iTEO, el contenido de las grabaciones en ocasiones era elegido por los niños y estaba relacionado con los contenidos escolares. Por ejemplo, en una ocasión los niños decidieron que querían producir la continuación de una historia leída en clase. En otras ocasiones, el maestro implementaba alguna actividad más tradicional. Por ejemplo, en la clase de francés del segundo curso una tarea consistió en grabar frases con la estructura 'Je veux un/une...' y usar vocabulario relacionado con ciertos juguetes. Cuatro niños, dos de Luxemburgo y dos inmigrantes, fueron observados y sus interacciones grabadas cada seis semanas durante los dos primeros grados de primaria. Los análisis cualitativos del discurso y las entrevistas con sus maestros sugieren que las actividades con iTEO fomentaron la atención hacia la lengua durante la colaboración de grupo. Por ejemplo, el niño multilingüe con más competencia en la lengua en cuestión asumía el papel de experto y ofrecía contraejemplos (*recasts*) y parafraseaba la producción grabada del compañero, corrigiendo así implícitamente errores gramaticales, y también brindaba un buen ejemplo a seguir cuando le tocaba su turno de monitorizar la propia producción. En algunas ocasiones, algún niño también usó la lengua mayoritaria (luxemburgués) para explicar un punto gramatical o alabar a otro estudiante, e iniciaba preguntas y clarificaciones, demostrando así una predisposición a asumir roles activos y de experto. Kirsch y Bes Izuel concluyen que todos estos procesos fomentan el aprendizaje y la enseñanza de lenguas y la capacidad metalingüística a estas edades tempranas.

La razón para abogar por más investigaciones en el futuro que se ocupen de la CMT a niveles de educación de lenguas en primaria y secundaria no es solo que los hallazgos sobre estudiantes a edades más tempranas sean actualmente escasos. Otra razón más que añadir aquí es la cuestión muy poco explorada sobre si sería provechoso modificar o ajustar los objetivos de aprendizaje de lengua a través de la CMT dependiendo de la edad de los estudiantes en un contexto educativo determinado. Por ejemplo, puede que el uso de la CMT sea más beneficioso en la enseñanza primaria si se pone al servicio de la motivación inicial por el estudio de la lengua y del desarrollo de competencias digitales, mientras que en la enseñanza secundaria las ventajas de la CMT pueden ser cruciales para potenciar identidades positivas, autonomía en el aprendizaje y creatividad. En la universidad, tanto en grado como en postgrado, el aprendizaje de la interculturalidad puede que sea particularmente apropiado, y el desarrollo de competencias de género y pragmáticas pueden ofrecer un terreno fértil durante el aprendizaje de lenguas a esas edades. Todo esto es sin embargo pura especulación ya que los investigadores de la CMT deben aún cubrir un mínimo terreno en cada nivel educativo y a medida que las edades (y con ellas los retos académicos) avanzan, de primaria a secundaria y por último en la universidad.

Investigación de fines críticos y justicia social. ¿Más allá de la división digital?

Los desplazamientos de familias y personas debido a la inmigración sobre todo por motivos económicos y de conflictos armados entre países están creando nuevas necesidades para la enseñanza de lenguas a inmigrantes y refugiados. El presente volumen, con la gama de investigación de alta calidad que se ofrece en los diez estudios recogidos en él, es señal clara de que el mundo de la educación de lenguas y el mundo digital están alcanzando un grado de intercambio de ideas admirable, especialmente a niveles universitarios, donde parece que el uso de la CMT y de proyectos de telecolaboración y otras innovaciones son casi imparables. Sin embargo, a nivel global las realidades sociales, políticas y económicas también están cambiando a ritmo acelerado, y los retos que se presentan para la investigación futura de la CMT en el campo de la enseñanza y aprendizaje de lenguas incluyen el saber responder a estos cambios con nuevos hallazgos que contribuyan a la mejora de la educación y a un acceso a lenguas más equitativo.

Kern (2006, 189) habla del "prestigio simbólico" que tienen las tecnologías digitales cuando se usan computadores para el aprendizaje de lengua y en la comunicación. En general, la adopción de tecnologías sociales y de información está al alcance de casi todo el mundo en países con infraestructuras avanzadas; pero el acceso de calidad y continuado o sostenible no está garantizado para todos por igual, incluso dentro de esos países privilegiados. La relación entre nivel socioeconómico y uso de tecnologías nuevas debería ser incluida en futuras investigaciones del uso de la CMT para el aprendizaje de lenguas, particularmente si los aprendices investigados están en edad de escolarización obligatoria.

Un buen ejemplo es el estudio de Gonzales (2015), quien investigó la adopción, uso y actitudes tecnológicas de 72 adultos (sobre los cuarenta años) en dos ciudades de Estado Unidos, una metropolitana y la otra de tamaño medio. La mayoría eran africanos-americanos y latinos (en la metrópolis) o blancos (en la ciudad mediana), y todos tenían un nivel adquisitivo bajo, con salarios anuales por debajo de 25000 dólares, a menudo 5000 dólares o menos. A través de entrevistas detalladas, Gonzales descubrió que para estas personas con escasos recursos económicos la compra de un computador usado o la visita a bibliotecas para acceder a Internet en muchos casos facilitaba el acceso inicial, pero también marcaba el principio de problemas y frustraciones tales como no poder usar el computador por no tener dinero para comprar un antivirus o tener que interrumpir la conexión en medio de una solicitud de trabajo por las horas limitadas de uso de los computadores públicos. Quizás el hallazgo más importante en este estudio fuese que los entrevistados que habían abandonado el uso de la tecnología expresaban actitudes negativas que parecían una consecuencia de la frustración de no disponer de acceso ilimitado e ininterrumpido y la falta de dinero y tiempo para invertir en el necesario mantenimiento tecnológico. Gonzales sugiere que, en contra de lo que se asume normalmente en la investigación, la no adopción de tecnologías o su escaso uso no son causados por actitudes negativas relacionadas con ciertas personalidades, sino que pueden ser el resultado de experiencias negativas para aquellos sectores de la sociedad para quienes sus escasos recursos económicos hacen muy difícil el mantenimiento de la tecnología.

Al otro lado del espectro social, en la mayoría de la población de clase media, parece que el uso de Internet y las nuevas tecnologías en sí mismo fomenta el deseo de aprender lenguas extranjeras y facilita la apertura de miras cosmopolitas. Esto es lo que concluye Verboord (2017) en un análisis de los datos de Eurobarometer en 2007 con más de 26000 respondientes de 29 países. El uso de la Web 2.0 estaba relacionado positivamente con el interés en las culturas extranjeras, que en el estudio se operacionalizó con indicadores tales como ver películas extranjeras con frecuencia, leer periódicos extranjeros y disfrutar leyendo libros extranjeros en la lengua original. Estos indicadores hacen eco del constructo de postura internacional que Yashima, Zenuk-Nishide, y Shimizu (2004) propusieron y que ha pasado a formar parte de los antecedentes que se suelen incluir en la investigación del Sistema Motivacional del Yo (Boo, Dörnyei, y Ryan 2015). Pero Verboord descubrió también que la relación entre el nivel de uso de Internet y la orientación cosmopolita (operacionalizada como creencias más generales sobre el multiculturalismo, la tolerancia y el interés en conocer gente fuera de la nación propia) dependía de cada país examinado. Específicamente, según Verboord, el uso de Internet fomenta actitudes más débiles de cosmopolitismo en países europeos que son más ricos, tienen más hablantes con competencia alta en inglés, disfrutan de mejor acceso a Internet, y son más individualistas.

Relacionado con la variable socioeconómica es importante señalar que los desplazamientos de familias y personas debido a la inmigración no solo están creando nuevas necesidades para la enseñanza de lenguas si no que también traen a las escuelas una nueva diversidad académica, lingüística y de identidad étnica, cultural y religiosa que los maestros deben negociar en su día a día pedagógico. Añadida al enfoque de justicia social he aquí, pues, otra razón poderosa para invertir, como Vinagre y González-Lloret (capítulo 1 de este volumen) recomiendan, en la investigación de la CMT más allá de contextos universitarios. Específicamente, muchos sistemas de educación obligatoria en el mundo están viendo una diversificación de las poblaciones de primaria y secundaria de dimensiones muy complejas. Por ejemplo, Pérez-Milans (2011) desenmascara los muchos peligros de marginalización que surgen durante el aprendizaje en una escuela secundaria en Madrid para nueve estudiantes entre los 14 y 17 años, procedentes de Marruecos, Brasil, Ucrania, y China, que asisten a clase y participan en estructuras pedagógicas diversas como actividades en grupo o escritura en solitario. En estos contextos de diversidad en las aulas de primaria y secundaria, la CMT parece particularmente útil por los admirables efectos potenciales que parece tener para fomentar la colaboración y el aprendizaje creativo y autónomo (véase el proyecto de Butler (2014) en Japón ya comentado, y otros beneficios como el fomento de identidades positivas, Black 2005). Pero el uso de la CMT para la enseñanza de una lengua (ya sea mayoritaria o extranjera) no es neutral, y sin estudios que profundicen sobre cómo funciona la CMT en las aulas de lenguas cuando se implementan herramientas y proyectos innovadores con estudiantes diversos, es imposible asegurar que el potencial se alcance en estas escuelas de primaria o secundaria. Por el momento, es prudente asumir que la explotación de la CMT para el aprendizaje de lenguas en la educación pública será limitada si no se introducen soluciones creativas a las barreras sobre todo socioecónomicas, y etno-raciales que existen para el desarrollo de destrezas digitales durante los años de escolarización. A modo de ilustración, en Florida un estudio de casi 6000 estudiantes de secundaria (Ritzhaupt *et al.* 2013) reveló que a pesar de que el 65% de los participantes había usado un computador durante más de cinco años, las destrezas digitales medidas eran marcadamente mejores para los niños de etnicidad blanca y nivel socioeconómico alto dentro de los mismos distritos escolares. Se demuestra por tanto que el fenómeno que se conoce como la división digital sigue siendo una realidad, incluso en la educación de niños en geografías de países desarrollados como los Estados Unidos.

Una población olvidada en las investigaciones de CMT en el campo de la enseñanza y aprendizaje de lenguas que merece atención en investigaciones futuras son los usuarios de tecnología y aprendices de lenguas con una discapacidad física o cognitiva. Según Alper y Goggin (2017), las personas con alguna discapacidad constituyen un billón o el 15% de la población mundial; de ellos, entre 93 y 150 millones son niños que viven en el sur (80%) o en el norte (10%) del globo. El uso de la CMT debe ser accesible a niños y jóvenes con discapacidades. Para ello, sin embargo, es necesario proveer ciertos ajustes tecnológicos, como por ejemplo subtítulos para las personas con discapacidades auditivas y tecnologías de conversión automática de texto a lectura de voz para las personas con discapacidades visuales. La enseñanza de lenguas (y particularmente del inglés, la lengua global que abre puertas a empleos deseables y estudios superiores) no les debe ser denegada tampoco. Muy poca investigación en educación ha documentado el acceso y uso tecnológico de escolares (niños y jóvenes) con discapacidades (Aler & Goggin 2017), y en el campo de la enseñanza y aprendizaje de lenguas este tipo de estudios parece estar completamente ausente. No obstante, existen recursos y precedentes para los investigadores de CMT que deseen explorar estos temas con respecto a la educación de lenguas. Por ejemplo, un buen punto de partida es el trabajo de Judit Kormos sobre la enseñanza del inglés para estudiantes diagnosticados con discapacidades cognitivas en Europa (ej., Nijakowska & Kormos 2016) y el de Richard Sparks sobre la enseñanza de lenguas extranjeras para estudiantes diagnosticados con discapacidades de aprendizaje en los Estados Unidos (Sparks 2016).

La tecnología como puente entre el aula y el mundo exterior

La última consideración que quisiera mencionar retorna a la cuestión de los beneficios que deberían ser investigados en el futuro con la que inicié este capítulo. Es común encontrar estudios y reflexiones que apuntan al potencial único de la CMT para conectar a los aprendices de lengua con el mundo exterior y con comunidades de hablantes de la lengua meta. Este beneficio y relación es particularmente importante en la investigación de telecolaboraciones, un tipo de proyecto que Kern (2014) considera una "zona de contacto digital" y que se encuentra entre las intervenciones de la CMT con más éxito práctico y mejor investigadas (Helm 2015). Pero hay otra forma de zona de contacto interesante, relacionada con el sentido de lo auténtico que los estudiantes de lengua obtienen gracias a la CMT (véase la sección anterior) y a la que convendría prestar más atención. ¿Hasta qué punto perciben los estudiantes que la autenticidad de la lengua en el aula y en el mundo no escolar están conectadas?

Varios estudios presentan evidencias preliminares del poder de la tecnología para derribar las barreras entre el aula de lenguas, por un lado, como un espacio donde la segunda lengua se puede aprender más formalmente, y por otro la vida social y de ocio fuera del aula, donde los nuevos medios sociales han abierto un espacio enorme para el aprendizaje extracurricular de registros más auténticos, sobre todo si la lengua meta es el inglés. Pero las diferencias de contexto a contexto pueden ser significativas. Por ejemplo, comparando Noruega y Polonia, Anioł (2011) comenta que la mayoría (91%) de jóvenes entre los 16 y 24 años en Noruega usa los computadores e Internet a diario o casi a diario, mientras que en Polonia solo un 75% de los jóvenes usa un computador a diario y una proporción todavía menor (66%) utiliza Internet con esa frecuencia. En entrevistas al grupo, Anioł descubrió grandes diferencias entre los dos países en cuanto a las oportunidades extracurriculares que los mismos medios tecnológicos ofrecen para el aprendizaje del inglés. Por ejemplo, la muestra noruega en este estudio valoró la escuela y la televisión como el primer y segundo lugar donde encuentran las oportunidades más importantes para aprender inglés. En cambio, la muestra polaca valoró la escuela como primer lugar, pero las clases privadas como segundo, con la televisión mencionada como muy poco importante. En Noruega, donde la televisión y otros medios digitales son subtitulados, el consumo televisivo ayuda a un televidente típico a escuchar inglés una media de 184 minutos diarios. A ello debe añadirse las horas de consumo activo, especialmente entre la gente más joven, de series de televisión en inglés que son vistas por computador con *streaming*, y que típicamente se ven en versión original sin subtítulos. Según Anioł, muchos jóvenes de la muestra noruega recalcaron que se sienten expuestos a un inglés muy contemporáneo y auténtico gracias a la televisión y las series cinematográficas digitales. Muy al contrario, en Polonia, donde el doblaje es la norma, no solo les resulta a los jóvenes mucho más difícil usar la televisión como un instrumento de exposición diaria al inglés sino que, en general, estos admiten evitar descargar películas extranjeras si no son dobladas, porque según ellos los subtítulos crean dificultad en seguir la trama y disfrutar la historia.

Está claro que el acceso a las tecnologías sociales y de información está ligado al acceso al inglés como lengua meta, porque hoy en día todavía la inmensa mayoría de los materiales en la Web siguen siendo en lengua inglesa. No obstante, es importante evitar simplificaciones excesivas de esta relación, y estudios futuros pueden ser útiles en este sentido. Por ejemplo, en un país como India, donde en apariencia el inglés juega un papel importante como una de las lenguas oficiales y de medio de escolarización, Ramani (2015) señala que la inmensa mayoría de la población prefiere acceder a noticias a través de periódicos publicados en hindi (71 millones de lectores) o en otras lenguas vernáculas (62 millones) y muchas menos personas leen periódicos indios en lengua inglesa (20 millones). El acceso a Internet se ve afectado por tales preferencias de lengua negativamente. Lógicamente, el uso de CMT en el aula de inglés debería incluir actividades que animen a los estudiantes en India a aprovechar la oportunidad de leer noticias en inglés fácilmente accesibles en Internet, pero el profesorado necesita saber que el tal uso de Internet en la vida real de sus estudiantes no es tan común como se podría esperar.

Estas cuestiones de conexión o desconexión entre la experiencia de tecnología en el aula y en la vida del estudiante fuera del aula no son triviales. Además de estar enlazadas con lo afectivo, afectan a los beneficios lingüísticos aportados por la CMT.

Dos estudios sugieren que adultos y jóvenes que dicen consumir frecuentemente productos virtuales y digitales en inglés durante sus horas de ocio (por ejemplo, más de una vez por semana) desarrollan una capacidad lingüística que es más idiomática y menos libresca (Sockett y Jusyk 2015) o menos influida por preferencias gramaticales sutiles transferidas de la lengua materna (Bylund y Athanasopoulos 2015). Es más, como se deja entrever en el estudio conducido por Ramani (2015) en India, las experiencias con tecnología a nivel extracurricular y de ocio afectan inevitablemente a las destrezas digitales que los alumnos importan al aula, a la vez que determinan en parte también los beneficios de aprendizaje digital que el aula pueda hacerles alcanzar más allá de lo que ellos ya saben.

Se deduce pues que es imposible investigar adecuadamente los beneficios lingüísticos, digitales o afectivos de la CMT para el aprendizaje de lenguas en el aula formal a no ser que los investigadores den cuenta en sus estudios no solo de la utilización y aspiraciones de la tecnología en el sistema de educación en cuestión (como hizo Anioł 2011), sino también de los usos sociales tecnológicos que imperan fuera del aula y su relación con la lengua meta en el contexto específico de las preferencias individuales de los usuarios (como hicieron Sockett y Jusyk 2015 o Ramani 2015). Muchos maestros de lengua son conscientes de que sus estudiantes son consumidores ávidos de tecnología fuera del aula y que buscan por cuenta propia (y encuentran, dependiendo de la lengua meta en cuestión y el contexto social) oportunidades extracurriculares para el uso de la lengua meta que a veces son muy ricas. Pero Toffoli y Sockett (2015) descubrieron que ello no garantiza que sepan aprovechar estas realidades extracurriculares y adaptarlas en su práctica de la CMT en el aula. Es imperativo, por lo tanto, que en el futuro se fomente entre profesores, así como en los estudios, una conciencia clara de la necesidad de considerar los puentes y conexiones (o desconexiones) entre la tecnología del aula de lenguas y fuera de ella.

Conclusión

Las cuatro direcciones que se han presentado en este capítulo no son las únicas, obviamente, que merecen ser investigadas en el futuro. Sería además necesario añadir matizaciones contextuales en cada una de las áreas discutidas. Por ejemplo, si se piensa en la gran gama de herramientas y ámbitos de la CMT, resulta difícil decidir qué tipos de tecnologías exactamente pueden ofrecer continuidad o discontinuidad entre el aula y el mundo fuera del aula. Los medios más tradicionales están bien extendidos en el uso tanto privado como académico: el correo electrónico, los textos de teléfonos y *WhatsApp*, los tablones y foros de discusión asíncronos, o los *chats* de texto síncronos. Otros medios que son más interactivos y participativos parecen destinados a la explotación pedagógica en el aula, por ejemplo, los wikis y blogs, que ofrecen gran soporte para el desarrollo de la escritura en segunda lengua, y las videoconferencias con *Skype* o *Hangouts*, que brindan oportunidades sin precedente para la práctica y el desarrollo de las competencias comunicativas e interaccionales orales, sobre todo facilitando el desarrollo de proyectos de colaboración virtual o telecolaboración. Los mundos virtuales de gamificación como *Second Life* y *Open Simm* parecen un poco menos extendidos en popularidad, pero hay usuarios entusiastas de juegos virtuales tanto fuera como dentro del ámbito educativo.

Lo que sí es fácil de atisbar en estas direcciones futuras, es que el uso cada vez más extendido e integrado en la vida de los estudiantes de lenguas y la gama variadísima de CMT que emplean en sus vidas diarias sirve para complicar las distinciones tradicionales entre los lingüístico y lo visual, privilegiando la simbiosis multimodal, y entre lo distante y lo cercano, creando realidades virtuales e identidades liminales y múltiples que desafían nociones de espacio y tiempo. En el campo de la educación de lenguas extranjeras, así mismo, la CMT erosiona las demarcaciones rígidas no solo entre el aula y el mundo 'real,' sino también entre lo pedagógico y lo lúdico, y entre lo nativo y lo globalizado. Y para los profesores y maestros que han abierto las puertas a la CMT en su práctica profesional diaria, la competencia que esperan de sus estudiantes puede también adquirir nuevas dimensiones y ser aprendida de manera diferente. La desestabilización de barreras y distinciones que las nuevas tecnologías de CMT facilitan tiene un efecto beneficioso, porque abre paso a nuevas posibilidades de innovación del *habitus* pedagógico y la filosofía educacional en la enseñanza de lenguas. Cuanto más capaces en el futuro sean los investigadores de generar conocimientos sistemáticos en al menos estas cuatro áreas propuestas, mejor podrán también apreciar y explicar los elementos y procesos de CMT que potencian el aprendizaje simbiótico de lo lingüístico, lo digital y lo afectivo, para todos los estudiantes a través de edades y niveles educativos, pero también a través de diferencias socioeconómicas, de experiencia doméstica o migratoria, de capacidad y discapacidad. Un futuro de investigación como este puede contribuir positivamente a la promesa educativa y personal de equidad y calidad en el aprendizaje y enseñanza de lenguas a través de la tecnología.

Obras citadas

Alper, Meryl y Gerard Goggin. 2017. "Digital Technology and Rights in the Lives of Children with Disabilities." *New Media & Society*, January, 146144481668632. doi:10.1177/1461444816686323.

Anioł Magdalena. 2011. "New Media and New Literacies: Mapping Extracurricular English Language Competences of Polish and Norwegian Adolescents." En Kaczmarek, M. (ed.) Health and Well ꓘBeing in Adolescence. Part two: Media. Poznań: Bogucki Wydawnictwo Naukowe, 95 ꓘ117.

Black, Rebecca W. 2005. "Access and Affiliation: The Literacy and Composition Practices of English-Language Learners in an Online Fanfiction Community." *Journal of Adolescent & Adult Literacy* 49(2): 118–28.

Boo, Zann, Zoltán Dörnyei y Stephen Ryan. 2015. "L2 Motivation Research 2005–2014: Understanding a Publication Surge and a Changing Landscape." *System* 55: 145–57. doi: 10.1016/j.system.2015.10.006.

Bylund, Emanuel y Panos Athanasopoulos. 2015. "Televised Whorf: Cognitive Restructuring in Advanced Foreign Language Learners as a Function of Audiovisual Media Exposure." *The Modern Language Journal* 99 (S1): 123–37. doi: 10.1111/j.1540-4781.2015.12182.x.

Chapelle, Carol A. 2004. "Technology and Second Language Learning: Expanding Methods and Agendas." *System* 32(4): 593–601. doi: 10.1016/j.system.2004.09.014.

Edge, Darren, Elly Searle, Kevin Chiu, Jing Zhao y James A. Landay. 2011. "MicroMandarin: Mobile Language Learning in Context." Trabajo presentado SIGCHI Conference on Human Factors in Computing Systems. Descargado de: https://www.microsoft.com/en-us/research/wp-content/uploads/2016/02/edge-CHI2011-micromandarin.pdf.

Friemel, Thomas N. 2016. "The Digital Divide Has Grown Old: Determinants of a Digital Divide among Seniors." *New Media & Society* 18(2): 313–31. doi:10.1177/1461444814538648.

Grant, Scott, Hui Huang y Sarah Pasfield-Neofitou. 2014. "The Authenticity-Anxiety Paradox: The Quest for Authentic Second Language Communication and Reduced Foreign Language Anxiety in Virtual Environments." *Procedia Technology* 13: 23–32. doi: 10.1016/j.protcy.2014.02.005.

Gonzales, Amy. 2016. "The Contemporary US Digital Divide: From Initial Access to Technology Maintenance." *Information, Communication & Society* 19(2): 234–48. doi: 10.1080/1369118X.2015.1050438.

Helm, Francesca. 2015. "The Practices and Challenges of Telecollaboration in Higher Education in Europe." *Langauge Learning & Technology* 19(2): 197–217.

Ito, Mizuko, Kris Gutiérrez, Sonia Livingstone, Bill Penuel, Jean Rhodes, Katie Salen, Juliet Schor, Julian Sefton-Green y S. Craig Watkins. 2013. *Connected Learning.* Cork: BookBaby. Descargado de: http://dmlhub.net/sites/default/files/Connected_Learning_report.pdf

ITU (International Telecommunication Union). 2016. ITU releases 2016 ICT figures: ICT services getting more affordable – but more than half the world's population still not using the Internet. Descargado de: https://www.itu.int/en/mediacentre/Pages/2016-PR30.aspx

Kern, Richard. 2014. "Technology as Pharmakon: The Promise and Perils of the Internet for Foreign Language Education." *Modern Language Journal* 98 (1): 330–47.

Kirsch, Claudine y Asunción Bes Izuel. 2017. "Emergent Multilinguals Learning Languages with the iPad App iTEO: A Study in Primary Schools in Luxembourg." *The Language Learning Journal* January, 1–15. doi: 10.1080/09571736.2016.1258721.

McNeil, Levi. 2014. "Ecological Affordance and Anxiety in an Oral Asynchronous Computer-Mediated Environment." *Language Learning & Technology* 18(1): 142–59.

Melchor-Couto, Sabela. 2017. "Foreign Language Anxiety Levels in Second Life Oral Interaction." *ReCALL* 29(1): 99–119.

Nijakowska, Joanna y Judit Kormos. 2016. "Foreign Language Teacher Training on Dyslexia: DysTEFL Resources." In *Multilingualism, Literacy and Dyslexia: Breaking down Barriers for Educators*, editado por Lindsay Peer and Gavin

Reid, Second edition, 104–14. Milton Park, Abingdon, Oxon; New York, NY: Routledge.

Pérez-Milans, Miguel. 2011. "Being a Chinese Newcomer in Madrid Compulsory Education: Ideological Constructions in Language Education Practice." *Journal of Pragmatics* 43 (4): 1005–22. doi: 10.1016/j.pragma.2010.10.003.

Preston, Anne, Madeline Balaam, Paul Seedhouse, Salla Kurhila, Lari Kotilainen, Ashur Rafiev, Daniel Jackson y Patrick Olivier. 2015. "Can a Kitchen Teach Languages? Linking Theory and Practice in the Design of Context-Aware Language Learning Environments." *Smart Learning Environments* 2(1). doi: 10.1186/s40561-015-0016-9.

Ramani, Srinivasan. 2015. "The Internet and Education in the Developing World - Hopes and Reality." *Smart Learning Environments* 2(1). doi: 10.1186/s40561-015-0015-x.

Ritzhaupt, Albert D., Feng Liu, Kara Dawson y Ann E. Barron. 2013. "Differences in Student Information and Communication Technology Literacy Based on Socio-Economic Status, Ethnicity, and Gender: Evidence of a Digital Divide in Florida Schools." *Journal of Research on Technology in Education* 45(4): 291–307.

Sparks, Richard L. 2016. "Myths About Foreign Language Learning and Learning Disabilities." *Foreign Language Annals* 49(2): 252–70. doi: 10.1111/flan.12196.

Sockett, Geoffrey y Meryl Kusyk. 2015. "Online Informal Learning of English: Frequency Effects in the Uptake of Chunks of Language from Participation in Web-Based Activities." En *Usage-Based Perspectives on Second Language Learning*, edited by Teresa Cadierno and Søren Wind Eskildsen, 153–78. Berlin, München, Boston: de Gruyter.

Šumak, Boštjan, Marjan Heričko y Maja Pušnik. 2011. "A Meta-Analysis of E-Learning Technology Acceptance: The Role of User Types and E-Learning Technology Types." *Computers in Human Behavior* 27(6): 2067–77. doi: 10.1016/j.chb.2011.08.005.

Toffoli, Denyze y Geoff Sockett. 2015. "University Teachers' Perceptions of Online Informal Learning of English (OILE)." *Computer Assisted Language Learning* 28(1): 7–21. doi: 10.1080/09588221.2013.776970.

Verboord, Marc. 2017. "Internet Usage and Cosmopolitanism in Europe: A Multilevel Analysis." *Information, Communication & Society* 20(3): 460–81. doi: 10.1080/1369118X.2016.1187193.

La Autora

Lourdes Ortega es catedrática en la Universidad de Georgetown, USA. Su principal área de investigación es la adquisición de segundas lenguas, el meta-análisis y las teorías del uso en desarrollo multilingüe. Sus trabajos han aparecido en revistas como *Applied Linguistics, CALICO Journal, Language Learning, Language Learning & Technology, Modern Language Journal* y *System*. Sus publicaciones incluyen el libro *Understanding Second Language Acquisition* (Hodder, 2009) y varias colecciones publicadas en John Benjamins y Routledge. También ha sido editora de *Language Learning* y actualmente es miembro de los consejos editoriales de varias revistas académicas.

Lourdes Ortega is a Professor at Georgetown University, USA. Her main area of research is in second language acquisition, meta-analysis and user-based theories in multilingual development. Her work has been published in journals such as *Applied Linguistics, CALICO Journal, Language Learning, Language Learning & Technology, Modern Language Journal* and *System*. Her publications include the book *Understanding Second Language Acquisition* (Hodder, 2009) and several collections with John Benjamins and Routledge. She is the former editor of *Language Learning* and serves on the editorial boards of several other journals.

Índice

CPSIA information can be obtained
at www.ICGtesting.com
Printed in the USA
BVHW041311211218
535381BV00021B/203/P